MIRANDA Y BOLÍVAR. DOS VISIONES

GIOVANNI MEZA DORTA

MIRANDA Y BOLÍVAR
Dos visiones

Quinta edición revisada y ampliada

Editorial Jurídica Venezolana
Caracas, 2015

Primera edición, febrero 2007, Comala.Com;
Segunda edición julio 2007, bid&co. editor;
Tercera edición agosto 2011, bid&co. editor;
Cuarta edición junio 2012, bid&co. editor.

© Giovanni Meza Dorta, 2015
Depósito Legal: lf54020159002008
ISBN: 978-980-365-316-3

Edición por: Editorial Jurídica Venezolana
Avda. Francisco Solano López, Torre Oasis, P.B., Local 4, Sabana Grande,
Apartado 17.598 – Caracas, 1015, Venezuela
Teléfono 762-25-53 / 762-38-42/ Fax. 763-52-39
Email fejv@cantv.net
http://www.editorialjuridicavenezolana.com.ve

Impresión por Lightning Source, a INGRAM Content company
para su distribución por: Editorial Jurídica Venezolana International Inc.
Panamá, República de Panamá.
ejvinternational@gmail.com

Diagramación, composición y montaje por: Francis Gil, en letra
Time New Roman 12,5 Interlineado Single, Libro: 22,9 x 15,2 cm 6 x 9 inch

*A mi padre Salom Meza Espinoza, cuya vida
fue un sacrificio perpetuo por una patria mejor.
No obtuvo nada. Se lo mereció todo.*

*A Madeleine y a Ana Corina, por regalarme el
espacio y el momento para estas letras.*

*Al momento de terminar este libro, supimos de
la infausta noticia del accidente y posterior muerte
de Simón Sáez Mérida. Aunque él logró ver algunos
capítulos, no pudo leerlo en su totalidad.
A su memoria también dedicamos este estudio.*

Agradecimientos

A Luis Mariano Talavera y Julio Bolívar
por sus recomendaciones.

Y a David Chacón Rodríguez
por sus oportunas precisiones y consejos.

ÍNDICE GENERAL

PRESENTACIÓN 15
INTRODUCCIÓN 19
   Importancia política de la relación Miranda-Bolívar 20
   Dificultad para comprender la relación Miranda-Bolívar .. 25
   Obstáculos adicionales 26

***PRIMERA PARTE:* LA RED MIRANDINA Y SUS PREPARATIVOS** 31
I.   LA RED POLÍTICA DE LONDRES................................ 31
II.   JOSÉ MARÍA ANTEPARA Y LA RED EMANCIPADORA SURAMERICANA 35
III.   CORTÉS CAMPOMANES, ANTEPARA: LA RED SE MUEVE... 39
IV.   MIRANDA Y LA CONSPIRACIÓN DE GUAL Y ESPAÑA 47
V.   LA PERSPICACIA DE MIRANDA 55
VI.   EL COMIENZO DEL DESPOTISMO 59

***SEGUNDA PARTE:* LA INDEPENDENCIA Y SUS DEFINICIONES** 65
I.   EL DILEMA COMENZÓ EN 1812: DICTADURA O DEMOCRACIA 65
II.   ÉXITO O FRACASO DE MIRANDA 67

III. EL 5 DE JULIO DE 1811: ÉXITO ROTUNDO 71
IV. LA IDENTIDAD AMERICANA Y LOS PROYECTOS POLÍTICOS MIRANDINOS 77
   Los proyectos supranacionales de Miranda 78
   La política y las constituciones de Miranda 82
V. LA CONSTITUCIÓN DE 1811 Y MIRANDA 93
VI. LA CONFEDERACIÓN DE 1811 101
   Fundamentos 101
   La confederación en perspectiva 111

TERCERA PARTE: **MIRANDA Y BOLÍVAR. DOS VISIONES** 115

CUARTA PARTE: **EL FINAL EN LA GUAIRA** 153
I. CUESTIONES PREVIAS 153
II. PREMISAS FALSAS EN LA RELACIÓN MIRANDA Y BOLÍVAR 155
III. LA FALSIFICACIÓN DE LA PÉRDIDA DE PUERTO CABELLO 157
IV. ¿QUÉ FUE ESO DE LA CAPITULACIÓN? 161
V. EL EMBARGO EN EL PUERTO DE LA GUAIRA 164
VI. ¿QUÉ PASÓ EN LA GUAIRA EL 30 DE JULIO DE 1812? 170
VII. ¿QUIÉNES APRESARON A MIRANDA? 176
   Balance final. Casas, Peña, Bolívar y Miranda 186
VIII. MANUEL MARÍA DE LAS CASAS 186
IX. MIGUEL PEÑA 190
X. SIMÓN BOLÍVAR 194
XI. MIRANDA Y BOLÍVAR: DOS POSTURAS ÉTICAS .. 204
CONCLUSIÓN 209

APÉNDICES 213

APÉNDICE 1: Reunión de los representantes del gobierno republicano, en donde se acuerda el armisticio con las fuerzas enemigas, designándose al general Miranda para los trámites correspondientes 215

APÉNDICE 2: Comunicación del comandante Haynes a Miranda, solicitándole protección a los bienes británicos apostados en La Guaira 217

APÉNDICE 3: Respuesta de Miranda a Haynes, garantizándole seguridad a los buques británicos establecida en la capitulación, así como la suspensión del embargo para que los buques puedan zarpar 219

APÉNDICE 4: Monteverde exige a través de de las Casas, que se impida la salida de buques del puerto de La Guaira . 221

APÉNDICE 5: El comandante Haynes objeta la medida que le exige Monteverde, con relación a la salida de los buques del puerto de La Guaira 223

APÉNDICE 6: De las Casas le reprocha a Haynes la ayuda prestada por éste al bergantín *Zeloso* y le exige que lo regrese al puerto de La Guaira 225

APÉNDICE 7: Haynes responde a de las Casas, que su ayuda al *Zeloso* obedece a la petición del capitán Castillo, al mismo tiempo le informa que en la capitulación no se incluyen los barcos apostados en La Guaira 227

APÉNDICE 8: Haynes exige a Monteverde la liberación de los bienes y súbditos británicos, que se encuentran en La Guaira, de conformidad con lo establecido en la capitulación 229

APÉNDICE 9: De las Casas exige a Haynes la devolución de 22.000 pesos entregados a Robertson por Miranda. Caso contrario enviará a tierra a los pasajeros del *Zafiro;* de las Casas insiste en el cumplimiento del embargo y que no debe salir ningún barco de La Guaira 231

APÉNDICE 10: Haynes acusa a de las Casas de haber avalado la entrega de los 22.000 pesos; lo acusa también de conocer la suspensión del embargo, hecho que se produjo en su presencia y con la autorización de Miranda .. 233

APÉNDICE 11: Carta de Haynes a su superior Stirling, detallándole lo sucedido en La Guaira, la capitulación, el embargo y otros temas relacionados con Miranda 235

APÉNDICE 12: Mariano Montilla explica a Luis López Méndez lo acaecido en el puerto de La Guaira como resultado de la capitulación 241

APÉNDICE 13: Carta de MacGregor al gobernador de Curazao Hodgson, precisándole los términos de la capitulación, al tiempo de solicitarle permiso para el bergantín Celoso, con los oficiales del ejército colombiano, continúen viaje hacia Cartagena. 243

APÉNDICE 14: Opinión de Manuel Palacio Fajardo, acerca de las causas y consecuencias de la capitulación 245

APÉNDICE 15: Carta de Leleux (ayudante de campo de Miranda), a Vansittart (canciller de la tesorería británica), ofreciéndole detalles de la capitulación, así como de la traición de que fue objeto Miranda 247

APÉNDICE 16: Tomás Molini, secretario de Miranda, quien se encontraba en Londres desde 1812, informa a Richard Wellesley lo acaecido con la pérdida de la república. Los detalles de esta información se los suministra Luís Delpech, quien sirvió en el ejército de Miranda 251

APÉNDICE 17: La entrega de Miranda explicada por Ducoudray Holstein, el cual prestó sus servicios a la república. Valiosa información de lo acontecido en el puerto de La Guaira, comentarios en la casa guipuzcoana y los acompañantes del Generalísimo 255

APÉNDICE 18: Monteverde envía comunicación al gobierno español, informándole del apresamiento de Miranda y los que colaboraron en los hechos 259

APÉNDICE 19: Respuesta del gobierno español a Monteverde y las medidas que se deben tomar con quienes colaboraron en la prisión de Miranda 261

APÉNDICE 20: Carta de Bolívar al congreso de Colombia, explicando los sucesos de la capitulación a la vez que solicita ayuda y colaboración para Francisco Iturbe, quien lo presentó a Monteverde 263

POST SCRIPTUM I.

EL HISTORIADOR ES UN ARQUEÓLOGO DE LA MEMORIA.. 265

POST SCRIPTUM II

MIRANDA Y BOLÍVAR: REPUBLICANISMO, LIBERALISMO Y DICTADURA.. 273

I.	LA INVESTIGACIÓN INICIAL...............................	274
II.	CUÁL REPÚBLICA, CUÁL LIBERTAD	275
III.	LAS IDEAS..	280
IV.	LA DEMOCRACIA DEL 19 DE ABRIL Y DEL 05 DE JULIO	282
V.	LA CRISIS DE LA DEMOCRACIA Y EL INICIO DEL MILITARISMO	284
VI.	DEMOCRACIA O DICTADURA. LA DISCUSIÓN......	286
VII.	DE VUELTA A MIRANDA Y BOLÍVAR	287
VIII.	PRECURSOR DE LA CONFEDERACIÓN DE NACIONES SURAMERICANAS	289
IX.	CONVERGENCIAS Y DIVERGENCIAS......................	291
X.	LAUREANO VALLENILLA LANZ Y AUGUSTO MIJARES	293
XI.	LUIS CASTRO LEIVA	295
XII.	DICTADURA DE BOLÍVAR	298

XIII. LA DICTADURA, EL CONGRESO Y LA CONVENCIÓN DE OCAÑA 299

XIV. LA DICTADURA ¿UN ERROR O UNA POLÍTICA?.... 301

XV. BENTHAM O LA REVOLUCIÓN NORTEAMERICANA 306

XVI. LA BÚSQUEDA DEL PARAÍSO TERRENAL 309

ÍNDICE ALFABÉTICO 311

BIBLIOGRAFÍA 319

   Archivos, documentos y hemerografía 319

   Libros 3202

PRESENTACIÓN

Los fundamentos de la historia de la independencia venezolana pueden dividirse en dos grandes áreas: una es la apologética y romántica de héroes y grandes batallas y la otra, la del conflicto entre patriotas y realistas. Vistas así, sin más aditamentos, tenemos que concluir que es una historia insuficiente para comprender las consecuencias políticas posteriores. En nuestro concepto es indispensable ir más allá de aquellas dos áreas. Es necesario reflexionar acerca de las ideas y conflictos entre los patriotas, para tener una visión más acertada de la democracia y el caudillismo que se forjó ulteriormente.

Así, un caso decisivo en nuestro análisis es la comprobación de que la caída de la primera república no significó sólo la prisión de Miranda, sino la eliminación de raíz de una generación de líderes políticos que tenían una concepción democrática y anticaudillezca, esbozada y sustentada teóricamente en las actas de la constituyente de 1811, culminada en la misma constitución de ese año y en las respectivas constituciones provinciales.

La salida de la escena política de los próceres que redactaron y discutieron los inicios democráticos de la república, se produjo por dos acontecimientos prácticamente simultáneos. Con la llegada de Monteverde unos dirigentes republicanos murieron, otros fueron presos o huyeron y al regreso victorioso del *Libertador* en 1813, se sustituye la casi totalidad de aquel primer gobierno, entre otras razones porque eran los representantes de la *república aérea* que decía Bolívar, motivo por el cual fueron desplazados.

La caída de la primera república por el acoso feroz de Monteverde y la llegada del *Libertador*, obstruye las ideas democráticas de la primera generación, produciendo consecuencias decisivas para los principios deliberativos que se habían forjado desde 1808 hasta 1812. Hubo que esperar hasta 1830, para que algunos líderes acompañados por el azar sobrevivieran a la tragedia política de 1812-1813, Así aparecen reclamando el lustre del diálogo y la riqueza deliberativa: Francisco Javier Yánez, Martín Tovar Ponte, Felipe Fermín Paul, Andrés Narvarte, Tomás Lander y otros. Estos héroes civiles se aferraban al patrimonio democrático preterido por las circunstancias; y así hubo un lapso hasta 1848, que pareció concederles razón. No obstante, la semilla de la felonía lanzada en 1812, prendió con fuerza inusitada y convirtió a la primera nación suramericana independiente, en una sucesión de gobiernos autoritarios cuya lógica fue la de tutelar el sentir popular, mas nunca permitir su deliberación democrática.

Lo que nos proponemos no es poca cosa, sin embargo; el decir de algunos que la lucha contra los realistas fue nuestra razón histórica y convertirla en un aposento de héroes a caballo, no sólo es insuficiente, sino que deja sin efecto nuestro análisis crítico de lo que fuimos, dejamos de ser y seremos.

No basta con aludir al imperio antes o ahora, es insoslayable ver lo que hicimos antes y lo que hacemos ahora.

En ocasión a la aprobación de la constitución el 21 de diciembre de 1811, el congreso le solicita a Francisco Isnardi escribir una alocución a los venezolanos, allí dice:

> "Ni las revoluciones del otro hemisferio, ni las convulsiones de los grandes imperios que lo dividen, ni los intereses opuestos de la política europea, han venido a detener la marcha pacífica y moderada que emprendisteis el memorable 19 de abril de 1810.
>
> "El interés general de la América, puesto en acción por vuestro glorioso ejemplo [...] han sido los agentes que han dirigido vuestra conducta para dar al mundo el primer ejemplo de un

pueblo libre, sin los horrores de la anarquía, ni los crímenes de las pasiones revolucionarias".

Exultantes palabras que pintan ajustadamente el espíritu patriota de aquella época, trastocada por los caudillos demagogos que sustituyeron las ideas por la fuerza. Reconstruir nuestra democracia es un ejercicio permanente, ese es el legado de nuestros precursores, ese es nuestro deber para con ellos y con el futuro.

Giovanni Meza Dorta

INTRODUCCIÓN

Extensa la bibliografía que refiere a estos dos próceres de la independencia. Allí encontramos diversidad de facetas que ensayistas y biógrafos han descrito desde distintas posiciones.

Sin embargo, poco más o menos esta literatura contiene los siguientes temas: Visita a Inglaterra por parte de los delegados de la junta suprema: Andrés Bello, Luis López Méndez y Bolívar, quienes conversan con Miranda y lo persuaden de su regreso a Venezuela. Llegada de Bolívar y Miranda a Venezuela, casi simultáneamente, en diciembre de 1810. Recepción efusiva a este último por parte del pueblo. Participación activa de Miranda en la sociedad patriótica (electo presidente) y en los sucesos previos y posteriores a la instalación del congreso constituyente en 1811. Nombramiento de Generalísimo y dictador de Venezuela en 1812. Relato de los sucesos de La Guaira en los cuales es entregado, por sus compañeros de armas, a las autoridades españolas.

Lo aquí enunciado es lo que usualmente narran los textos, por supuesto, hay algunos que privilegian unos temas sobre otros, inclusive, el aspecto político se aborda, pero no de una manera sistemática. Antes de continuar, una aclaratoria. Hay textos de política sobre el *Libertador*, no obstante, lo que nos interesa precisar es la relación política explícita y sistemática entre Bolívar y Miranda.

Así llegamos a nuestra primera gran paradoja. ¿Cómo dos personajes cuyo accionar en el mundo es fundamentalmente la política, no obstante, ella no se encuentra privilegiada en la inmensa bibliografía que los refiere?, es decir, pocos documentos existen que enuncien la relación Miranda-Bolívar desde una óptica política. Por ejemplo: los textos constitucionales, el municipio, el cabildo, Colombia, América, congreso de Panamá, democracia, la idea de libertad, etcétera. Ambos tocaron estos temas, los hicieron teoría y práctica toda su vida, sin embargo, ¿cuáles fueron sus puntos de encuentros y desencuentros? A este contexto es al que nos referimos cuando afirmamos la escasez bibliográfica. Para ratificarlo, observamos. En más de 650 títulos aparecidos en la obra Miranda. La aventura de la Libertad[1] recogidos por Horacio Jorge Becco, sólo hay uno[2] que aborda explícitamente, la relación Bolívar-Miranda, ello no es casual. Precisamente a esa situación es a la que pretendemos responder.

Importancia política de la relación Miranda-Bolívar

La idea fundamental de Miranda, la que no ha sido suficientemente valorada, es la de la independencia continental. Fue el primero que pensó, escribió y actuó en la propuesta de emancipación de la América Meridional. Su primera aproximación la realizó en Nueva York en 1784, y su primer resultado, como plan continental, es el acta de París el 22 de diciembre de 1797. Lo importante de este documento es que: "[...] el Miranda revolucionario cede el paso al Miranda estadista y define un plan de organización político-económico para el continente después de su independencia".[3]

Se sabe que previo a la reunión de París, se ha celebrado en Madrid una reunión secreta de una junta de delegados de Améri-

---

1 *Miranda. La aventura de la Libertad.* Monte Ávila Editores, dos tomos. 1991.
2 Mendoza, Cristóbal: *Las relaciones entre Bolívar y Miranda. Ensayos.* Caracas, Italgráfica, 1978.
3 *Colombeia*, Ed. de la Presidencia de la República. 1978, tomo 1, p. 53.

ca con el fin de coordinar la emancipación de Hispanoamérica. Luego de firmado el documento, los emisarios volvieron a Madrid para informar a sus compañeros de los detalles e instrucciones del acta aprobada. En el punto 14 del acta de París se lee: "Don José del Pozo y Sucre y Don Manuel José de Salas partirán sin demora, conforme a instrucciones, para Madrid, a efecto de presentarse a la junta, darle cuenta de su misión en París y entregarle la copia de este instrumento. *La junta **no** espera sino el regreso de los dos delegados para disolverse inmediatamente y seguir a diferentes puntos del continente americano, en donde la presencia de los miembros que la componen es indispensablemente necesaria para provocar, tan pronto como aparezcan los auxilios de los aliados, una explosión combinada y general de los pueblos de la América Meridional"*[4] (todas las cursivas son nuestras, excepto cuando se indique lo contrario).

Después de 10 años se producirán los estallidos sociales a que alude esta acta. Su importancia estriba en que allí se señala (puntos 4 y 7) la reunión de delegados de las diversas regiones en cuerpos representativos, para asumir la dirección del gobierno y sus asuntos administrativos y militares. El sitio: el istmo de Panamá. Su principal agente y jefe militar: Francisco de Miranda. Otras cosas de importancia en esta acta de París se nos escapan. Sin embargo, para lo que aquí nos interesa en la relación Miranda-Bolívar, podemos ver a distancia el congreso de Panamá que con tanto esmero promovió el *Libertador*. Añadimos que en el proyecto constitucional de 1801 de Miranda también se señala, pero no es nuestro propósito comentarlo aquí.

Es relevante que para el momento del acta de París, casi por la misma época según narra O'Higgins, partieron de España, como agentes, él mismo para Chile, "Bejarano para Guayaquil y Quito,

---

4 *América espera*. Francisco de Miranda, Biblioteca Ayacucho. N° 100, 1982, p. 198.

Baquijano para Lima y Perú, los canónigos Freites y Cortés también para Chile".⁵

Volvamos a Miranda, no sin antes aclarar, que nos interesa llamar la atención en algunos puntos menos conocidos del Generalísimo, los cuales nos dan la clave para conocer mejor el vínculo con Bolívar.

Dato importante, poco informado, fue la comunicación enviada por Miranda el 22 de enero 1811 a la recién creada junta suprema de Bogotá: "El canónigo Dr. Don José Cortés de Madariaga, que hace poco tiempo salió de esta ciudad para esa capital y va encargado de una importantísima comisión dirá a V.A., cuanto yo podría sugerir en ésta, acerca de una reunión política entre el reino de Santa Fe de Bogotá y la provincia de Venezuela, a fin de que formando juntos un solo cuerpo social gozaremos ahora de mayor seguridad y respeto y en lo venidero de gloria y permanente felicidad".⁶

La misión de Cortés de Madariaga produjo positivos resultados, por cuanto logró la misión federativa entre Cundinamarca y Venezuela: "[...] garantizándose la integridad de los territorios de sus respectivos departamentos [...] como miembros de un mismo cuerpo político, y en cuanto pertenezca al interés común de los estados federados añadiéndose que serán admitidos por Cundinamarca y Caracas en calidad de coestados a la confederación general, con igualdad de derechos y representación, lo mismo que cualesquiera otros que se formen en América".⁷

---

5   Parra Pérez, Caracciolo: *Páginas de historia polémica*. Caracas, 1943, p. 303.

6   Robertson, W.S.: *Vida de Miranda*: Publicaciones del Banco Industrial de Venezuela, 1967, p. 356.

7   Austria, José de: *Bosquejo de historia militar de Venezuela*. Biblioteca de la Academia Nacional de la Historia, 1960, pp. 237 a 239.

En este extracto de los tratados concluidos el 28 de mayo de 1811 está sugerida la idea de la Gran Colombia, que concretará Bolívar en 1819.

Tal vez la carta que mejor explica la actividad política de Miranda, sus ideas de unidad continental, la importancia de los cabildos para la emancipación, en fin, la independencia como propuesta ética, es la que le dirige a Francisco Febles, su agente en Trinidad el 20 de abril de 1809: "[...] lo acaecido en Caracas por diciembre de 1808, entre la audiencia y capitanía general por una parte y el cabildo y ciudadanos principales por la otra, me sorprende tanto menos, cuanto que esta fue siempre mi opinión, *y en cuyo supuesto tengo escrito a México, Buenos Aires, Lima, Habana, Caracas, etcétera. No sé si fue en virtud de mi consejo, o por espontánea opinión suya, que los ayuntamientos y cabildos de América han tomado las resoluciones que aquí corren por ciertas* (muy semejantes a la de la ciudad de Caracas) *de oponerse a la proclamación de Madrid, que declara don José Bonaparte I rey de España y de las Indias; mas será siempre una gran satisfacción para mí, el hallarme unido en dictamen y sentimientos con mis amados compatriotas, o que éstos se reúnan hoy a mi constante opinión.* Lo cierto es, amigo Febles, que si la América por sí misma no se hace independiente y establece su libertad con la ayuda de sus propios hijos, los europeos, y mucho menos las potencias extranjeras, nunca harán esfuerzo por su felicidad únicamente. Yo convengo con V. en que el momento es sumamente favorable para obtener nuestra deseada independencia; ¿mas están de este mismo parecer las potencias de Europa? ¡No! ¡No, amigo mío, lo que quiere la corrompida Europa en América son esclavos que le obedezcan y trabajen para el fomento del lujo, que es su bien supremo!, mas no hombres libres, frugales y justos que su ejemplo la contengan en sus excesos y la corrijan en tantos abusos. *¿Que una sola provincia reúna entre* **sí** *el gobierno y se declare independiente? Entonces verá V. cuántos amigos se reúnen de todas partes, y cuántas otras provincias en el mismo* *continente siguen el buen ejemplo, expulsando los agentes del infame Godoy o del intruso Bonaparte".*[8]

Aquí está casi autobiográficamente descrito, el esfuerzo para la sublevación continental, que podemos sintetizar así: La revolución como totalidad cultural que integra a toda Hispanoamérica. La independencia como condición para superar la esclavitud que pretenden las potencias extranjeras. La independencia como condición ética, para crear "[...] hombres libres, frugales y justos que contengan a Europa [...] de sus excesos y la corrijan en tantos abusos". Es necesario decir que este proyecto independentista es asumido, en términos generales, por Bolívar. No obstante, hay diferencias sustantivas que veremos en el momento oportuno.

La importancia de la relación Miranda-Bolívar es insoslayable, el primero culmina su actividad en 1812, pero debemos situar el clímax de su esfuerzo en la agitación y la ideología que tuvo la sociedad patriótica y su influencia en el congreso constituyente de 1811, aunque él, Bolívar, y otros le hicieron observaciones a algunos de sus postulados, no es menos cierto que aquel congreso marca un hito político para el continente, no suficientemente ponderado hasta ahora.

El *Libertador*, en casi una carrera de relevo con Miranda, se lanza a la turbulencia política a finales de 1812 y culmina en 1830, continuando y concretando en algunos casos, el proyecto mirandino; en otros, sencillamente inventa sus propuestas o se ve envuelto en el torbellino político que la paraliza sus planes. Finales parecidos. Dramas similares atropellan las ideas y proyectos de estos creadores de políticas inacabadas y sueños inconclusos.

Dentro de lo que está al alcance de este estudio hemos dejando la punta del ovillo para tejer con una extensión y coherencia la relación política de Miranda-Bolívar.

---

8   *Colombeia ... op. cit.,* pp. 92 y 93.

Panorámicamente, y a modo de síntesis quedan estas reflexiones para responder:

   a. El pensamiento de Miranda y Bolívar como ruptura y continuidad con el pensamiento colonial hispánico.

   b. Aspecto conceptual de ellos en instituciones como: el cabildo, el municipio, la república, la monarquía, la democracia y la autocracia.

   c. Proyectos constitucionales: semejanzas y diferencias.

Dificultad para comprender la relación Miranda-Bolívar

El primer obstáculo se presenta producto de una visión empirista de los investigadores, que pretenden congelar los conceptos que utilizaron Miranda y Bolívar para establecer sus presupuestos políticos. Es decir, pretender que los enunciados de nación, libertad, cabildo, Colombia, federación, independencia y otros tantos, fueron para aquella época y en consecuencia no pueden ser analizados hoy. Semejante suposición confunde conceptos con sujetos, pensamientos con cosas y sucede que el pensamiento desborda las cosas materiales que se estudian. Añadimos, que si consideramos sólo lo empírico, no podríamos superar lo tradicionalmente conocido, estaríamos condenados a repetirlo en un interminable círculo vicioso.

Un estudio contextual de las nociones políticas que emplearon Miranda y Bolívar, puede dar cuenta de sus ideas de democracia, nación, Colombia, etcétera, sin que ello signifique la adulteración de sus propósitos fundamentales. Basta con trazar la línea principal de sus ideas, ubicar el tiempo y el propósito, perspectivas de logros y fracasos, y nos hallaremos encaminados a una aproximación veraz de su estudio. A tales fines, son un imperativo las preguntas: ¿Qué hicimos? ¿Cómo lo hicimos? ¿Qué dejamos de hacer?

Sólo un ejemplo más para esta explicación. La historiografía común pretende analizar los hechos políticos por sus resultados, más aun por sus resultados exitosos. Semejante propósito adolece del vicio histórico del éxito, como si la historia se realizara sin contendores y sin contradicciones, todo lo cual se traduce en un determinismo que se configura así: "sucedió tal cosa, los hechos demostraron esto, aquel sujeto tenía ideas interesantes pero no tuvo apoyo…" Así las cosas, no sólo no se entiende una parte del período, sino que se desfigura el presente y se descontextualiza el análisis futuro. Se convierte en una pesadilla la famosa frase de Santayana: "Los que no recuerdan el pasado están condenados a repetirlo". El análisis de la política en Miranda y Bolívar, supone el estudio de sus proyectos exitosos o no, iniciativas, contexto democrático y autocrático.

Obstáculos adicionales

Como resultado de la capitulación de 1812 y los sucesos que inmediatamente prosiguieron, el archivo de Miranda fue a dar a Curazao y de allí a Inglaterra, en un proceso lleno de vicisitudes y que se encuentra detalladamente explicado en el libro de Gloria Henríquez Uzcátegui.[9]

Ahora bien, toda esta situación permitió que el famoso archivo de Miranda estuviera extraviado desde 1812 hasta 1926. A lo que añade la autora: "En noviembre de 1926 el archivo de Miranda estaba en Caracas; en 1927 se editará el *Índice General del Archivo*, junto con el decreto presidencial que ordena la publicación íntegra de dicho archivo. El primer tomo, efectivamente, aparecerá en 1929"[10]. Más adelante continúa: "Con tal resolución se editará el archivo general de Miranda; obra completa de 24 gruesos volúmenes. Los primeros catorce fueron impresos desde 1929 a 1933 [...] el tomo XV fue publicado en Caracas en 1938

---

9   Henríquez, Gloria: *Los papeles de Miranda*. BANH. Caracas 1984.
10 *Op. cit.,* pp. 123, 124.

[...] terminándose de imprimir el último tomo correspondiente al número XXIV el día 23 de agosto de 1950".[11]

Todo lo cual significa, que el común no tuvo acceso al archivo de Miranda sino a partir de 1950, fecha en que se edita el último volumen. Podemos decir, sin exagerar, que hasta la fecha, el líder de la independencia suramericana, era un solemne desconocido. Desconocido para la investigación política, cuya obra se encuentra escrita en esos archivos, llamados por él *Colombeia*. Ahora se nos aclara la pregunta que nos hicimos al principio de este estudio, relativa a los pocos textos políticos que interconecten esa actividad en Miranda y Bolívar, sencillamente al ser desconocidas las propuestas del primero no puede haber relación con el segundo.

Pero volvamos al archivo de Miranda. Además de la peripecia que éste tuvo: extravío desde 1812 a 1926, publicación completa hasta 1950, debe añadírsele otra de no menor consideración: "En realidad, al lector interesado en los papeles de Miranda, tal y como se presenta en la primera edición, se le pide, amén del castellano, conocer por lo menos el inglés y el francés, si desea obtener una noción global y exacta del contenido de aquellos manuscritos. La tarea es particularmente engorrosa si se considera la ortografía de la época y los muchos documentos y cartas escritos por personas cuya lengua materna no era precisamente ni el francés ni el inglés, comenzando por el mismo Miranda, que aunque se desenvolvía con soltura en estos idiomas, sus limitaciones eran sin embargo inevitables".[12]

Ello deja claro la dificultad para la comprensión y conocimiento y la actividad política en Miranda y en consecuencia para ponerlo en concordancia con otro autor, en nuestro caso con Bolívar.

---

11 *Op. cit.,* pp. 129.
12 *Op. cit.,* pp. 135, 136.

Advirtamos, rápidamente, que todos estos inconvenientes han sido subsanados con la edición de *Colombeia*.[13]

Sin embargo, ¿cuál es la importancia del archivo de Miranda o *Colombeia*? Parra Pérez lo dice de insuperable manera: "Pero el aspecto de mayor interés para nosotros es el que ofrece Miranda, como *Precursor* de la independencia del continente: veintisiete volúmenes titulados *Negociaciones*, ponen de manifiesto la labor encaminada a crear en todos nuestros países una conciencia revolucionaria y solidaria, por medio de agentes. *El día en que todo esto se publique, no sólo la figura de Miranda se alzará mil codos, sino aparecerá indudablemente el papel de Venezuela como animadora del movimiento libertador*".[14]

Más aún el propio Miranda nos lo recordó en su testamento en 1805: "Dejo en la ciudad de Londres mis papeles, correspondencias oficiales con ministros y generales de Francia en tiempo que comandé los ejércitos de dicha república; y también varios manuscritos que contienen mis viajes e investigaciones en la América, Europa, Asia y África con objeto de buscar la mejor forma y plan de gobierno para el establecimiento de una sabia y juiciosa libertad civil en las colonias hispanoamericanas; que son a mi juicio los países más bien situados, y los pueblos más aptos para ello de cuantos yo tengo conocidos [...] Todos los papeles y manuscritos se enviarán a la ciudad de Caracas (en caso de que el país se haga independiente [...]) para que colocados en los archivos de la ciudad, testifiquen los esfuerzos constantes que tengo practicados por el bien público de mis amados compatriotas".[15]

---

13 *Op. cit.*, p. 137. Esta tarea que se emprenderá a partir de 1976 en cumplimiento del decreto presidencial N° 1.792, nueva edición en curso que llevará el nombre de *Colombeia*, y cuyo objetivo presidencial será el de hacerla más asequible al lector interesado. Apareció el primer volumen en 1978. Hasta ahora se han publicado XVIII volúmenes.

14 *Op. cit.*, p. 117.

15 *América espera*, pp. 328, 329.

Después de estas dos esclarecedoras citas nos atrevemos a significar: Que no se puede conocer la gesta emancipadora del *Libertador*, sin conocer apropiadamente el esfuerzo continental de Miranda, sobre todo la idea de independencia para lo que hoy llamamos Latinoamérica y ellos llamaron Colombia o Gran Colombia según el caso.

PRIMERA PARTE:
LA RED MIRANDINA Y SUS PREPARATIVOS

I. LA RED POLÍTICA DE LONDRES

Cuando Miranda se instala definitivamente en Londres en 1802, logra organizar de manera más detallada su actividad política dirigida a América. Es natural que así sea, por cuanto desde su casa, ubicada en N° 27 Grafton Street (actualmente N° 58 Grafton Way), puede realizar las reuniones correspondientes a su actividad política; puede escribir con la tranquilidad necesaria; puede planificar acciones, como las que le ocuparon en el período de 1805 a 1807, en su travesía por Nueva York y luego por Venezuela, para organizar los desembarcos en Ocumare y Coro en 1806.

Pero desde 1807 a 1810, cuando regresa a Londres, su actividad se hace vertiginosa. De la misma se sabe por la cantidad de correspondencia con diversos personajes, que cumplieron papel protagónico en la emancipación suramericana, baste señalar a: Bolívar, Bello, López Méndez, Antepara, Cortés Campomanes y tantos otros.

No se ha escrito aún la relación de Miranda con otros próceres, que con él se reunieron, intercambiaron cartas y ejecutaron políticas en Suramérica: la lista crece cada vez más.

Volvamos a Londres. Bolívar, Bello y López Méndez estuvieron con Miranda desde julio a septiembre en esa ciudad, mucho de lo que estos comisionados entendieron de América debe ubicarse en esas reuniones.

Nos interesa aquí resaltar un momento de aquella relación, que se encuentra documentada en una documentación de Bello, el 23 de noviembre de 1810: "Pero lo que en *mi* opinión importa sobre todo es una íntima confederación entre los pueblos que ya han sacudido las antiguas cadenas, hacer causa común, entenderse con frecuencia, y nunca formar convenciones separadas".[16]

Vemos claramente expresado el pensamiento mirandino, cuya influencia se origina en aquellos tres meses en que los vinculó Londres y la casa de Miranda. Igual origen pueden verse en Bolívar y la tesis de la unidad colombiana, que realiza en la carta de Jamaica y el congreso de Angostura.

Sin embargo, aun siendo importante la relación de aquellos tres venezolanos con Miranda en Londres, queremos rescatar otro asunto análogo, pero con otros actores, que reflejan los preparativos que realizaba el *Precursor*, sabedor de las conmociones que ya se anunciaban en toda América meridional.

Dentro de aquellos preparativos, es insoslayable el libro de José María Antepara referido a "la emancipación de la América del Sur". Como sabemos este es un libro sobre Francisco de Miranda y su itinerario revolucionario. La mayoría de la documentación recopilada son textos referidos a él, con lo cual puede afirmarse que está escrito por estos dos artesanos de la independencia suramericana.

Distintos autores utilizaron fragmentos de estos documentos para referirse a Miranda. Sencillamente eran los únicos impresos de primera mano para referirse a él. Se trataba de una extraordinaria síntesis de su actividad política durante los últimos 25 años.

---

16   Bello, Andrés: *Obras Completas*. 1984. Tomo XI, p. 75.

Su importancia se inscribe en que es el primer libro que se conoce en nuestra era republicana, con contenido político y personajes independentistas. Efectivamente, con anterioridad hubo proclamas, folletos que reclamaban la independencia, pero nuestras investigaciones nos llevan a que este es el primer libro (en sentido moderno del término) que trata sobre esta materia.

Aunque Miranda ya era un personaje conocido para la época, en particular por la invasión a Coro en 1806, es pertinente señalar que muchas de sus ideas ya habían prendido en los habitantes de estas zonas. Inclusive, la proclama que presenta el 2 de agosto de 1806 en aquella ciudad, en cuyo final escribe la sentencia latina: *salus populi suprema lex esto* (la salud pública es la ley suprema), va a ser epígrafe con que la *Gaceta de Caracas* titulará todos los semanarios a partir de abril de 1810. ¿Coincidencias? Seguro que no, más bien sonidos de los nuevos tiempos a cuya cabeza Francisco de Miranda reclamará 40 años continuos de perseverancia emancipadora.

II. JOSÉ MARÍA ANTEPARA Y LA RED EMANCIPADORA SURAMERICANA

Ahora bien, ¿quién es este curioso personaje llamado José María Antepara y Arenaza? Nación en Guayaquil el 2 de marzo de 1770, hijo de Juan Lorenzo de Antepara y Vicenta de Arenaza. Se desconoce su formación intelectual que debió recibir de maestros particulares, lo que era costumbre en aquella época entre los jóvenes adinerados del puerto y dedicados desde temprana edad al comercio. Se mantuvo soltero hasta 1801, cuando llegó a México, llevando cargas de cacao como agente de una casa exportadora guayaquileña, en aquella ciudad contrajo matrimonio con María Ignacia de Escurra y Pastoriza: de este enlace sólo se conoce a José María de Antepara y Escurra, quien nació en México, el 19 de febrero de 1803.

En 1809 nuestro personaje se trasladó a Londres, con el fin de adquirir un trapiche para el ingenio de propiedad de su suegro.[17]

En esta situación entró en contacto con Francisco de Miranda a través de un artículo en la *Edimburg Review*. Este momento amerita dedicación especial, sobre todo porque se involucra Manuel Cortés Campomanes, personaje importantísimo para nuestra independencia.

En 1810, nuestro personaje arribó a Venezuela en compañía de Bolívar y Antonio Leleux, llevando consigo el archivo del

---

17 Pérez Pimentel, Rodolfo: *Diccionario biográfico del Ecuador*. 1987, tomo I.

Precursor. Tras los acontecimientos de la capitulación, Antepara y Leleux lograron huir del puerto de La Guaira llevando consigo y salvando el archivo de Miranda, que como ya sabemos estuvo extraviado y no fue sino hasta 1926 cuando pudo ser rescatado y devuelto a la patria. Todo lo que rodea a Miranda es fantástico y maravilloso, las peripecias del archivo, la forma como fue elaborado, la pérdida y recuperación, es un acontecimiento literario aún no escrito.

Se conoce poco el destino de Antepara después que salió de La Guaira en el *Sapphire* y llegó a Curazao. El 16 de febrero de 1814 se le encuentra en Guayaquil defendiendo su puerto del ataque de la flotilla del almirante Guillermo Brown, quien fue confundido y tratado como pirata.

Fue designado ayudante de campo y edecán del general Sucre, peleando con éxito en la batalla de Cone el 19 de agosto, cuando triunfaron los patriotas. Durante esos meses de 1821 Antepara fue el punto de unión entre Sucre y Olmedo, que representaban a Colombia y Guayaquil respectivamente.

Iniciadas las operaciones de guerra marchó a la campaña de Huachi, donde fue muerto, según la necrología del *Patriota de Guayaquil* del 22 de diciembre de 1821.

Caso curioso de Antepara y tantos otros colaboradores de Miranda, que iniciaron el proceso independentista de América Latina, cuyo esfuerzo se ha disuelto en una empresa inimaginable por su intensidad y extensión.

Basta con recordar a Baquijano en Ecuador, Bejarano en Perú, y Freites, Cortés, O'Higgins en Chile, Moreno en Argentina, Pedro Fermín Vargas y Pedro José Caro en el Caribe; Nariño en Colombia, Gual, Zinsa y Sorondo en Venezuela fueron unos de tantos colaboradores de Miranda, que tejieron una red en toda América y forjaron la independencia. El suceso más grandioso y menos conocido en la obra de Miranda fue la preparación de la emancipación americana, el solo hecho de suponer cómo podría funcionar esa red, sin ningún apoyo, nos deja perplejos. ¿Cuántos de aquellos héroes anónimos quedaron en el camino sin historia y sin destino? Afortunadamente, nos queda el archivo de Miranda para establecer la ruta de lo acaecido. Las pistas las da el mismo: "Mi casa en esta ciudad (como en cualquier otra parte) es y será el punto fijo para la independencia y libertades del continente colombiano"[18]; a esa misma casa llegarán en septiembre de 1810, sus últimos colaboradores: Bolívar, Bello y López Méndez. Terminarán de dibujar el mapa de la independencia, luego Bolívar y Miranda regresarán en diciembre a Caracas, con el objeto de culminar los 40 años de sistemática preparación del *Precursor*. ¿Referimos una novela, una ficción? No, hablamos de una situación fantástica y maravillosa, casi imposible de contar.

---

18 Archivo de Miranda (AGM): Vol. XXIII, PP. 367, 368.

III. CORTÉS CAMPOMANES, ANTEPARA: LA RED SE MUEVE

La manera como Miranda conoce a Antepara es un momento decisivo para la concreción del proceso independentista. Figura clave para ese encuentro es Manuel Cortés Campomanes, quien participó activamente con Picornell, Gual y España en los sucesos de 1797, en La Guaira.

El 26 de enero de 1809, Cortés le envía comunicación a Miranda[19], solicitándole reunión para informarle acerca de la situación en las colonias y una relación de sus actividades. Cuestión de la que no era ajeno Miranda porque ya Pedro Fermín Vargas le había escrito desde Trinidad el 25 de junio de 1803: "De todos los jefes del complot de Gual, han quedado dos: Picornell y Cortés. El primero creo que está en la América del Norte. El segundo en Guadalupe al servicio de Francia con grado de capitán. Es ingeniero y mozo de muchísimas luces. Me han dicho que tiene el mismo ardor que siempre por la gran causa. Yo le hecho escribir que se venga aquí en caso de guerra con la España sin embargo de que lo halló muy difícil en el día".[20]

Así las cosas, se produce la primera noticia acerca de Antepara, y es Cortés Campomanes quien la efectúa: "He visto ayer a la persona que se llama Antepara de quien hablé a usted: por ahora

---

19 *Op. cit.*, Vol. XXII, pp. 206-208.
20 *Op. cit.*, Vol. XXVI, p. 661.

parece que no se determina a ver a usted, aunque desea el bien de su país me ha prometido darme cuantas noticias y detalles pueda, para que yo se las comunique a usted".[21]

El encuentro debe haberse producido inmediatamente, porque la carta tiene fecha 23 de agosto de 1809, y ya Miranda debía tener previsto la publicación de *El Colombiano*, periódico que pretende llevar al continente hispánico los sucesos europeos. Presiente Miranda que ha llegado el momento de los cambios políticos en las colonias, para los cuales es necesaria la propaganda y a tal efecto lo crea.

Las autoridades británicas desaprueban la publicación, no obstante Miranda lo presenta como el trabajo de unos ciudadanos líderes de las futuras repúblicas americanas, que lo imprimen con su apoyo. La verdad es que Miranda recibe los dineros para la impresión, que hace llegar a su redactor: José María Antepara. Éste lo distribuye hacia América.

Junto a Antepara hay que añadir el nombre de Cortés como redactor de *El Colombiano*. Se trata de Manuel Cortés Campomanes, el mismo que relacionó a Miranda con Antepara. Esta aseveración ha sido hecha por Robertson[22] y Parra Pérez.[23]

Veamos con precisión el objetivo de *El Colombiano*, cuyo primer número sale el 15 de marzo de 1810: Presionar al gobierno inglés para que apoyen la independencia de las colonias hispanas en América, argumentar la crisis de esas mismas colonias y en consecuencia favorecer la emancipación de los patriotas. Informar a los pueblos de América acerca de los sucesos de Europa, con el objeto de incentivar a los patriotas en la independencia.

---

21 *Op. cit.,* Vol. XXIII, PP. 49-50.
22 Robertson, W.S.: *Vida de Miranda*. Ed. Banco Industrial de Venezuela. 1967, p. 300.
23 Parra Pérez, C.: *El Colombiano*. Prólogo. 1952.

Con *El Colombiano* iba acompañado un borrador de puño y letra de Miranda[24], que se encuentra en su archivo, el cual fija el objeto del periódico en cuestión.

"N° 27 Grafton Street, Fitzroy Square, Londres, 24 de marzo de 1810

"Muy señor mío:

"El objeto del adjunto impreso es comunicar a nuestras Américas aquellos documentos oficiales y noticias que parezcan más conducentes a su interés y seguridad, y para que, tomando las medidas más prontas y necesarias en la crisis actual, pueda con instrucción y cordura evitar los riesgos eminentes que las amenazan.

"Con el propio motivo tengo ya escrito, hace más de un año, a los cabildos y ayuntamientos de las distintas capitales de esos reinos a fin de que previendo con tiempo las funestas consecuencias de los manejos e intrigas de los distintos gobiernos de España, mirasen por sí, su seguridad y emancipación.

"Puntos esenciales y que no admiten la menor duda en el día. Mi casa en esta ciudad (como en cualquier otra parte) es, y será siempre el punto fijo para la independencia y libertad del continente colombiano.

"Dios guarde a usted muchos años.

"P.D. Si por mayor seguridad gustase usted poner la respuesta bajo cubierto de algún comerciante de esta ciudad: Messrs Bochm & Taylor, London".[25]

Lo importante de esta carta, es que deja constancia de los vínculos de Miranda con el continente colombiano a través de la famosa red de colaboradores, igualmente queda claro el pulso que tenía de los acontecimientos. Obsérvese que aún no se ha

---

24 Grases, Pedro: *Obras* 5, p. 41.
25 AGM. Vol. XXIII, pp. 367, 368.

producido el 19 de abril en Caracas. Y por último define el propósito de *El Colombiano*.

El periódico se producía quincenalmente, salieron cinco números y se conoció en las principales ciudades de América.

Ahora bien, con la misma justificación que se realiza el periódico, se produce también el libro de Antepara que comentamos, su título: South American Emancipation. Documents, historical and explanatory, showing the design which have been in progress, and the exertions made by General Miranda, for the South American Emancipation, during the last twenty-five years. London, R. Juigné, 1810, 299 páginas.

Se editaron 700 copias del ejemplar[26], cantidad muy grande para el destinatario: el continente americano.

Anteriormente advertimos la finalidad del libro, sólo nos resta conectarlo con *El Colombiano*, a saber: los mismos redactores, Antepara, con la ayuda de Cortés Campomanes. Propósito: la independencia del continente americano, pero falta un detalle, la figura de Francisco de Miranda, quien es actor y autor de la obra: ¿qué perseguía el general? Dar a conocer todo su trabajo en 25 años por la independencia de América, pero no a través de otras voces, sino de la suya. Queda claro con esto que ya Miranda había resuelto volver a América, quería refrendar con ello su esfuerzo, el mayor que haya realizado alguien por la emancipación americana.

Podemos resumir la importancia del libro de Antepara en cuatro puntos:

1. Es un libro cuyos temas y personajes tratan de la independencia, en este sentido es el primer libro en su estilo.

---

26 AGM. *Ibíd.,* pp. 261, 262 y 280.

2. Es de gran utilidad el texto editado por Antepara para divulgar el pensamiento mirandino en toda su extensión, aclarando muchos puntos oscuros y controversiales sobre su vida y obra.

3. Es importante porque se trata de una selección de textos del archivo de Miranda, que como sabemos contiene 63 volúmenes, a los cuales se hizo esa clasificación en cuya elaboración y coordinación hubo de atenderse las recomendaciones de autor: Francisco de Miranda.

4. Es la fuente de investigación fundamental del pensamiento de Miranda desde 1810 hasta 1926, cuando apareció su archivo.

Culminamos este punto con unas palabras sobre Antepara y Cortés Campomanes.

El final de estos dos próceres, como casi todos los que participaron en la primera república, está lleno de conjeturas y dudas. Se sabe que ambos en los momentos de la capitulación se encuentran en La Guaira. Antepara como capitán del puerto de La Guaira con el grado de capitán de marina[27]; Cortés tendrá el cargo de teniente coronel de artillería, grado conseguido con el ataque a Valencia el 23 de noviembre de 1811. En abril de 1812, en la campaña contra Monteverde en los valles de Aragua, tenía a sus órdenes diez piezas de artillería en el ejército de Miranda y se encuentra con él en su cuartel general.

Los dos lograron escapar en el *Sapphire* y aparecen en la lista de pasajeros que llegan a Curazao[28]. Hecho que desmiente la especie según la cual "Cortés partirá más tarde hacia Curazao (quizás en la goleta *Jesús, María y José*, en la que el 27 de agosto embarcó Bolívar), junto con otros patriotas"[29]. Este error provie-

---

27 AGM. Vol. XXIV, P. 306.
28 W.O. 1/112, vol. 2nd, folios 45, 46, Col. Govr Hodgson.
29 Grases, Pedro: *Obras* 5, p. 39.

ne de la historiografía venezolana, cuyo objeto es cambiar los hechos, con la finalidad de ocultar lo que realmente sucedió.

Se ha dicho desde José de Austria[30] que Cortés Campomanes participó en la entrega de Miranda, junto con otros patriotas, ahora bien, no pudo haber estado en el *Sapphire* y a la vez haber participado en la conspiración y detención de Miranda, que se produce en la madrugada del 31 de julio de 1812. Porque este barco es de los pocos que zarpan cuando se produce el motín, además en el *Sapphire* está la gente de estricta confianza de Miranda, como MacGregor, Antepara, Burke, Labataut, y los dos Robertson (quienes llevaban los 22.000 pesos de la república), que, según versión de Gual y MacGregor, pretendían seguir la lucha desde Cartagena. ¿Iba a estar Cortés Capomanes simultáneamente con los conspiradores y la gente de confianza de Miranda?

Toda esta confusión se entiende por la contradictoria explicación que han pretendido dar los defensores de la traición que se cometió contra Miranda y la república en julio de 1812.

Si hubo algún Cortés en la conspiración contra Miranda, debió haber sido el subteniente Cortés, que estuvo con Bolívar en el desastre de Puerto Cabello[31]. Al igual que Juan Paz del Castillo, José Mires, Tomás Montilla, Rafael Chatillon, Miguel Carabaño y otros. No es casualidad que hayan sido estos oficiales (además de otros, pero con distintos intereses) los que dirijan la conspiración. En fin, no hay manera de involucrar a Cortés Capomanes en esta acción, como veremos a continuación.

De Curazao se dirige a Cartagena, allí apoyó al general Manuel del Castillo y Rada contra Bolívar; se enfrentó militarmente al *Libertador* y se negó a cooperar con las fuerzas enviadas por éste contra los realistas de Santa Marta[32]. Entre 1818 y 1819 des-

---

30 Austria, José de: *Bosquejo de la historia militar de Venezuela*. Tomo I, p. 352.
31 AGM. Vol. XXIV, p. 426.
32 *Diccionario de la Fundación Polar*. Tomo I, p. 1087.

empeñó en París una misión diplomática aprobada por el vicepresidente de Venezuela y desaprobada por Bolívar. A comienzos de 1820, Francisco Antonio Zea, quien viajaba a Europa como agente diplomático, le encomendó a Cortés que se trasladara a París, para que fuera su colaborador en el desempeño de la misión. De nuevo Bolívar canceló el nombramiento de Cortés Campomanes, "declarando [...] que éste no merecía la confianza del gobierno".[33]

---

33 *Op. cit.*, p. 1088.

IV. MIRANDA Y LA CONSPIRACIÓN DE GUAL Y ESPAÑA

Poco conocida y menos tratada es la relación que estableció Miranda con la conspiración de Gual y España. Entre 1797 y 1798 no aparece documentación escrita en la que haya referencia entre Miranda y la conspiración. El 12 de julio de 1799, es cuando se conoce la primera carta que le dirige Gual a Miranda[34]. En la misma le da detalles del fracaso de la conspiración y le anexa documentos detallándole las actividades y preparativos de los sublevados, a la par que le invita a ponerse a la cabeza de aquel movimiento. La carta y documentos referidos fueron recibidos el 27 de septiembre por Miranda y entregados el 30 del mismo mes al ministro de Negocios Extranjeros Henry Dundas con el siguiente escrito: "Don Manuel Gual, el mayor de los hijos de don Mateo Gual que comandaba La Guaira cuando el almirante Knowles atacó aquella plaza en el año 1743. Es nativo de Caracas, ha servido en las milicias de infantería regulares de la provincia y goza de gran popularidad en el país: desciende una noble y rica familia de La Guaira. El general Miranda le conoció íntimamente en su juventud y está informado de que en su país es hombre de distinguida habilidad y consecuencia".[35]

Con anterioridad se había presentado un informe al gobierno inglés por parte de Mr. Duff, quien era su cónsul en Cádiz. En el

---

34 AGM. Vol. XV, pp. 372, 373.
35 *Op. cit.,* pp. 378, 379.

mismo se hacía referencia a la situación de la provincia de Venezuela: el descontento de sus pobladores con el gobierno español; apoyar a todo aquel que se rebelara contra la colonia. Este mismo personaje lo vamos a ver mucho después, en 1815, contribuyendo con la fuga de Miranda en La Carraca, Cádiz. Hecho por demás curiosísimo, lo cual demuestra que la red de Miranda era más compleja de lo que conocemos. Dejémosle a la imaginación lo siguiente: ¿qué hacía Mr. Duff escribiendo cartas contra el imperio español, pero también en La Carraca tratando de sacar a Miranda de la prisión?[36]

Al mismo tiempo el ya referido ministro Enrique Dundas se había dirigido al gobernador de Trinidad, coronel Thomas Picton, el 8 de abril de 1797, con el objeto de fomentar ideas independentistas entre los españoles de Costa Firme, lo cual realizó con eficiencia, así se conoce con fecha 26 de junio de 1797, comunicación dirigida a los cabildos y habitantes de la Costa Firme, participándoles la libertad de comercio y ofreciéndoles apoyo contra la autoridad opresiva del gobierno español.[37]

El informe ya señalado de Mr. Duff se conoció en Caracas, y la real audiencia, preocupada por su contenido, escribió al rey con fecha 12 de agosto de 1797[38], "para observarle que en él se hallaban las mismas ideas que se habían encontrado en los papeles del conspirador don Manuel Gual, en lo que se refería al espíritu de las instrucciones transmitidas, lo que denotaba una secreta inteligencia de los revolucionarios con las autoridades de la isla de Trinidad".[39]

---

36 *América espera*, pp. 492 a 494.
37 AGM. Vol. XV, pp. 171, 172.
38 AGM. Vol. XV, pp. 173, 174.
39 García Chuecos, Héctor: *Documentos relativos a la revolución de Gual y España*. Inst. Panamericana de Geografía e Historia 1949, p. 32.

¿Habría coincidencias entre el gobierno inglés y los conspiradores? Seguro que sí, por ello envía la real audiencia al rey la comunicación señalada anteriormente.

Ahora bien, ¿tenía Miranda algo que ver con esta situación? Como ya señalamos, él había presentado a Dundas en 1799 (ver cita 35) documentos de Gual, así como solicitaba su respaldo a la iniciativa de los sublevados. Sólo queda saber si el *Precursor* se había comunicado antes con Dundas; la clave del asunto, no las da el propio Miranda en comunicación enviada al cabildo de Buenos Aires el 24 de julio de 1808, allí hace un recuento de unos documentos oficiales dirigidos por Inglaterra a América en el período de 1797 a 1808, en el primero de ellos dice Miranda: "la declaración de su majestad británica dirigida a la provincia de Caracas el 8 de abril de 1797 (conforme en todo, con el acuerdo hecho por mí a nombre de las colonias hispanoamericanas el 14 de febrero de 1790 con el muy honorable ministro Guillermo Pitt)"".

Esta es la carta de Dundas a Picton y que éste envió a Costa Firme y que ya vimos anteriormente (ver nota 37). Lo que no deja dudas es que Miranda se hace acreedor de este esfuerzo a través del ministro Pitt. Ello es coherente con la carta enviada a Gual el 4 de octubre de 1799: "Los papeles que usted me envía conjuntamente con sus cartas se han puesto ya en manos de los ministros de su majestad británica; y crea usted que no se pierde un instante en acelerar este importante negocio. *El mismo fue presentado por mí ante el propio ministerio desde el mes de febrero de 1790* y admitido bajo la estipulación formal de soportar y cooperar a nuestra independencia de parte de la Inglaterra en el momento que hubiese una guerra con la España; *cuyos avisos hice comunicar entonces a varias provincias de ese continente, incluso la de Caracas*".

Continúa Miranda, informa de su viaje a Francia y da detalle de los planes que allá tenía para invadir a América, pero Robespierre los destruyó junto con sus autores, salvándose sólo el general, a lo cual agrega: "Renové aquí mis oficios sobre la precedente negociación de 1790 y habiéndoseme dado respuesta favorable, dejé la Francia y arribé a Dover en el mes de enero de 1798".[40]

Varias cosas importantes en estas cartas:

1. Lo que ya sabemos de sus gestiones a favor de la independencia ante el ministro Pitt desde 1790.

2. Que estando en Francia renovó las negociaciones de 1790, a las cuales respondieron positivamente y, ya en enero de 1798, regresa a Londres.

3. Se deduce de esto que Miranda retomó sus vínculos con el gobierno británico en 1797, y de conformidad con la carta del 24 de julio de 1808, influyó en aquellas comunicaciones de Dundas, Picton, Mr. Duff, que obligaron a la real audiencia a crear alarma sobre la intervención de Inglaterra en la sublevación de la Costa Firme.

No obstante, como ya señalamos anteriormente, no se conocen cartas de Miranda sobre el tema, en los años de 1797 y 1798. Sin embargo, sabemos que en febrero de 1799, Duperon, quien fue secretario de Miranda, y a quien traicionó por dinero, vendió a Dossonville, otro espía y traidor, documentos que éste entregará en Viena al embajador español, aprovechándose así España de todo los manejos del venezolano. También, cuando Miranda regresa a Francia en octubre de 1800, es acosado desde el inicio de su llegada y es apresado el 3 de marzo de 1801 y con él son confiscados todos sus papeles. En cualquiera de estos dos momentos pudo haber perdido documentos referentes a los sucesos de Venezuela entre 1797 y 1798.

Esta aseveración la realizamos por cuanto hay algunos detalles adicionales a los ya descritos que llaman la atención, por ejemplo: Miranda nombra algunos comisarios de América del Sur entre los que señala a Manuel Gual, Joaquín Sorondo y Francisco

---

40   AGM Vol. XV, pp. 382, 383.

Zinsa, todos participantes activos de la conspiración de 1797[41], comisarios que en algún momento habían ido a Europa y se habían entrevistado con él. Adicionalmente, no se puede desdeñar la colaboración especial que tuvieron en la expedición de 1806 y toma de Coro, dos miembros de aquel movimiento, a saber: José Montesinos Rico, comerciante de La Guaira, y Domingo Sánchez, cuñado de José María España. Aquéllos aparecen en lugar destacado al lado de Miranda en esa expedición.[42]

Otro dato interesante es la carta que le escribe Manuel Cortés Campomanes diez días después de haber llegado a Londres, el 26 de enero de 1809: "Conoce usted así mismo todas las circunstancias que rodearon mi evasión, el bien concebido plan para dar la independencia a las provincias de Caracas y, en fin, el fracaso de esta empresa a causa de la poca decisión de algunos de los que estaban a su frente".[43]

Ya sabemos la confianza que le brindó Miranda a Cortés no sólo en Londres sino en Venezuela cuando la construcción de la república. En todo caso, el párrafo de la carta anterior no deja dudas del conocimiento de Miranda sobre los sucesos de 1797, que se reiteran, con cartas explícitas a Gual, con el objeto de retomar aquella conspiración e invadir a Venezuela. De esto hablan sus distintas comunicaciones entre 1799 y 1800, además de las de Pedro Caro y Pedro Fermín de Vargas sobre el mismo tema.[44]

Quedan por señalar dos hermosas cartas escritas por Gual y Miranda que dan luz de los preparativos que para 1800 se realizaban; la primera dirigida a Ignacio Abad, el 8 de septiembre de 1800, dicha carta fue interceptada por el gobernador Emparan, el

---

41 AGM Vol. XV, p. 104.
42 *Archivo General de Indias*, Sevilla, España. Colección Traslado. Expediente N° 458. Trascrito por el hermano Nectario María. Copia resguardada en la Academia Nacional de la Historia. Caracas.
43 AGM Vol. XXII, pp. 206-208.
44 AGM Vol. XV y XVI. Ver índice de nombres de los aludidos.

24 de septiembre del mismo año, a tan solo 31 días de la dramática muerte del prócer.

"Señor don Ignacio Abad.

"Mi estimado amigo y paisano:

"Por las últimas cartas de Londres que he recibido, he tenido las noticias más favorables para nosotros los americanos españoles, que hace tantos siglos gemíamos bajo el yugo de la tiranía. Va acabarse este desgraciado tiempo y empezar el más feliz para nosotros.

"El mes de noviembre próximo se hallará mi paisano y grande amigo Miranda en Jamaica con un cuerpo de doce mil hombres de tropa y un armamento bastante considerable para entrar en el saco de Maracaibo a auxiliar y proteger los mal contentos del reino de Santa Fe y dar la libertad a dicho reino. Y de las tropas que están juntando en esta isla y las demás inmediatas se ha de formar otro cuerpo que atacará por la Angostura y seguirá a la provincia de Cumaná, pues el gran proyecto admitido ya y resuelto por la Gran Bretaña es de dar la libertad a la América Española, y particularmente la Meridional, y abrir un gran comercio para de algún modo resarcirse de los grandes gastos que ha hecho en el discurso de esta guerra. Vuestra libertad será protegida por la escuadra de esta gran nación, y todos los esfuerzos de la corte de Madrid serán inútiles.

"Ya ve usted que de aquí a fines de noviembre o principios de diciembre, que se ha de dar este gran golpe, falta muy poco, y yo, como tan interesado, me dirijo a usted persuadido de su honradez, para que como uno de los perseguidos injustamente de la tiranía hable a todos sus amigos para que no se desalienten y hagan igualmente cuanto puedan a favor de la causa de nuestra libertad cuando se presenten las tropas libertadoras, que serán en bastante fuerza y aguerridas, y no desmaye en esta grande empresa..."[45]

---

45 García Chuecos, Héctor: *Op. cit.,* pp. 63, 64.

Miranda, ya saliendo de Londres, vía a Holanda llega hasta Amberes, logra dirigirse a París con el objeto de resolver asuntos pendientes por haber sido alto oficial francés. En ese ínterin es apresado de nuevo por Fouché y confiscados todos sus papeles.

Pero devolvámonos a Londres al momento de su partida. El 10 de octubre de 1800, le escribe a Gual una carta premonitoria. Quince días después, éste moriría envenenado, seguramente no tuvo tiempo de leerla. Lo importante de la misiva es el rol que estos próceres cumplían entonces y la seguridad de la trascendencia de sus acciones, en los momentos iniciales de la independencia. Lo que impresiona de Miranda es su talento para saber en aquel momento la historia que hacía, pero una historia que creaba las bases para el nacimiento de las repúblicas en la América Meridional. Esta perspicacia lo hizo siempre un líder incomparable.

"Londres, 10 de octubre de 1800:"

> Mi objeto siempre es y será el mismo [...] La felicidad e independencia de nuestra amada patria, por medios honrosos y para que todos gocen de una justa y sabia libertad. Si consideramos cuán grandes esfuerzos de constancia, riesgo y magnanimidad costó al gran Colombo el descubrimiento del nuevo mundo, veremos amigo mío lo poquísimo que han hecho aún los hijos de América para darle el lustre, felicidad y gloria a que la naturaleza parece haberla destinado. ¡Trabajemos pues con la perseverancia y rectas intenciones en esta noble empresa dejando lo demás a la Divina Providencia Árbitro Supremo de las obras humanas! Que cuando no nos resultare (a nosotros personalmente) más gloria que la de haber trazado el plan y echado los primeros fundamentos de tan magnífica empresa, harto pagado quedaremos; delegando a nuestros virtuosos y dignos sucesores, el complemento de esta estupenda estructura, que debe si no me engaño, sorprender a los siglos venideros..."[46]

---

46 AGM Vol. XVI PP. 77, 78.

V. LA PERSPICACIA DE MIRANDA

En Francia, Miranda escribe un conjunto de documentos que nos sorprenden por su actualidad, sobre todo si atendemos al hecho de los años en que fueron publicados.

"El general Miranda a la convención nacional, 15 de noviembre de 1794"; "Miranda a los representantes del pueblo francés, 4 de enero de 1795".

En el primero de ellos se lee: "La existencia de un solo ciudadano inocente cargado de cadenas, con conocimiento de los poderes constituidos de cualquier país, sería la prueba mayor del despotismo; y si este hombre es auténticamente declarado, como lo he sido yo por un juicio, excelente ciudadano y padre de los soldados, que por sus servicios ha merecido bien de la patria, y que está amparado hasta de la sospecha misma: esto sería el colmo de la tiranía".[47]

Ya en este momento Miranda desarrolla sobre las bases de su ejemplo una referencia particular sobre los derechos humanos. Continúa su prédica sobre los falsos fundamentos democráticos de la revolución francesa.

Así continúa su argumentación y en el segundo de los documentos mencionados, afina su puntería contra la tiranía y su manera de ocultarse a través del interés público: "La máxima exe-

---

47 *América espera*. Biblioteca Ayacucho N° 100, p. 176.

crable de los Couthon y Robespierre, que el interés individual debe sacrificarse al interés público, es la base sobre la cual fundaron ellos la tiranía.

"Es el infernal axioma con el cual los Tiberios y los Felipe II de Castilla llegaron, antes que ellos, a sojuzgar y ultrajar la mayor parte de la especie humana. He sabido que ciertos miembros de la junta de seguridad general, a falta de causas legítimas, habían dado por motivos de mi detención semejante doctrina, que ellos llaman política, y que pretenden apoyar en mi calidad de extranjero".[48]

¡Sorprendente! Miranda en 1795 criticaba lo que fue la base de todos los totalitarismos del siglo XX, a saber: la sujeción de los derechos individuales a los colectivos; el Estado por encima de los individuos; o cualquier otra forma de interés colectivo que suprima los intereses particulares. Cuando apenas la democracia moderna daba sus primeros pasos, el Precursor expresa unos fundamentos políticos avanzados, ya poseía unos principios que lo distinguían de muchos de sus contemporáneos.

Pero el texto más importante, sin dudas, es la opinión del general Miranda sobre la situación de Francia en 1795.

Allí leemos: "Dos condiciones son esenciales para la independencia absoluta de los poderes; la primera, que la fuente de donde ellos emanen sea una; la segunda, que velen continuamente los unos sobre los otros. El pueblo no sería soberano si uno de los poderes constituidos que le representan no emanare inmediatamente de él y no habría independencia si uno de ellos fuera el creador del otro. Dad al cuerpo legislativo, por ejemplo, el derecho de nombrar los miembros del poder ejecutivo y ejercerá sobre ellos una funesta influencia que hará desaparecer la libertad política. Si nombra los jueces tendrá igualmente influencia sobre los juicios, y sucederá lo mismo con la libertad civil. Así es que en Inglaterra, en donde el poder ejecutivo tiene una influencia

---

48 *Op. cit.*, pp. 172, 173.

notable sobre el legislativo, la libertad política está considerablemente disminuida. El poder judicial, aunque elegido por el ejecutivo, está al abrigo de su perniciosa influencia, porque el pueblo compone el jurado, y los jueces son inamovibles; por esta razón, la libertad no ha recibido allí ningún choque".

Más adelante reafirma: "No es verosímil que tres poderes independientes y celosos se reúnan jamás para hacer traición a los intereses del soberano, y así es que sobre esta probabilidad moral se ha fundado la seguridad del ciudadano con respecto a la libertad civil y política".[49]

La influencia de Locke y Montesquieu es evidente, sin embargo, lo importante es que Miranda depura el procedimiento político-administrativo para la realización de la división de poderes, a través del soberano. Este hecho es significativo, si entendemos que en Latinoamérica, y en particular en Venezuela, hay una constante interferencia entre los poderes públicos, a la par de los vicios en la forma de su elección.

No dejamos de insistir, este es un texto de 1795 y ya Miranda veía claro uno de los aspectos fundamentales de la democracia moderna, como lo es la división de poderes.

De suma trascendencia para el acontecer emancipador de Latinoamérica, es la carta que Miranda escribe al marqués del Toro y al Cabildo de Caracas el 20 de julio de 1808.

En virtud del desorden acontecido en España, en ocasión de la abdicación del rey y los sucesos complementarios, Miranda recomienda: "En esta suposición, suplico a usted muy de veras, que reuniéndose en un cuerpo municipal representativo, tomen a su cargo el gobierno de esa provincia; y que enviando sin dilación a esta capital personas autorizadas y capaces de manejar asuntos de tanta entidad, veamos con este gobierno lo que convenga hacerse para la seguridad y suerte futura del Nuevo Mundo [...] sírvanse

---

49 *Op. cit.,* pp. 178, 179.

ustedes igualmente (si lo juzgan conveniente) enviar copias de este aviso a las demás provincias limítrofes (Santa Fe y Quito) a fin de que haciendo el debido uso, marchemos unánimes al mismo punto, pues con la desunión solamente correrá riesgo a mi parecer, nuestra salvación e independencia".[50]

Otra carta con el mismo tono el 24 de julio de 1808 fue enviada a Buenos Aires, Lima y Chile.

No es casualidad que el proceso independentista comience el 19 de abril de 1810 en Caracas y continúe casi simultáneamente, por las ciudades señaladas. Haber previsto y anunciado anticipadamente esta situación, demuestra la grandeza de Miranda. Se encontraba a miles de kilómetros en Londres, pero con una eficiencia en la palabra escrita inigualable.

Analicemos en detalle la carta. Ante el desgobierno de España, los caraqueños deben reunirse en el cuerpo municipal y asumir las funciones de gobierno, además propone que envíen personas autorizadas a Londres, para tratar sobre la seguridad y suerte futura del Nuevo Mundo, al igual que dirigir copias de esta carta a otros cabildos de Latinoamérica que garanticen la unión de propósitos.

Pues bien, paso por paso se cumplieron las sugerencias del general: el 19 de abril de 1810 el cabildo asumió el gobierno en defecto de la capitanía general; Andrés Bello, Luis López Méndez y Simón Bolívar salieron a Londres; y la junta de gobierno se dirigió a los cabildos de la región con el objeto de colaboración y apoyo.

Estas son las batallas políticas ganadas por Miranda, empero no contadas por sus detractores. A distancia, con sus comisarios políticos, logra realizar la proeza emancipadora. Proeza que a otros con saña, cobardía y mediocridad, les bastó segundos para destruir, pero no nos adelantemos, ya volveremos sobre este tema.

---

50   *Op. cit.*, pp. 378, 379.

VI. EL COMIENZO DEL DESPOTISMO

Es ineludible señalar la llamada caída de la primera república y con ella el fin de la actividad política de Francisco de Miranda, a consecuencia de la capitulación de 1812.

En un hermoso libro de Carlos Pi Sunyer, *Los patriotas americanos en Londres*, el autor hace referencia a la necesidad de editar un tomo XXV del archivo de Miranda.

Establece que hay muchos documentos que pueden dar cuenta de las actividades de Miranda desde 1812 hasta 1816, año en que muere.

Le sobraba razón a don Carlos Pi Sunyer, por cuanto su objetivo era publicar documentos desconocidos, fundamentalmente, a partir de la capitulación de 1812. Esta idea la hemos recogido, pero con un giro sustancial: aparte de los imprescindibles documentos que conformarían el eventual tomo XXV, añadimos las consecuencias políticas de la caída de la primera república, a esto último haremos referencia en estas notas. Por otro lado, cantidad de documentos se han escrito referidos a la prisión de Miranda. Sin duda, la participación de Bolívar en este acontecimiento, más que aclarar ha oscurecido este evento. La ocasión tiene que ver con nuestra influencia judeo-cristiana, según la cual los profetas y los mesías no se equivocan. Algo así ha sucedido con Bolívar, cantidad de documentos para exculparlo y pocos para entender lo sucedido.

Dejamos para el último capítulo el análisis particular de la capitulación y prisión de Miranda, por cuanto sus detalles extralimitan lo estrictamente político.

Pero nos apartamos de nuestro tema, al cual aludimos al comienzo de este punto, a saber: las consecuencias políticas de la caída de la primera república.

Uno de los escritos fundamentales que dan cuenta de las causas de este suceso fue el *Manifiesto de Cartagena* escrito por Bolívar[51], pero este documento adolece de dos fallas inexcusables: la primera no haber tomado en cuenta la caída de Puerto Cabello como condición necesaria para la capitulación y que la misma fue acordada y refrendada por el gobierno federal representado entonces por: Antonio Fernández de León, director de rentas; F. Espejo y J.G. Roscio, miembros del poder ejecutivo federal; Francisco Paúl, del poder judicial de Caracas, y Sata y Bussy, mayor general del ejército[52] (Apéndice I).

Cuando el *Libertador* y otros historiadores no toman en cuenta estas dos consideraciones, el análisis posterior es sesgado y conduce a profundizar tergiversaciones de los hechos y sus consecuencias.

La omisión de la caída de Puerto Cabello, como una de las causas fundamentales de la capitulación, tiene una humana explicación en la perturbación que aquélla había tenido en el *Libertador*. Pero el haber ocultado que la capitulación fue una decisión avalada por el gobierno federal, tuvo unas terribles consecuencias para el general Miranda y obviamente para la república constituida en 1811.

---

51 Bolívar: *Obras completas. Cartas 1950.* 15-12-1812.
52 AGM Vol. XXIV pp. 509-510.

Dicho de otro modo: no fue que al general Miranda se le ocurrió una capitulación para ver qué sucedía, sino que el gobierno republicano conjuntamente con el *Precursor* la decidieron y refrendaron. La diferencia sustantiva entre una y otra interpretación traerá consecuencias definitivas en el hacer político contemporáneo. Nosotros optamos por la segunda y veremos sus efectos. La capitulación fue un suceso estrictamente militar, la primera república no estaba obligada a abandonar sus responsabilidades políticas con la nación, ello se demuestra por el apresamiento y fuga de los líderes de su gobierno. Es decir, los líderes republicanos no abandonaron sus responsabilidades, sino que fueron perseguidos y encarcelados.

En un estudio que realizamos hace algún tiempo[53], afirmamos que el apresamiento de Miranda significó el primer golpe de estado en nuestra era republicana. Golpe de estado, porque la capitulación fue un hecho militar que en sus estipulaciones firmadas por Sata y Bussy establecían el cese al fuego y el reconocimiento al decreto de las cortes generales extraordinarias del 15 de octubre de 1810[54], en fin, del perdón a todos los insubordinados, pero en ningún caso significaba la cesión y la renuncia al gobierno republicano.

Ello se demuestra porque todo el personal del gobierno que pudo llegar a La Guaira lo hizo, para luego ser apresado cuando pretendían embarcarse con el general Miranda, tal es el caso de los llamados ocho monstruos, entre los cuales se encontraban: Roscio, Isnardi, Madariaga, Ayala, entre otros, adicionalmente de los que lograron fugarse en el *Sapphire* como el caso de Antepara, Labataut, MacGregor, William Burke y Tomás Acasto, sirviente del *Libertador*, que llevaba sus pertenencias en el barco. Otras personas del gobierno escaparon. Con lo cual se demuestra con toda fidelidad lo que Gual expresó en 1843: que el gobierno

---

53 *Los papeles de Miranda. Últimas Noticias*, Caracas, 22-10-2000.
54 AGM Vol. XXIV, PP. 522 a 530.

pretendía dirigirse a Cartagena de Indias (la misma ruta que realizó el *Libertador*) a reunirse con Rodríguez Torrices y Nariño para recomenzar la lucha.[55]

Lo grave de todo esto es que el gobierno se descoyuntó más como resultado del golpe de estado que de la propia capitulación.

Así, lo más granado de aquella república, como Miranda, Francisco Espejo, Miguel Sanz, Francisco Isnardi, Francisco Javier Ustáriz, Roscio, Coto Paúl y tantos otros, sobrevivieron muy poco a aquella época gloriosa.

Todos murieron o desaparecieron de la escena política, por causa directa o indirecta de aquello sucesos. Sobrevivieron poco tiempo Palacio Fajardo y Roscio, mas murieron en 1819 y 1821 respectivamente. Pero en todo caso se perdió la organicidad de aquel gobierno, que no tuvo comparación con los posteriores, en especial en su preparación teórica y los planes de gobierno que van desde 1810 a 1812.

Lo producido por la Gaceta de Caracas, El Semanario de Caracas, e Patriota de Venezuela, El Mercurio Venezolano, La Sociedad Patriótica y sus filiales en Valencia, Puerto Cabello, Barcelona y Barinas es un hecho y una elaboración teórico-política sin igual. No comprendemos entonces, el cognomento de patria boba. Sólo a los políticos sin criterios les parecen boberías las ideas.

Inclusive, todas las ideas fundadoras de la democracia están allí, si entendemos por tal la división de poderes, los derechos humanos, la tolerancia, la libertad de pensamiento y la libertad de culto, de cuyo contenido tratan los escritos de Sanz, Roscio, Miranda, William Burke, Ustáriz y otros.

---

55 *América espera*. Biblioteca Ayacucho, Caracas, p. 468 a 474.

Pues bien, todo ese caudal de conocimiento político que se produce con la primera república, es la que se pierde con el golpe de estado de 1812. Será apenas en 1830, con la democracia deliberativa, que se retornarán algunas de estas propuestas. Sin embargo, sabemos cómo la pugnacidad de aquel gobierno termina en otra cosa.

SEGUNDA PARTE:
LA INDEPENDENCIA Y SUS DEFINICIONES

I. EL DILEMA COMENZÓ EN 1812: DICTADURA O DEMOCRACIA

Retomando nuestro tema principal, es oportuno señalar la relevancia que tuvo la constitución de 1811, no sólo porque fue la primera de la América hispana, sino porque fue categórica en cuanto a que la revolución debía ser republicana y democrática. Esto nos lo demuestra Martín Tovar a través de Augusto Mijares:

> "Aún antes de declararse la independencia, cuando se discutía acerca de ella, don Martín Tovar sostuvo que ya era cuestión decidida por el congreso, y es la prueba –decía- que ha comisionado a algunos de sus miembros para el proyecto de una constitución democrática".[56]

Añade Mijares: "Ni la república fue, pues, en Venezuela, obra de los caudillos, ni la democracia se impuso por los azares de la guerra; una y otra nacieron de una definición doctrinaria que aquellos fundadores de la patria sentían como la primera justificación moral de una lucha por la independencia".[57]

Lo importante a señalar es que desde 1812 hasta 1830, se perdieron, incentivados por el caudillismo, las instituciones que Es-

---

56 Mijares, Augusto. *Obras completas*, tomo I. *El Libertador*, Monte Ávila Editores Latinoamericana. Caracas, Venezuela. 2000. p. 312.

57 *Ibíd.*

paña trasladó a América como: universidades, imprenta, cabildos, tribunales y toda la actividad civil que le correspondía y que la constitución de 1811 pretendía ampliar y desarrollar. De nuevo Mijares puntualiza: "[...] Destruido el orden legal creado en 1811, la patria renace a partir de 1813 por obra de los caudillos, pero el poder de éstos, personal, inestable y moralista, no puede dar base a la república. Vicios profundos, derivados de la glorificación del caudillo, comienzan a perturbar la mentalidad colectiva: a la libre deliberación que es característica de las épocas de paz, se sustituye el acatamiento incondicional al jefe, o al individualismo jactancioso, según los casos; las virtudes que se consideraban esenciales para la vida social –reflexión, tolerancia, conocimiento, respetabilidad- pasan a segundo término ante las cualidades que la guerra reclama, agresividad, obediencia, destreza, fuerza [...]".[58]

Con lo cual concluye nuestro autor al señalar la gran contradicción de la reorganización hispanoamericana: "que los hombres y los sentimientos utilizados en la destrucción de la tiranía no siempre son los más adecuados para establecer la libertad".[59]

Añadimos nosotros, conocer la genealogía de la república es el único camino para recomponer las manifestaciones tiránicas y no democráticas.

Veamos estos datos: desde 1830 hasta 2006, Venezuela tuvo 27 presidentes electos. De ellos, 16 militares.

Este hecho no es casual, es la consecuencia de lo que sucedió desde 1811, con un agravante, muchos de esos civiles han pensado como militares. Tan cierto es que no hay subordinación de lo militar a los civil, que aun todavía se discute si hay golpes de estado buenos o malos. Inclusive, hasta hace poco a un líder prominente de un partido político, se le llamaba caudillo, y partido y líder reclamaban orondos tal cognomento.

---

58 *Op. cit.*, pp. 436, 437.
59 *Ibíd.*

II. ÉXITO O FRACASO DE MIRANDA

En los tres capítulos anteriores hemos explicado el por qué cierta historiografía tradicional ha asumido determinada postura hacia la figura de Miranda y los acontecimientos que culminan en julio de 1812.

Con el objeto de retomar nuestro hilo discursivo recapitulemos aquellos criterios:

1. Por diversos motivos, Miranda es apresado por algunos compañeros de armas y es entregado a los españoles, consumándose así una traición al general Miranda y produciéndose el primer golpe de estado de la era republicana.

2. A partir de entonces con la publicación del *Manifiesto de Cartagena del Libertador* (1812), comienza un relato histórico que falsifica los hechos políticos de la época, a saber: no hubo capitulación aprobada por el gobierno federal, sino traición de Miranda; el acta de la independencia y su congreso constituyente de 1811, que derivan en la Confederación de Venezuela, no es el primer ensayo democrático y republicano de América Meridional, sino una república aérea o la patria boba... Como consecuencia de lo anterior, es necesario un gobierno central que acabe con el gobierno realista y colonial, pero también con la anarquía y el desorden de las repúblicas aéreas, es decir, con la Confederación de Venezuela de 1811 y sus constituciones provinciales.

3. El discurso lógico de esta propuesta desemboca en el caudillismo y en el despotismo, que comienza con la segunda república-

ca (aparte de algunos interregnos como el de 1830) y se expande hasta nuestros días republicanos. No exageramos, recuérdese que desde 1830 hasta 2006, de un total de 27 presidentes electos, 16 han sido militares. Más gráficamente, en 176 años de vida republicana, 131 han sido gobiernos presididos por militares, esto es, el 75%.

Vista así las cosas, sobre la base de la anterior argumentación, asumida por la inmensa mayoría de historiadores latinoamericanos, Miranda tiene que ser un fracasado. Así se vendió, así se compró.

Naturalmente, la historia no tiene una sola ruta y afortunadamente existen hechos y documentos con otras señales, además, muy claras.

Hegel nos advierte: "[...] la historia de algo, sea lo que fuere guarda la más estrecha e indestructible relación con la idea que de ese algo se tenga. A tono con ello se determina, naturalmente, lo que para ese algo se considera importante y conveniente; y la relación entre lo ya acaecido y el fin propuesto impone, quiérase o no, una selección de los acontecimientos que se narran, el modo de concebirlos y los puntos de vista bajo los cuales se colocan. Y así, según la idea que se tenga de lo que es el estado, puede muy bien ocurrir que un lector no descubra en la historia política de un país absolutamente nada de lo que busca en ella".[60]

Esta cita parece un retrato hablado de nuestra pobre historia epopéyica, en la cual es más importante la *Venezuela heroica* de Eduardo Blanco que el archivo de Miranda.

Volvamos a nuestro asunto: la historiografía que criticamos pretende refrendar que Miranda, a pesar de todo, fracasó, con esta orientación se anuncia su impopularidad. Esta afirmación traiciona los hechos. Veamos. Hasta donde conocemos, sólo hay

---

60 Hegel, G.W.E.: *Lecciones sobre la historia de la filosofía*. 1996. FCE, México, tomo I, pp. 5, 6.

cuatro referencias escritas sobre la popularidad de Miranda. La primera fue su llegada a La Guaira el 10 de diciembre de 1810, cuyos detalles aparecen en la *Gaceta de Caracas* del 21 de diciembre de 1810, donde se describe que el recibimiento fue todo un acontecimiento desde La Guaira a Caracas, siendo acompañado por Simón Bolívar y Martín Tovar Ponte. Asimismo, cuando Rodríguez Domínguez declara solemnemente la independencia de Venezuela el 5 de julio a las 3:00 pm, se formó una manifestación popular encabezada por Miranda y Francisco Espejo con la Sociedad Patriótica, "que ese dicho señor don Francisco de Miranda en ese acto de la publicación de la independencia tomó la bandera en la mano, se enderezó para la plaza Mayor, y en el mismo sitio donde el verdugo quemó y pisó su retrato [...] acompañado del pueblo que clamaba ¡vivas! tremoló la bandera de la libertad e independencia como teniente general de las tropas caraqueñas [...]".[61]

Otro momento fue el 14 de julio de 1811, cuando le tocó enarbolar la bandera nacional en la hoy llamada plaza Bolívar, para lo cual cedió el honor a los hijos del insigne patriota José María España. Fue un gran acto de masas donde Miranda fue ovacionado junto con la Sociedad Patriótica. También hay referencia en la *Gaceta de Caracas* el 16 de julio de 1811. Por último, y lo más significativo, fue el recibimiento que le dieron a Miranda el 29 de octubre de 1811[62] cuando el pueblo lo vitoreó en su entrada a Caracas, luego de la victoria militar contra los realistas en Valencia. Además, se le presentaron honores a través de una alocución del pode ejecutivo de entonces, representado por Baltazar Padrón, Cristóbal Mendoza y Juan Escalona; en fin, pueblo y gobierno respaldando las acciones del general.

---

61 *Arca de letras y teatro universal*, 1993, tomo 2, p. 94.
62 *El Patriota de Venezuela* N° 3. "Testimonios de la época emancipadora", pp. 410 a 412, BANH. Colección Sesquicentenario de la Independencia, 1960.

Con esto queremos dejar en claro el falso criterio de la supuesta impopularidad de Miranda. Él tuvo desavenencias con líderes del proceso independentista, pero no precisamente con los sectores populares.

De ser cierta la impopularidad de Miranda, no se explicaría la fuerte y decisiva presencia de la Sociedad Patriótica en todos los acontecimientos previos y posteriores a la declaración de la independencia el 5 de julio de 1811. La importancia de esta sociedad puede verse en la carta que Roscio envía a Bello el 9 de junio de 1811.[63] Allí, aparte de cargarle la mano a Miranda, no deja de reconocer lo que él llamaba la "tertulia patriótica".

En todo caso, Miranda fue su presidente el mes de junio, precisamente la antesala del 5 de julio. Esa sociedad era el movimiento político-intelectual más importante del país, tenía sus filiales en Valencia, Puerto Cabello, Barcelona y Barinas. La pregunta es inevitable: ¿va a ser impopular el presidente de la Sociedad Patriótica que promueve desde la calle la declaración de independencia?

Lo que intentamos explicar, es que desde la caída de la primera república se comenzó a tejer un discurso, cuyo único propósito fue justificar lo actuado inmediatamente después. Para tales fines se inventó la historia de la impopularidad de Miranda.

---

63 *Obras completas de Andrés Bello* 2° edición, Caracas. Fundación La Casa de Bello. 1984. Tomo XXV. Epistolario pp. 27 a 39.

III. EL 5 DE JULIO DE 1811: ÉXITO ROTUNDO

Todo lo anterior está relacionado con una ideología que pretendió justificar su doctrina en la supuesta anarquía y desorden de la sociedad venezolana, cuya conclusión obligada es el caudillismo o gendarme necesario de L. Vallenilla Lanz, pero no sólo de él, veremos más adelante cómo esa teoría irradió a corrientes de izquierda y de derecha.

Esa idea llevaba otra aparejada, según la cual el movimiento del 5 de julio no tenía apoyo popular, por consiguiente, se necesitaba un jefe (Bolívar o Boves, no importa) que pusiera orden en los asuntos públicos. Ahora entendemos que esta doctrina reclamaba jefes y no la democracia deliberativa que se instala desde 1810 en las principales ciudades de Venezuela.

Pero salgámosle al paso a esa falsa idea de la desaprobación de la patria boba, o sea, al 19 de abril y al 5 de julio. A tal efecto nos sirve un excelente argumento que nos propone Augusto Mijares. El supuesto prejuicio por parte del pueblo a la causa patriota:

"Se debe al hecho de que la caballería predominó en forma casi absoluta sobre la infantería de aquellos años, y como la caballería se formó especialmente con las masas rurales [...] que Boves y otros jefes movieron contra las ciudades, la impresión agobiadora que quedó en el ánimo de todos fue que la república había sido aplastada por una insurrección del pueblo inculto.

"Pero pueblo era también –y al mismo título que el otro– el que en las ciudades se agrupó alrededor de los dirigentes revolucionarios –que no mantuanos- para defender las vacilantes banderas de la reciente nacida patria.[64]

"Pero se olvidaba así un punto capital: la resistencia desesperada que opuso el pueblo patriota de las ciudades a aquel alud devastador, sin armas, sin alimentos, sin tráfico terrestre ni marítimo, con jefes que sólo muy poco antes habían comenzado a aprender cómo dirigirlo".[65]

Pero además de lo anterior, Mijares reflexiona de manera logística y militar del por qué de aquella situación: "[...] el pueblo de las ciudades, aparte de cambiar las costumbres de una vida relativamente cómoda por las fatigas y privaciones de la guerra, tenía que pelear sin armas. El hombre de los campos no necesitaba para ser un buen soldado sino su caballo y su chuzo, que usaba como lanza, ¿y qué podía oponerles el infante de las ciudades? Hasta el año 1816, en que Bolívar logró de Petión su estupendo auxilio, aquellos ciudadanos que apresuradamente aprendían algunos elementos de formación militar, se batían con armas heterogéneas, arrebatadas al enemigo o adquiridas de ocasión".[66]

A partir de la situación narrada por Mijares, se puede entender más fácilmente el porqué de la capitulación del general Miranda, no obstante, tener en aquel momento mayoría de fuerza militar a su lado.

Retomemos otro aspecto. La significación histórica del 5 de julio. Lo que Miranda y los patriotas de ese momento logran, tiene una trascendencia poco comentada por los narradores de la epopeya militar cursilona, que además se han salido con la suya, por cuanto la conmemoración de esa fecha en Venezuela todavía es una fiesta exclusivamente militar. Paradójicamente, el 19 de abril y el 5 de julio constituyen, en el sentido exacto del término, la revolución civil de Venezuela. Revolución que tuvo una pro-

---

64 Mijares, Augusto. *Op. cit.,* Tomo VI, p. 301.
65 *Op. cit.,* p. 358.
66 *Op. cit.,* p. 302.

yección continental sin igual, no sólo por ser el primer proceso de su tipo en América Latina, sino por ser una revolución en las ideas, desestimada por todo el caudillismo que la sucedió.

A título ilustrativo indicaremos: ya a mediados y finales del siglo XVIII, aparece una importante conciencia nacionalista que se expresa en por lo menos tres movimientos claramente identificados, a saber: la revolución de Juan Francisco de León en 1749 y 1751, contra el monopolio de la Compañía Guipuzcoana, movimiento que incluía no sólo a la incipiente burguesía productiva y comercial, sino a sus empelados y esclavos, que se sentían sustituidos en sus condiciones de vida por aquella compañía.

La conspiración de Gual y España que, a decir del doctor Salcedo Bastardo, es el más "[...] perfecto y completo de los proyectos revolucionarios preparados en Venezuela".[67] Con una teoría política ya acabada en sus ordenanzas, máximas republicanas, y derechos del hombre y el ciudadano, además, con un fuerte apoyo popular, que se demuestra con el enjuiciamiento a 95 personas comprometidas en la conspiración, en una ciudad como Caracas de apenas 20.000 habitantes.

Y por último, la actividad realizada por Miranda, no sólo en el desembarco de 1806 en costas venezolanas, sino toda su red de comisarios que llegaba a Venezuela y tuvo como consecuencia el 19 de abril de 1810. De modo que la conciencia de la nación y de la patria se tejió antes del 5 de julio de 1811.

Así es claro que nuestra declaración de independencia no fue algo azaroso y sin fines específicos, por el contrario, se establece primero la idea de patria y de nación, después vino la guerra y todo tipo de personalismos.

Lo que ha estado siempre en juego, son dos maneras de entender el proceso histórico venezolano: una opción dice, la indepen-

---

67 Salcedo Bastardo, J.L.: *Historia Fundamental de Venezuela*. UCV. 1979, p. 198.

dencia fue un proceso lento pero firme, que desató sus amarras el 19 de abril y el 5 de julio, en cuyo contenido están los presupuestos básicos de una democracia republicana. Otra opción dice: en Venezuela se creó una patria boba, sus líderes eran unos improvisados, no entendieron la guerra civil, la situación llamó a los líderes verdaderos, o sea, a los caudillos. Esta última tesis es la que ha predominado en historiadores y políticos en ejercicio. Lo más grave es su consecuencia para el país. Por ejemplo: suponer que la independencia fue producto de unos hombres con unas cualidades especiales. "Venía a reforzar la ingenua creencia de que los problemas de nuestra reorganización republicana se resolverían del mismo modo: mediante la lucha feral y por la aparición de la personalidad irresistible de otro héroe, el cual debía remediar todos los males que la negligencia o los errores colectivos dejaban en espera de esa redención providencial y gratuita".[68]

No es necesario explicar que esta es una tesis reaccionaria, que no permite la reorganización política desde sus propias bases, esto es, democracia, república, cabildos, derechos humanos, libertad, etcétera, de cara a los nuevos tiempos, es decir, con una reinstitucionalización desde sus propios fundamentos. Por eso es importante el estudio de lo sucedido en la primera república y su remate el 5 de julio de 1811. De allí que no dudemos en señalar el éxito rotundo de esa fecha. Dicho de otro modo, el éxito en el 5 de julio está vinculado a la trascendencia de sus propias ideas. Revisemos.

Podemos sintetizar los fundamentos mínimos de la independencia, que confluyen en la propuesta del 5 de julio.

a. Liberarse de la colonia para asumir la soberanía no sólo territorial (como se ha malentendido), sino soberanía de los ciudadanos y sus ideas.

---

68 Mijares, Augusto: *Op. cit.,* p. 106.

b. Sustituir la monarquía por la república para formar a los ciudadanos como eje plural de construcción de una nueva sociedad.

c. La consecuencia necesaria de las dos proposiciones anteriores, debe conducir a una reconstrucción de la vida civil y eliminar la tradición autoritaria.

d. Acabar con la sociedad jerarquizada y estamentista por una igualitaria y democrática.

e. Declarar la caducidad del derecho colonial en las costumbres y su expresión personalista y de castas.

f. Se debía construir un estado diferente, inédito, por su estructura política y filosófica, cuyo marco de referencia era la república.

Estos fueron los aportes del 5 de julio de 1811, en cuya actividad jugó Miranda un papel fundamental. De modo que el éxito de las ideas y su culminación en un proceso pacífico no están en duda. Lo que pasó posteriormente, lo cual significa una negación de lo señalado, escapa de nuestro propósito en este momento.

IV. LA IDENTIDAD AMERICANA Y LOS PROYECTOS POLÍTICOS MIRANDINOS

Son muchos los méritos logrados por Miranda dentro de su actividad emancipadora para los pueblos latinoamericanos. Pero lo que le da fortaleza y proyección continental, además de influencia en su entorno, es la propuesta política de lo específico americano, o como le gustaba decir, de lo colombiano.

El aporte fundamental de Miranda es lo que se denomina la identidad americana, pero a diferencia del criterio de otros próceres, esta identidad no es un hecho topográfico, étnico o cultural, es más que todo eso: es la fundamentación de la identidad americana para el continente sobre bases políticas. Esta es la idea original de Miranda en la cual bebieron los líderes que le sucedieron, aunque en su mayoría, como veremos, desviaron este propósito.

Hasta la llegada de Miranda los procesos emancipadores tenían carácter local, es con él que adquieren fisonomía continental y además, constitucional.

La colonia impuso formas sociales que condujeron a un proceso integrador, cuya base de sustentación fue la lengua, la religión y las costumbres, con el añadido de un territorio propio para los peninsulares o americanos. Aquéllos establecen unos privilegios políticos sobre los criollos, lo cual posibilita una diferencia significativa dentro de ese desarrollo integrador, sustentada en el hecho político de la dominación que ejercen los españoles sobre los americanos. La identidad cultural que incluye a peninsulares y americanos se rompe; se crea una identidad nueva, que añade a lo cultural la política de los excluidos que enfrentan al imperio español y a su política.

Lo anterior puede definirse como el plan general, el mapa con el que navega Miranda y los que le siguieron. Pero el *Precursor* añade a esto otros aspectos significativos poco comentados. Es lo que pudiéramos llamar lo novedoso dentro de su proyecto político.

Miranda es el primero que propone una constitución democrática para América Latina en 1790, la segunda después de la norteamericana, igualmente propone la gobernabilidad supranacional, también propone la separación de los poderes del estado, en central, provincial y local, pero además añade a este último, la participación directa. Repárese que la votación directa y universal se da por primera vez en Francia en 1848. Todas estas propuestas las realiza el general a finales del siglo XVIII y principios del siglo XIX, con lo que se anticipa a su tiempo y muchas de sus ideas tienen un carácter prospectivo, como lo veremos más adelante. Otro aspecto de la mayor significación, es su claridad para ver y entender los regímenes despóticos y enfrentarlos de la mejor manera: la separación de los poderes públicos en ejecutivo, judicial y legislativo, atendiendo a la tradición de Locke y Montesquieu, pero mejorando esta propuesta con la separación de poderes central, provincial y local, con la elección directa de este último, los cuales tendrían apoyo mutuo según sus necesidades, pero sin usurparse los unos a los otros. Lo curioso es que los próceres de la independencia latinoamericana hicieron lo contrario a la propuesta mirandina y ello es una de las causas del despotismo yo el caudillismo que le siguió.

Los proyectos supranacionales de Miranda

Es abundante la propuesta política de Miranda, diseminada en constituciones, proyectos, proclamas, cartas, todas las cuales tienen, naturalmente, un proceso de ajuste y maduración. Podemos dividirlas en dos momentos, aunque con un criterio de continuidad. La propuesta confederada de gobiernos supranacionales. Y las constituciones y proclamas cuyos propósitos pretenden una mayor precisión del tema tratado. No obstante, muchas veces se yuxtaponen las unas a las otras, en atención a que en su *Colombeia*, en cuyo contenido está casi toda su obra política, no podía existir una metódica expositiva para el público.

Visto lo anterior, podemos comenzar con la conocida acta de París de 1797, cuyo propósito es la organización de un congreso continental, para la reunión de las provincias americanas, en la que "Deberá por tanto esperarse la reunión de los diputados de esos diferentes países en cuerpo legislativo, para hacer, a este respecto y de consuno, arreglos definitivos".

Y a los efectos de los nombramientos definitivos de sus representantes se procederá "cuando se forme el cuerpo representativo continental –que es el único que tendrá derecho para confirmar o anular esos cargos, según lo juzgue conveniente" (artículos 7 y 8).[69]

Ello se repite, con mayor precisión, en 1801, en la *Proclama a los pueblos del Continente Colombiano, alias Hispanoamérica*: "Los cabildos y ayuntamientos de las villas y ciudades que componen las colonias del continente colombiano, enviarán sin dilación sus diputados al cuartel general del ejército. Estos diputados indicarán a su voluntad el lugar que les parezca mejor para reunirse en él, y *formar el congreso que debe ocuparse de la formación de un gobierno provisional*, que nos conduzca a una libertad bien entendida, y a la independencia de estos países".[70]

Esta idea de Miranda la repite el embajador español en Londres, así lo comunica, en cartas con fecha del 21 de junio de 1809 y 17 de julio de 1809: "[...] que su plan estaba aprobado, que es

---

69 *América espera*, Biblioteca Ayacucho, pp. 197, 198.
70 Miranda. *La aventura de la libertad*. Monte Ávila Editores. Tomo 1, p. 121.

el de la independencia de la América, y dice realizarse según Miranda para enero o febrero próximo que conceptúan subyugada la España por los franceses, y deben concurrir diputados de todas las provincias a Panamá y allí elegir sus gobiernos respectivos".[71]

Detengámonos ahora en la propuesta de Miranda en los documentos antes citados. Tenemos lo siguiente:

Reunirse en un congreso con los distintos representantes de las provincias, para convenir acuerdos que promuevan los gobiernos respectivos, y la frase "gobiernos respectivos" hace referencia a una idea de confederación, que Miranda hará más explícita en otros documentos.

Lo interesante de la cuestión es percatarse, cómo casi simultáneamente, el 27 de abril de 1810, la junta suprema de Caracas dirige un manifiesto a los cabildos de las capitales de América: "Caracas debe encontrar imitadores en todos los habitantes de América en quienes el largo hábito de la esclavitud no haya relajado todos los muelles morales; y su resolución debe ser aprendida por todos los pueblos que conserven alguna estimación a la virtud y al patriotismo ilustrado. Vuestra señoría es el órgano más propio para infundir estas ideas por los pueblos a cuyo frente se halla para despertar su energía y para contribuir a la grande obra de la confederación americana".[72]

Esta propuesta también propiciada por Miranda[73] y por el Congreso[74] se materializará por intermedio de Cortés de Madariaga con la firma del tratado, con personeros de Nueva Granada, en fecha 22 de octubre de 1811, donde se crean las bases de la

---

71 Grisanti, Ángel, *Miranda juzgado por los funcionarios españoles de su tiempo*. Editor Jesús E. Grisanti, 1954, p. 127.
72 *Gaceta de Caracas*. Ed. Biblioteca de la Academia Nacional de la Historia. Tomo II, 1810-1811, N° 98 del viernes 18 de mayo de 1810.
73 *Las Primeras Misiones Diplomáticas*, tomo 2, pp. 106, 107. BANH.
74 *Op. cit.*, pp. 125 a 127 y 131, 132.

Confederación Americana, cuyas líneas básicas estarán recogidas en la Constitución de 1811.[75]

De modo que aquí se encuentra un punto de acuerdo entre Miranda y los constituyentistas de 1811. No obstante, lo observado por otros autores acerca de las desavenencias de Miranda con aquella constitución. Apuntamos que la discrepancia no es sobre la concepción de una eventual confederación, sino sobre temas más puntuales que analizaremos.

Adelantamos el siguiente criterio: Miranda plantea cuatro constituciones de las cuales se conocen tres: 1790, 1801 y 1808. Allí se establecen las modalidades federales y confederales. Lo importante a retener aquí es que él fue siempre consecuente con ese criterio, por lo cual no podía oponerse a la idea de la Confederación de 1811; sin embargo, esa idea mirandina tuvo su lado perspicaz y grandioso pero tuvo a la vez un muro que no pudo superar.

Efectivamente, Miranda había estado fuera de América 40 años, y aunque en sus escritos se resalta una información cabal sobre distintos temas de esta parte del mundo, había otros, como es natural, que sólo la experticia en América podrían darle la información precisa requerida; por ejemplo, su concepto de territorios extensos, con homogeneidad política y uniformidad de criterios había desaparecido. Aunque su filosofía política y formas de gobierno eran más avanzadas que la de sus contemporáneos, había otros aspectos en que los criollos aventajaban a Miranda.

En sentido estricto se puede decir que en América no había los estados dinásticos e imperiales de la edad media; por el contrario, ya había manifestaciones del estado moderno en el entendido de una cierta soberanía sobre territorios por parte de criollos que

---

75 *La Constitución Federal de Venezuela de 1811 y documentos afines* BANI-I. Sesquicentenario de la Independencia N° 6. Preliminar, Art 129 y 228 pp. 152, 186, 187, 210 y 211, respectivamente.

ejercían influencia en ellos, inclusive, a contrapelo de las instituciones de la corona. La idea del estado-nación: territorio, estado, pueblo, no se había instaurado, pero había una pujanza para defender los intereses expansivos de criollos en extensiones territoriales, que van a fraguar aquel concepto de estado-nación. No hay dudas de que este aspecto de la cuestión no lo vio Miranda, sino que se topó con esa realidad una vez llegado a Venezuela. De allí su silencio en estas cuestiones en la constituyente venezolana de 1811; su propósito, su política, abarcaban otros temas, no obstante la importancia de aquellos aspectos.

La política y las constituciones de Miranda

Continuamos con el análisis de la política de Miranda, anteriormente nos hemos detenido en algunos aspectos relevantes, sin los cuales no es posible contextualizar el pensamiento del *Precursor*. Nos toca ahora estudiar sus propuestas constitucionales, que han sido tanto más controvertidas como poco asimiladas. El punto en cuestión es que Miranda no discute su modelo de constitución para un estado-nación convencional, como fue el que se discutió en América Latina desde 1811 en adelante. Recordemos una vez más que él propone sus constituciones para Colombia que es otra cosa, en cuanto a extensión geográfica, diversidad cultural y política. Un recorrido necesario para la comprensión de sus proyectos, pasa por conocer qué pensaba Miranda y cómo los abordó entonces: "[...] hice dimisión formal de mi empleo en el ejército español, [...] y pasé a examinar comparativamente los Estados Unidos. Aquí fue que el año de 1784 en la ciudad de New York, se formó el proyecto actual de independencia y libertad de todo el continente hispanoamericano [...] Pasé con este objeto a Inglaterra en principio de 1785 [...] y así resolví ocupar el tiempo que era necesario aguardar, en examinar atentamente, los diversos gobiernos y sistemas políticos de Europa –artes, ciencias, religiones, industria, y efectos de las diferentes formas de repúblicas y modos mixtos de gobierno ocuparon mi atención por espacio de 5 años hasta el de 1789, que volví a Inglaterra [...]"⁷⁶.

Vemos por el propio Miranda cuál fue el procedimiento que realizó: un estudio comparativo de las formas de gobierno, con el objeto de hacerse una idea propia y transmitirla a Colombia, y así lo hizo. Desde luego, fue un proceso que tuvo sus tanteos y se fue madurando de acuerdo con las circunstancias.

Como ya se dijo, fueron cuatro proyectos constitucionales: 1790, 1798, 1801 y 1808, de los cuales se conocen tres, excepto el de 1798. El primero tiene influencia inglesa, no hay dudas de que su permanencia en Inglaterra y su afán de persuadir al gobierno para el apoyo emancipador en el continente hispanoamericano, haya contribuido en las características del proyecto de 1790; sin embargo, tomaremos en cuenta los dos últimos, porque hay suficientes elementos para demostrar que el *Precursor* se orientó, definitivamente, hacia los modelos republicanos.

Lo primero que tenemos que comprender cabalmente es que los proyectos mirandinos (1801-1808) están concebidos para un nuevo conglomerado étnico, cultural y religioso, no es una república para un estado-nación convencional, sobre esto hemos abundado suficientemente en el capítulo anterior acerca de los proyectos supranacionales. De modo pues, que cualquier comparación con otra propuesta constitucional distinta a la mirandina, debe considerar esta situación.

Nos detendremos en el proyecto de 1801, que incluye dos partes, y en el de 1808.⁷⁷

Seguramente, una de las dificultades que se le presenta al lector de estos proyectos, es que los artículos se presentan sin ninguna fundamentación filosófica previa, es decir, no tienen como

---

76 AGM. Tomo VIII, p. 9. Manifiesto a Gensone, octubre, 1792.
77 Miranda. *La Aventura de la Libertad*. Tomo 1 pp. 241 a 256; igualmente en *América espera*, pp. 285 a 292. Biblioteca Ayacucho.

en el caso de otras constituciones, una exposición de motivos, o como en el caso de Bolívar, discursos previos: el de Angostura (1819) y el de Bolivia (1826). De habérsele presentado a Miranda una oportunidad de fundamentación previa a sus proyectos constitucionales, con toda seguridad se hubieran solventado algunos malentendidos.

Sin embargo, vamos a tratar de realizarla pero con un texto del propio Miranda, escrito a cuatro manos con James Mill y que se encuentra en el folleto *El Colombiano*, N° 5 del 15 de mayo de 1810[78]: "El primer paso que los habitantes del continente colombiano debían hacer hacia su independencia, es el tomar una medida que hiciese ver de un modo ostensible y decisivo, la resolución de crear un gobierno que emane de ellos mismos.

"La medida, que a este efecto parece la más adecuada y fácil, se presenta naturalmente de sí misma. Que las personas principales de cada distrito se reúnan y declaren: que como el antiguo gobierno se halla disuelto por la fuerza de los eventos, el gobierno de las Américas se deposite interinamente, en las autoridades naturales del país que son los cabildos… los cabildos deben ser compuestos de los principales habitantes del país, elegidos por el vecindario, para formar de este modo una representación nacional interina".

La primera reflexión que se nos ocurre es la presentación simultánea de cuatro procesos interconectados: emancipación, soberanía, independencia y democracia. Concurren unos y otros, aquí se presenta la originalidad política de Miranda. Podemos ver en estas páginas, la repetida identidad americana mirandina, conformada por la dominación colonial, a través de la cultura, el idioma y la religión, pero también en las instituciones como el cabildo, sólo que en manos de los emancipados cambian las cir-

---

[78] Folleto que creó Miranda con el objeto de divulgar la emancipación suramericana, detalles del mismo se encuentra en *Vida de Miranda* de Robertson, W.S.

cunstancias totalmente. No es como cierta filosofía positivista y marxista latinoamericana lo ha querido ver, esto es, una sustitución de los españoles por los criollos, no. Se trata de una democracia directa que surge desde los cabildos y configura un diseño político totalmente nuevo, a saber:

- La emancipación es connatural a los habitantes americanos, porque tienen una misma religión, un mismo idioma, una misma cultura y en consecuencia deben tener una misma decisión política: la emancipación para asumir los asuntos públicos.

- La soberanía reside en el pueblo a través del cabildo, no en el monarca, por consiguiente la independencia es un proceso inmanente e indivisible de esa misma soberanía.

- La democracia directa de los cabildos significa un giro total con relación al poder colonial. Aquí reside la originalidad política de Miranda y cuya propuesta se encuentra en los proyectos constitucionales que analizaremos.

Con igual orientación nos hallamos con otro texto de Miranda que se encuentra en el libro de Antepara[79]. Discurre Miranda acerca de la emancipación holandesa de España, comenta las características de la nueva confederación y los éxitos de aquel país, y enfatiza en la siguiente idea: Suramérica difiere de Holanda por su extensión: "El problema, entonces, con respecto a Suramérica es, cómo el sistema representativo pueda ser implantado en los cabildos, y con ese estado de organización que está arraigado en el país [...] La pregunta más importante que estamos tratando es, si los representantes nacionales se elegirán por los miembros de los cabildos, o por los electores de estos miembros [...] Sin entrar en detalles sobre esta pregunta, declararemos el gran principio

---

79 Antepara, J.M., *South American Emancipation. Documents, historical and explanatory, showing the designs which have been in progress, and the exertion made by General Miranda for the attainment o that object during the last twenty-five years*, London, R. Juigné, 1810 pp. 36 y 37.

que debe guiar en todas las deliberaciones de esta clase. Existe un peligro en hacer que las bases de la representación sean demasiado amplias. Existe otro en hacerlas demasiado estrechas. Al hacerlas demasiado amplias, caemos en las inconveniencias del ignorante y precipitamos las pasiones de los vulgares. Si las hacemos demasiado estrechas, caemos en algo peor, las malas prácticas del soborno y la corrupción. Si los electores de los cabildos pretenden formar bases demasiado extensas, ellos tienen razón al temer que los cabildos por sí mismos se constituyan cada uno demasiado estrecho. La dificultad, sin embargo, puede superarse mediante el establecimiento de las asambleas provinciales, para los miembros de los cuales casi todos los habitantes pueden votar [...] mientras la gran legislatura nacional sería elegida sólo por los miembros de los cabildos".

1. Esta larga cita aclara los presupuestos filosóficos y políticos, más los objetivos y el diseño que perseguía en sus planes constitucionales; sin embargo, analicemos previamente la cita y enumeremos sus propósitos y originalidad:

2. A diferencia de la confederación holandesa, cuyo espacio geográfico es más bien reducido, el proyecto de Miranda es sobre una extensión geográfica demasiado amplia y que él denominaba Colombia, no obstante, hay unos hechos que facilitan una confederación en Colombia, a saber: la identidad a través de la religión y el idioma; manifestaciones culturales similares en largas extensiones territoriales y, sobre todo, los cabildos como expresión política extendidos en todo el continente. Este último hecho será la base para la construcción política de los proyectos mirandinos, y una de sus propuestas más originales.

3. Más para elegir una confederación se necesita de unos representantes nacionales que la dirijan. ¿Quién los elegirá en ese territorio tan amplio? ¿Serán los electores de los cabildos o los representantes de los electores? No es una discusión académica, se trata de resolver una situación política cuya definición solventará o no el problema de la participación y de la representación.

4. Lo más interesante de la propuesta política mirandina y a nuestro juicio, lo que lo confirma como un perspicaz dirigente, superior a su época, es haber resuelto el problema de la participación y de la representación política en las instituciones gubernamentales de su época. Como sabemos, los siglos XIX y XX fueron una constante lucha por la democracia directa-popular (comuna, soviet) o la democracia representativa (régimen presidencial, parlamentario). Toneladas de libros, luchas cruentas, inclusive, sin soluciones, fue lo que dejó esta confrontación: democracia directa o representativa. Pues bien, veamos cómo Miranda enfrenta esta situación: Al crear una base de elección demasiado amplia, es decir, una elección directa muy extensa, se corre el riesgo de colocar en los cargos a gente ignorante, poco preparada para el cargo y vulgar, estos son los casos que hoy conocemos como asambleísmo, que al no delegar en algunas personas la representación para algunas tareas, termina diluyéndose en discusiones vulgares. Por otro lado, si se crea una base de elección demasiado estrecha y en consecuencia sólo representativa, se cae en otro error como el de la corrupción y el soborno. De modo que Miranda conjuga ya los dos elementos eleccionarios: directos y representativos, cuyo interés fundamental es la vigilancia entre unos y otros.

Y la forma de realizarlo, es a través de un sistema entre la base y el vértice que pasa por los cabildos, las asambleas provinciales y la gran legislatura nacional, en una combinación acertada entre elección directa y representativa de sus distintos miembros. En suma, elección directa de los cabildos; las asambleas provinciales se elegirán con un método parecido, pero en territorios más amplios y, finalmente, la gran legislatura nacional, sería electa por los representantes de los cabildos.

Ahora sí, entremos a detallar los proyectos constitucionales[80].

---

80 Ver cita 77.

La propuesta es una estructura federal cuya representación es de tipo piramidal, en cuyo primer paso se encuentran los comicios, que dan como resultado a los cabildos y el cuerpo municipal con sus respectivos alcaldes. Desde los cabildos se escogen entre sus miembros y los ciudadanos a quienes les corresponde, a los diputados que conformarán el nivel intermedio de las asambleas provinciales (países), las cuales reúnen a varios cabildos de las entidades correspondientes. También los cabildos eligen de forma directa a los jueces, quienes estarán en sus cargos permanentemente y serán inamovibles. Estas asambleas provinciales elegirán a su vez a los representantes de la asamblea federal (concilio colombiano), quienes escogerán a los representantes del ejecutivo federal. Las provincias corresponden a los estados del régimen federal. Estas provincias tienen a su vez un poder legislativo y federal, obviamente, las competencias de las provincias están establecidas en su régimen territorial. El concilio colombiano es el que tiene competencia legal en el conjunto de la federación. Pero las asambleas pueden proponer modificaciones a la constitución, ya que se necesita de su aprobación, con votación calificada, para modificar las leyes constitucionales. Por último, el poder ejecutivo nombrará la alta corte nacional, que se compondrá de un presidente y dos jueces, elegidos entre los jueces nacionales.

Finalizamos sintetizando esta propuesta, por un lado, la separación de poderes en ejecutivo, legislativo y judicial, pero esta separación se realiza en varios niveles geográficos, por otro lado, para garantizar que estos espacios geográficos se encuentren, se crea un modelo representativo piramidal. Teniendo en cuenta también dos niveles de elección directa: los cabildos y los jueces provinciales.

Podemos concluir esta parte, dándole la palabra a Miranda, con el objeto de que podamos comprender mejor sus principios: "Así es que solamente por una sabia división de los poderes podrá dársele estabilidad al gobierno. Todas las autoridades constituidas vienen a celarse mutuamente, porque todas se interesan en la permanencia de la constitución de que ellas emanan, y por esto es que todas se ligan contra cualquiera que quisiera atacar a una de ellas. Mas al contrario si todos los poderes se concentran en un solo cuerpo, se arrogará siempre la autoridad de la masa entera y bastará a una fracción dirigir sus tiros a esta masa soberana de hecho para hacer una revolución"[81].

Este escrito fue presentado por Miranda en 1795 en Francia, pidió publicarlo en el *Patriota de Venezuela* N° 2 en 1811, lo que nos obliga a concluir acerca de la continuidad y coherencia del pensamiento político mirandino, y salirle al paso a esa especie tan común de acusarlo de centralista, lo que se habrá de esclarecer en su momento.

Coincidimos con el Dr. Ghymers[82] en una aseveración con relación al proyecto de Miranda: "Nadie puede demostrar que su solución (con) federal y constitucional a partir de una democracia directa a nivel de los cabildos y de una representatividad por delegación geográfica piramidal, hubiera cambiado el destino y el desarrollo de América Latina"[83].

Pero lo que sí se puede demostrar con múltiples evidencias, es que la ruta contraria que tomaron la mayoría de los países en la región, demostraron un fracaso rotundo: fracaso que se ejecutó

---

81 *Op. cit.,* Tomo I p. 84, opinión de Miranda sobre la ...
82 Esta es una de las ideas básicas que comparto con el Dr. Ghymers, y que desarrollo en este libro, sólo que a diferencia de él, no establezco una ruptura entre Gual y España y los actores de la primera república con respecto a Miranda, no obstante, el Dr. Ghymers ha hecho un planteamiento realmente original con el cual coincido totalmente: a) Miranda visionario y actual. b) el principio de subsidiariedad. c) integración regional, todos los cuales los incluye dentro del pensamiento mirandino.
83 Ghymers, Christian: *Miranda y el federalismo en América Latina: gobernabilidad, integración regional y subsidiariedad.* 51° Congreso Internacional de Americanistas, Santiago de Chile 14-18 de julio de 2003, p. 4.

con el caudillismo, centralismo, personalismo, todos sinónimos de una vía distinta a la propuesta mirandina.

Otro aspecto relevante que está incluido en la propuesta que analizamos es: "Miranda advirtió en forma repetida que la independencia política no era sostenible sin una integración regional basada en un marco constitucional democrático unificador pero respetuoso de las autonomías locales". Y continúa Ghymers: "Esta dimensión geográfica de la democracia era un aporte original del genial criollo que no ha sido captado por los historiadores y los politólogos, a pesar de constituir la base de las sociedades del futuro"[84].

En fin, también tenemos a Miranda como el principal y primer líder de la integración regional de América Latina.

Uno de los aspectos más resaltantes del modelo mirandino, de separación de poderes a nivel horizontal, pero de colaboración en las distintas instancias: cabildos, asambleas provinciales, legislación y poder ejecutivo, es la del apoyo entre ellas sin que se pierda la autonomía de sus funciones y el poder local. "Miranda concibió una fórmula novedosa que anuncia y adelanta lo que la Unión Europea encontró recientemente mediante el llamado principio de subsidiariedad entendido en su forma completa..."[85].

Este principio podemos resumirlo así:

Un aspecto territorial geográfico, en donde hay un reparto de competencias políticas y administrativas de los diferentes niveles: poder ejecutivo federal, concilio colombiano, asambleas provinciales, cabildos.

En este reparto de competencias, los niveles superiores del estado intervienen sólo en la medida en que los niveles inferiores

---

84 *Op. cit.*, p. 1.
85 *Op. cit.*, p. 6.

no puedan lograr su objetivo o no puedan lograrlo con la misma eficiencia que el nivel superior.

La subsidiariedad responde a dos vías: la horizontal que definiría las decisiones tomadas en los cabildos, siendo éstos los órganos más próximos a los ciudadanos, y la vertical en donde los órganos superiores asumen competencias de las inferiores, en aquellas áreas donde éstos no puedan realizarlas eficientemente, sin perder la autonomía que le es propia.

La subsidiariedad incluye la autonomía de los distintos niveles del estado para el logro de sus objetivos, pero también incluye diálogo civil, participación en las políticas y evaluación y colaboración de los distintos entes.

Ahora bien, lo que aquí hemos definido como los principios de la subsidiariedad, no están explícitamente tratados por Miranda, debido a que este es un concepto que se elaboró posteriormente. Sin embargo, se encuentra implícitamente en sus proyectos constitucionales, de allí se deriva otro mérito adicional del *Precursor*[86].

---

[86] Para los detalles históricos de este concepto y el aporte de Miranda, véase: Ghymers, Christian: "Miranda Visionaire: "L'integration regionales, dimensión indisociable de l'emancipation latinoamericaine", en Ghymers, C. y Grisanti, L-X, *Francisco de Miranda l'Europe es integration latinoamericaine*, Louvain-la-Nueve, Versant-Sud, 2001.

V. LA CONSTITUCIÓN DE 1811 Y MIRANDA

Después de este recorrido en el análisis de los proyectos constitucionales de Miranda, debemos convenir que la mayoría de los autores no los han valorado suficientemente. Esto explica la descuidada calificación que se le ha hecho a Miranda como centralista; no obstante, existe abundante documentación que afirma lo contrario, por ejemplo, las notas sobre Caracas para Richard Wellesley Jr., de julio de 1810[87], en cuyo contenido, Miranda resume lo acordado con Bolívar, López Méndez y Andrés Bello: "Los diputados esperan que los diversos virreinatos y provincias del Norte y Suramérica se dividirán en diferentes estados de acuerdo con sus límites físicos o políticos; pero ellos proyectan un sistema federal, que dejando a los respectivos estados una independencia de gobierno pueda formar una autoridad central y combinada, como la de los anfictiones de Grecia".

Todo esto lo conocemos ya en Miranda, desde el acta de París de 1797, sin embargo, él lo pone en boca de los jóvenes que lo visitaron en Londres.

Veamos de dónde procede la versión del Miranda centralista, que ya hemos comentado:

Insistimos en la lectura descuidada de los proyectos constitucionales, particularmente los que analizamos anteriormente: los de 1801 y 1808. Allí no hay dudas de la defensa de un proyecto

---

87 Miranda. *La aventura de la Libertad*. Monte Ávila Editores. Tomo I, p. 212.

federal para el continente, inclusive, en el debate de la constituyente de 1811, -sin suerte- en sus proyectos como demuestran comunicaciones de Roscio y Ustáriz, en las que no podemos detenernos en este instante.

Debemos reparar en lo siguiente: cuando Miranda habla de federalismo, no supone una relación dilemática con el poder central, sino complementaria. Aquí hay una influencia del constitucionalismo originario de Estados Unidos, cuyo período desde 1776 a 1787, Miranda lo conoció de primera mano, a través de sus amigos Jefferson, Hamilton, Madison y Adams. Lo que Miranda defiende es un poder central consolidado en algunos campos donde su eficacia es clara: la defensa, el comercio externo, derechos humanos... Sin embargo, defendía la gestión local y su descentralización en aquellas áreas donde ese gobierno tenía intereses en sus asuntos particulares.

El aspecto más conocido y que refiere una propuesta centralista en Miranda, fueron los reparos que él realizó al momento de la aprobación de la constitución de 1811, allí expresó: "Considerando que en la presente constitución los poderes no se hallan en un justo equilibrio, ni la estructura u organización general suficientemente sencilla y clara para que pueda ser permanente; que por otra parte no está ajustada con la población, usos y costumbres de estos países, *de que puede resultar que en lugar de reunirnos en una masa general o cuerpo social, nos divida y separe, en perjuicio de seguridad común y de nuestra independencia*; pongo estos reparos en cumplimiento de mi deber"[88].

Esta es la referencia que han tomado la mayoría de los autores para afirmar la tendencia centralista de Miranda; inclusive, un autor tan prevenido como Gil Fortoul[89], observa lo contradictorio de los reparos de Miranda con su proyecto de gobierno federal,

---

88 *La Constitución Federal de Venezuela* de 1811 y documentos afines (BANH) N° 6, p. 223.
89 Gil Fortoul, José: *Historia Constitucional de Venezuela*, Tomo I p. 269.

que ya analizamos; sin embargo Gil Fortoul no da detalles de la eventual contradicción de que es objeto Miranda, pretendemos a continuación explicar lo sucedido.

Al momento de la aprobación de la constitución el 21 de diciembre de 1811, se producen los reparos de algunos diputados, entre otros, los del mismo Miranda, lo que ocasionó que: "se opusieron los señores Delgado, Cova, Briceño y otros a la del señor Miranda, *ya porque no se contraía a un artículo, como porque su autor jamás había manifestado semejantes opiniones durante la lectura y discusión del proyecto de constitución*, a lo que reclamó el referido señor Miranda el derecho de emitir su opinión con toda libertad y la circunstancia de habérsele concedido esta facultad a los eclesiásticos en el día en que se trató acerca de los fueros"[90].

El *Precursor* objeta y exige que se le dé oportunidad de realizarlos, no obstante tener fundadas razones sus contradictores. "Lo contradijo el señor Álamo creyéndola como una medida capciosa y arbitraria, respecto a que se censuraba toda la Constitución en unos términos vagos e indeterminados y hacer muy reparable esta conducta de parte de un diputado al congreso de cuya boca jamás habían salido las observaciones que ahora aparecían en la protesta"[91].

Las objeciones de los oponentes de Miranda eran consistentes, en cuanto a la generalidad de sus observaciones como también que en el congreso no había manifestado opinión al respecto.

Sin embargo, hay otras circunstancias demasiado importantes como para ser obviadas.

---

90 *Congreso Constituyente de 1811-1812*. Ediciones Conmemorativas del Bicentenario del Natalicio del *Libertador* Simón Bolívar, Caracas, 1983. Tomo II p. 215-216.

91 *Ibíd.*

Ya había comenzado la guerra, además Miranda había sido nombrado el 19 de julio de 1811 general en jefe y ese mismo día salía para Valencia a confrontar a los rebeldes. Su presencia se prolongó hasta el 22 de octubre de 1811, fue ese el período cuando se convenció de la situación militar de su ejército, el cual no estaba preparado para afrontar una guerra como la que sobrevino. La plaza de Valencia se rinde el 13 de septiembre de 1811, Miranda solicita seguir con sus fuerzas para rendir a Coro y Maracaibo y el congreso rechaza esta propuesta el 22 de agosto de 1811[92].

Precisamente los reparos de Miranda están ligados a esta situación que él reclama de una forma desesperada como ya veremos. Aunque ya lo dijimos, tenían razón los diputados que le objetaban que sus reparos eran genéricos. Sin embargo, no debemos olvidar que en la sesión del 1° de julio, en la víspera de la declaración de la independencia expuso: "El señor Miranda apoyó vigorosamente la necesidad de medidas enérgicas de seguridad, probó oportunamente la absoluta urgencia de unidad de acción en el poder ejecutivo; y creyendo la salud general de Venezuela la suprema ley, opinó que la gran mayoría de sus provincias podía obligar coercitivamente a las que resistiesen con su cooperación a la felicidad de las demás, alegando el ejemplo de los Estados Unidos en que las nueve provincias unidas obligaron a las dos que quisieron separarse; y concluyó presentando una moción escrita para pedir al ejecutivo los datos que en ella se contienen"[93].

Ahora vemos más claramente el propósito de los reparos realizados por Miranda, entiende que la guerra es inevitable y exige unidad de acción al poder ejecutivo, además practica aquella idea del principio de subsidiariedad que ya vimos, en el sentido de que la mayoría de las provincias obliguen coercitivamente a las

---

92 Parra Pérez, Caracciolo: *Historia de la primera república*, p. 324. Ediciones Biblioteca Ayacucho, Caracas, Venezuela.

93 *Congreso Constituyente de 1811-1812.* Tomo I p. 91.

demás con el objeto de la salud general de la patria. Asimismo, invoca el ejemplo de Estados Unidos que es una confederación, pero que tiene un poder central federal, que asume las competencias de defensa de la nación.

Por supuesto, esta solicitud hecha por Miranda el primero de julio, le fue negada por la mayoría del congreso constituyente, aunque al final le concedieron la razón cuando le dieron la autoridad suprema el 26 de abril de 1812. Además, eran tan fuertes sus argumentos en el punto que comentamos, que dirigentes tan influyentes como Roscio y Peñalver, en los inicios federalistas en extremo, cambiarán su posición radicalmente en 1813.

Volvamos a Miranda y al asunto de sus reparos a la constitución del 21 de diciembre de 1811. Por si hiciera falta, hay un documento más explícito sobre este asunto y es una carta dirigida por el *Precursor* a Francisco Espejo, presidente en turno de la naciente república. "Puesto que nuestro grande y único objeto es formar un ejército, es necesario que los principios y sistema de gobierno sean análogos y dirigidos a él; es preciso que todos los ramos de la administración cooperen a ello principalmente, y en una palabra es preciso que el gobierno mismo, en su economía y en su forma tome el carácter militar *que le dan las circunstancias*[94].

Se ratifica lo dicho, la guerra era una circunstancia que obligaba a un proceso centralizador en aquellas áreas que le sirvieran al propósito eficiente de triunfar sobre el enemigo, no otra es la razón de la supuesta postura centralista de Miranda. Con ello respondemos a la conjetura que dejó abierta Gil Fortoul anteriormente citada.

En todo caso, hay un dato adicional en el cual Miranda respalda a la confederación y sus propósitos; en la proclama que realiza el 21 de mayo de 1812, luego de explicar el origen de las faculta-

---

94 AGM Tomo XXIV, P. 264.

des ilimitadas que le confirió el poder ejecutivo el 26 de abril, aclaradas el 4 de mayo, y extendidas, ampliadas y perfeccionadas el 19 de mayo. Miranda no duda en clarificar que: "La república de Venezuela se gobernará tranquilamente por sus constituciones momentáneamente suspendidas y alteradas por las circunstancias y peligros actuales, y yo estaré siempre pronto a consagrar mi vida y mi reposo por conservarlas y defenderlas"[95].

Concluyente esta cita, por cuanto Miranda se muestra a favor de la confederación, sólo que hay una circunstancia de causa mayor, que obliga a su suspensión momentánea. Creemos desvanecer la idea de un Miranda centralista, que por lo demás sería traicionar los principios democráticos por los que luchó desde 1795, cuando escribió aquel monumento a la democracia y al pueblo francés.

Huelga decir que pese a la resistencia inicial que tuvo para lograr el apoyo necesario en la proposición que comentamos, en definitiva obtuvo el respaldo decidido de Sanz, Espejo, Coto Paúl, Yánez, Lander, Narvarte, Tovar, Palacio Fajardo, y el mismo Roscio, en fin, los líderes más connotados de la primera república se convencieron de las bondades de la propuesta de Miranda y lo apoyaron.

Sin embargo, sucede un hecho inesperado: las constituciones suspendidas, según Miranda, por las circunstancias de la guerra se prolongan en el tiempo y en el espacio, no sólo por la continuidad de las batallas, sino aún después de la paz (que resulta de la victoria de Ayacucho en 1824), en virtud de la aparición en escena de la doctrina centralista, esta vez sustentada por Bolívar en distintos escritos.

De modo que aquellos líderes y los discípulos de 1811, que apoyaron a Miranda, se encuentran con una suspensión definitiva de las constituciones provinciales y de la confederación de 1811,

---

95 *Miranda. La aventura de la libertad*. Monte Ávila Editores. Tomo I p. 139.

hasta 1830 cuando vendrá la revancha póstuma de aquellos primeros próceres, pero ésa es otra historia.

El punto es que el discurso bolivariano, en particular el que comienza con el *Manifiesto de Cartagena*, usó a Miranda como comodín para su justificación política; por un lado, lo acusó de débil con lo cual justificó la acción proferida contra él; por otro, se dice que Miranda apoyó el centralismo, compartiendo así criterios con Bolívar contra los líderes fundadores que respaldaron el federalismo. En ambos casos, se fortalece al *Libertador* y se destruye ideológicamente a Miranda y a la primera república. Lo más curioso, es que las dos tesis no soportan un análisis detenido.

Todo este asunto que hemos analizado, proviene de una confusión extendida la cual pretende equiparar el pensamiento de Bolívar con el de Miranda, lo que abordaremos con detalle en el último capítulo. Antes debemos precisar las condiciones que prevalecieron en 1811.

VI. LA CONFEDERACIÓN DE 1811

Fundamentos

Uno de los aspectos tratados con menos profundidad por nuestros especialistas ha sido el asunto de la confederación de 1811, esto es, la que resulta de la constitución federal de 1811 y las constituciones provinciales de Mérida, Trujillo, Barcelona y Caracas.

Cuando hacemos mención de que la confederación ha sido un asunto poco tratado, nos referimos a aquellos aspectos significativos y olvidados, por ejemplo: consecuencias y alcance histórico de sus postulados y desaparición.

Son diversas las razones para este olvido a lo cual ya aludimos más arriba: caída de la primera república; el señalamiento a las repúblicas aéreas o patria boba. Pero debemos considerar un elemento intelectual de mucha monta y que no ha sido contradicho con suficiente fuerza. Nos referimos a la tesis de Laureano Vallenilla Lanz, en particular la del cesarismo democrático. La influencia decisiva que tuvo esta propuesta en el ámbito intelectual permeabilizó la idea centralista de gobierno y en consecuencia la confederación de 1811 aparecía como utópica y ahistórica.

A lo anterior se debe añadir la influencia que tuvo Vallenilla en sectores opuestos a sus orientaciones políticas, como es el caso de marxistas y socialistas, que veían con agrado su propuesta de que la independencia fue una lucha civil entre los diversos sectores sociales de la colonia, lo que en lenguaje marxista no era otra cosa que el primer gran análisis de la lucha de clases en el continente. También coincidían socialistas y Ballenilla en el tratamiento de las disputas entre centralistas y federalista, aunque con distintos resultados. Mientras los primeros reducían todo a la estructura económica de la sociedad[96], el segundo lo hacía con lo que él llamaba las constituciones orgánicas, esto es, el desarrollo evolutivo de la cultura de una sociedad. En todo caso, ambos (socialistas y Vallenilla) consideraban que el conflicto entre federalistas y centralistas carecía de sentido y, por supuesto, ello tendrá graves consecuencias para el análisis del período.

De esta manera, Ballenilla influyó más allá de su ámbito político. A lo que se debe agregar su indiscutible talento y una metodología de trabajo y un aparato crítico en la recolección de información documental, no conocida hasta entonces. Se presentaba Vallenilla como un escritor que superaba el romanticismo de los héroes y de las batallas increíbles, aparecía en este escritor la aureola del científico social.

---

96 Uno de los popes del marxismo latinoamericano, José Carlos Mariátegui, lo dice así: "La polémica entre federales y centralistas es una polémica superada y anacrónica, como la polémica entre liberales y conservadores. Teórica y prácticamente la lucha se desplaza del plano exclusivamente político a un plano social y económico. A la nueva generación no le preocupa en nuestro régimen lo formal el mecanismo administrativo, sino lo sustancial –la estructura económica". Este planteamiento aparece recogido por Rómulo Betancourt, en su folleto: *Con quien estamos y contra quién estamos*. Años en que la mayoría de la oposición gomecista era marxista y socialista. Sin embargo, no sabían estos jóvenes, influidos por el determinismo marxista, la trascendencia de este debate para la democracia futura, esto es, la discusión que comienza entre federales y centralistas resulta, por razones forzosas, en el problema de la cercanía entre gobernantes y gobernados; en la esencia misma de la democracia; en los asuntos de la participación y sobre todo, cómo enfrentar el despotismo. Ahora bien, ¡qué curiosidad histórica!, lo que no vieron los jóvenes socialistas de principios y mediados del siglo XX, lo vieron con suma claridad los fundadores de la república de 1811. Betancourt, Rómulo. *Leninismo, revolución y reforma*. Selección, Prólogo y notas de Manuel Caballero. FCE, México, 1997, p. 93.

No obstante la digresión hecha sobre Vallenilla, realicemos el análisis de la confederación desde uno de sus escritos. Inclusive, con el objeto de mostrar las debilidades argumentales de intelectual del gomecismo:

> "[...] Se ha comprobado que por encima de cuantos mecanismos institucionales se hallan hoy establecidos, existe siempre, como una necesidad fatal el gendarme electivo o hereditario de ojo avizor, de mano dura, que por vías de hecho inspira el temor y que por el temor mantiene la paz, es evidente que en casi todas estas naciones de Hispanoamérica, condenadas por causas complejas a una vida turbulenta, el caudillo ha constituido la única fuerza de conservación social, realizándose aún el fenómeno que los hombres de ciencia señalan en las primeras etapas de integración de las sociedades: los jefes no se eligen sino se imponen. La elección y la herencia [...] constituyen un proceso posterior"[97].

Queda claro aquí para Vallenilla, que en Hispanoamérica como producto de una vida política turbulenta, se hace inevitable el gendarme, pero que además el jefe no se elige sino que se impone y que el caudillo es la única fuerza de conservación social. Todo esto se traduce en una justificación apologética al hombre fuerte[98], y además tiene semejanza con otros conceptos como el de personalismo, militarismo, despotismo, y en el período que analizamos, con el centralismo. Dicho con mayor claridad: el centralismo en la época de la independencia, como régimen au-

---

97 Vallenilla Lanz, Laureano: *Cesarismo democrático y otros textos*. Biblioteca Ayacucho. Caracas, Venezuela, 1991, p. 94.

98 Nos parece que muchos autores "hilan demasiado fino" cuando intentan una precisión conceptual entre: caudillo, caudillismo, tiranía, despotismo, militarismo, personalismo, etcétera. Cuando resulta que lo importante es ver las semejanzas que los convierten en regímenes autoritarios y no deliberativos. En este sentido es más útil la analogía que hace Bobbio entre caudillismo y hombres fuertes. *Diccionario de Política:* Bobbio, N. Mateucci, N. Paiquito G. Dos tomos. Siglo XXI Editores, 1997. Tomo 1, pp. 203 a 208.

tocrático y no deliberativo fue motor impulsor del militarismo, despotismo, caudillos y otras fuentes de personalismo.

Ahora bien, luego que Vallenilla hace la apología a los jefes que ya aludimos y a la idea centralizadora de gobierno que le es inmanente, escribe también lo siguiente:

> "Hay que tomar en cuenta, además, que la constitución geográfica del país se oponía también por su parte a la centralización del gobierno [...] las provincias de Venezuela estaban llamadas a la descentralización [...] En la generación que proclamó la independencia de las provincias de Venezuela, tenía necesariamente que prevalecer por sobre la idea de una nacionalidad y una patria [...] el sentimiento de provincialismo, de localismo, con todo el poder de los hábitos heredados. Treinta y tres años de unión no eran suficientes para destruir dos siglos de separación y de independencia local [...]"[99].

Repárese en el contenido de este texto de Ballenilla y en el anterior arriba citado, se presenta cuando menos una autorrefutación. Veamos: en síntesis, la lógica argumental del autor es que Venezuela necesitaba de una constitución orgánica en la cual se tomara en cuenta el desarrollo cultural evolutivo de Venezuela y no se importara una constitución mecánica que no consideraba esta evolución cultural propia de lo venezolano. Pues bien, lo que hicieron los constituyentes de 1811, fue establecer esa idea orgánica que significaba un proceso evolutivo natural de la colonia a la independencia, en la cual se respetara la autonomía provincial de que habla Vallenilla en la última cita. El factor mecánico que desnaturaliza la constitución no es su contenido, sino la guerra de independencia, que hace inoperantes los contenidos de la constitución. Esta parte ya la vimos en el capítulo anterior, en las razones que planteaba Miranda en la necesidad de centralizar esfuerzos para poder salir airosos en la lucha. Adicionalmente, Vallenilla en su afán centralista distorsiona los hechos, cuando al final

---

99 Vallenilla Lanz, Laureano, *op. cit.,* pp. 257, 258.

de la cita anterior afirma que "Treinta y tres años de unión no eran suficientes para destruir dos siglos de separación y de independencia local"... La referencia a los 33 años es el momento de la creación en 1777 de la capitanía general, en cuyo inicio nace formalmente Venezuela, aún así las provincias no perdieron sus autonomías; sin embargo, en aquel entonces no hubo necesidad de un "gendarme necesario, caudillo o jefe" a los que tanto halagó Vallenilla.

Afortunadamente, la historia nos ha brindado diversas fuentes documentales, que desmitifican la alabanza autoritaria de este autor[100].

Los constituyentes de 1811 acordaron como base de la organización del país "la real ordenanza dada en San Ildefonso el 08 de septiembre de 1777, por la cual Carlos III compuso la capitanía general de Venezuela, incorporando en una sola entidad política y administrativa las provincias hasta entonces separadas"[101].

No obstante, se había dado otra ordenanza el 8 de diciembre de 1776 creándose la intendencia y la real hacienda, así como la real audiencia en Caracas el 31 de julio de 1786. Es decir, la política, la economía y la justicia conforman los "órganos centrales de una administración para Venezuela. Pero órganos centrales y al propio tiempo federativos de provincias que conservaron, no obstante, tanta autonomía como era compatible con el ejercicio de la autoridad de la capital en cuanto a lo militar, judicial y de hacienda"[102].

Dicho con mayor claridad: la herencia constitucional de la monarquía la asumen los republicanos en el acta de la independencia y en los postulados de la constitución, con las modifica-

---

100 Ver la *Colección sesquicentenaria de la Independencia* (BANH) Caracas, Venezuela, 1959. En particular los tomos 1, 2, 6, 17, 35 y 36.

101 *La constitución federal de Venezuela de 1811 y documentos afines* (BANH) N° 6 p. 23.

102 *Ibíd.*, p. 24.

ciones confederales de una república nueva y soberana. Más bien, habría que indicar ese proceso como el hegeliano de superación dialéctica, según el cual se parte de una tradición que es la de la autonomía de las provincias, pero se las supera en una confederación republicana y soberana de nuevo tipo. Es decir, se supera la tradición pero se la supera con la confederación. "Según la constitución republicana, cada una de las provincias que componían la confederación conservaría, dentro de ésta su soberanía, su libertad e independencia, en cuya virtud arreglaría su propio gobierno y su administración en todo cuanto no estuviere expresamente delegado a las autoridades confederales"[103].

Nótese la similitud de este planteamiento, por lo menos en sus líneas generales, con los vistos anteriormente referidos a los proyectos constitucionales mirandinos.

Por si fuera insuficiente la cita anterior, atendamos también al acta de independencia proclamada el 5 de julio de 1811: "Nosotros, pues, a nombre y con la voluntad y autoridad que tenemos del virtuoso pueblo de Venezuela, declaramos solemnemente al mundo que sus provincias unidas son, y deben ser desde hoy, de hecho y de derecho, estados libres, soberanos e independientes y que están absueltos de toda sumisión y dependencia de la corona de España [...]"[104].

Sobra decir que esta acta fue firmada por Miranda, lo que añade un argumento adicional en contra del eventual centralismo del *Precursor*.

Ya vimos las atribuciones de las provincias con su propio gobierno y administración, pero naturalmente había otras de la autoridad general de la confederación correspondiente al pacto federativo de la constitución.

---

103 *Ibíd.*, p. 25.
104 *Ibíd.*, p. 94.

Una de las primeras facultades de la confederación, en quien reside exclusivamente la representación nacional, es la de garantizar la seguridad que se presten entre sí los estados para conservar su libertad civil, su independencia política y su culto religioso. También de la defensa común y general de los estados confederados, en consecuencia, conservar la paz pública contra conmociones internas o los ataques exteriores, levantar y mantener ejércitos, con el objeto de mantener la libertad, integridad e independencia de la nación.

Como vimos en capítulos anteriores, a estas facultades no pudo responder eficientemente la primera república, y aunque tardíamente, fue causa obligatoria de la dictadura de Miranda.

La autoridad general de la confederación también estaba encargada de las relaciones exteriores, de arreglar el comercio exterior y el de los estados entre sí; de celebrar y concluir tratados y alianzas con las demás naciones; de imponer las contribuciones para estos fines; establecer las leyes generales de la unión, juzgar y hacer ejecutar cuanto por ellas quede resuelto y determinado[105].

Ahora bien, observamos que las atribuciones del poder confederal, eran muchas y de gran significado. Pero el dilema no es de constitución escrita o práctica como lo dijeron los positivistas, sino de algo mucho más sencillo: la constitución ni se ejecutó ni pudo ejecutarse que es otra cosa. Y no se la ejecutó, fundamentalmente, por el inicio de la guerra de independencia.

Otro aspecto interesante de la confederación y que le da un alcance prospectivo, es la sección tercera, en la que se hace referencia al aumento sucesivo de la confederación. Efectivamente: "Del mismo modo y bajo los mismos principios serán también admitidas e incorporadas cualesquiera otras [provincias] del continente colombiano [antes América española] que quieran unirse

---

105 *Ibíd.*, pp. 151, 152.

bajo las condiciones y garantías necesarias para fortificar la unión con el aumento y enlace de sus partes integrantes"[106].

De igual modo se hace un señalamiento expreso en los artículos 130, 131, 132 y 228 de la constitución de 1811. En este último se dice: "Y por cuanto el supremo legislador del universo ha querido inspirar en nuestros corazones la amistad y unión más sinceras entre nosotros mismos, y con los demás habitantes del continente colombiano que quieran asociársenos para defender nuestra religión, nuestra soberanía natural y nuestra independencia".

Inmediatamente se hace un exhorto al pueblo con el objeto de defender la confederación y su constitución, pero dejando la salvedad de:

> "[...] alterar y mudar en cualquier tiempo estas resoluciones, conforme a la mayoría de los pueblos de Colombia que quieran reunirse en un cuerpo nacional para la defensa y conservación de su libertad e independencia política, modificándolas, corrigiéndolas, y acomodándolas oportunamente y a pluralidad y de común acuerdo entre nosotros mismos, en todo lo que tuviere relaciones directas con los intereses generales de los referidos pueblos, y fuere convenido por el órgano de sus legítimos representantes reunidos en un congreso general de la Colombia [...]"[107].

A muchas reflexiones nos obligan estos artículos de la constitución de 1811.

Está planteada aquí la propuesta de una "Gran Colombia", pero con un procedimiento distinto, procedimiento anclado en los pueblos, en su deliberación y la aprobación por intermedio de "sus legítimos representantes reunidos en un congreso general de la Colombia". Ya sabemos que la Gran Colombia fue creada fundamentalmente a punta de bayoneta y siempre se discutió su

---

106 *Ibíd.*, pp. 186, 187.
107 *Ibíd.*, pp. 210, 211.

poca representatividad, desde sus inicios en el congreso de Angostura.

Todo esto concuerda con la comunicación enviada por Miranda el 22 de enero de 1811, a la recién creada junta suprema de Bogotá, así como los tratados concluidos entre ambas partes el 28 de mayo de 1811. Ya Miranda y la junta suprema de Caracas, a través de Cortés de Madariaga, habían adelantado lo que se plasmó en la constitución de 1811, en lo referente a la ampliación de la confederación que incluyera a otras provincias y, desde luego, a toda Colombia.

Es notable la impronta de Miranda en estos aspectos de la confederación, en su ampliación más allá de Venezuela, impronta inocultable con nombres tan llamativos, como "continente colombiano, pueblos de Colombia, congreso general de Colombia". No se necesita leer la *Colombeia* de Miranda para saber la paternidad de estos conceptos.

Aunque a Miranda le rechazan sus proyectos constitucionales, por tener características fundamentalmente supranacionales, no hay dudas de que logró incorporar aspectos importantes de su doctrina en la confederación de 1811. Somos de la opinión que a ello hace mención Roscio en otra carta a Bello del 31 de julio de 1811: "Después de mi prolija carta, entró Miranda en el congreso como diputado de uno de los territorios capitulares de Barcelona; y su conducta en este encargo le granjeó mejor concepto. Se portaba bien; y discurría sabiamente"[108].

Retomemos lo que ya adelantamos sobre el carácter prospectivo de la confederación de 1811. Cuando la analizamos y la comparamos con otras constituciones no dejamos de sorprendernos del largo alcance que tuvo. Basta observar conceptos hoy en

---

108 Roscío, Juan Germán: *Obras*, Tres tomos. Publicaciones de la Secretaría General de la Décima Conferencia Interamericana. Caracas, 1953. Tomo 3, p. 37.

boga como: integración regional, mercado común, federalismo, tratados de reciprocidad, subsidiariedad y otros. Debemos concluir que sus fundamentos políticos eran más acordes a los nuevos postulados, que las rígidas constituciones que se dieron en América Latina. Esto fue un aporte al futuro de Miranda y los constituyentes de 1811.

Hay más. La confederación dejo claro el asunto de la soberanía popular, bajo ninguna circunstancia podría suponerse que lograran imponerse a través de ella formas caudillescas, despóticas o personalistas. Por eso fue que se le acusó de todos los males, de allí vino aquello de "la patria boba, repúblicas aéreas". Quienes así lo endilgaban fueron los principales maestros e ideólogos de las distintas variables del personalismo político. Pero los fundadores tenían unas convicciones firmes en materia de democracia y soberanía popular. Atendamos: "ningún individuo, ninguna familia, ninguna porción o reunión de ciudadanos, ninguna corporación particular, ningún pueblo, ciudad o partido pueden atribuirse la soberanía de la sociedad, que es imprescriptible, inenajenable e indivisible en su esencia y origen, ni persona alguna podrá ejercer cualquier función del gobierno, si no la ha obtenido por la constitución"[109].

De igual forma podemos ver los primeros pasos dados por la confederación en el reparto de tierras a los indios (artículo 200); la supresión del comercio de esclavos, que había sido propuesta el 14 de agosto de 1810, y refrendada y ampliada en esta constitución (artículo 202). Así como la anulación de todo tipo de leyes que favorecían privilegios (artículo 203 y 204). Lo importante de todo este procedimiento que iniciaba un camino hacia la seguridad jurídica y la igualdad social, es que fue suspendido, creando los procesos desiguales que le son propios a toda forma de caudillismo, nepotismo y personalismo, por lo cual ha padecido América Latina durante mucho tiempo.

---

109 *La constitución federal de Venezuela. op. cit.,* Art. 145 p. 191.

Por si lo anterior fuera poco, la confederación había propuesto un mecanismo democrático suplementario, que hoy aparece en boga en algunas constituciones modernas. Hacemos referencia al mecanismo de la revocatoria del mandato establecido en los artículos 209 y 210: "El pueblo de cada provincia tendrá facultad para revocar la nominación de sus delegados en el congreso, o algunos de ellos en cualquier tiempo del año [...] el medio de inquirir y saber la voluntad general de los pueblos, sobre estas revocaciones, será del resorte exclusivo y peculiar de las legislaturas provinciales, según lo que para ello establecieren sus respectivas constituciones".

Hasta en este aspecto de la revocación del mandato, la constitución de 1811 se había adelantado a su tiempo; por supuesto, estas cláusulas constitucionales no eran del gusto de los ideólogos del caudillismo. Por eso es que insistimos en que no se puede hablar de democracia en Venezuela y a la vez pasar por alto lo sucedido entre 1810 y 1812.

La confederación en perspectiva

Es conveniente retomar las circunstancias políticas y jurídicas que dieron nacimiento a la confederación. En primer lugar, se debía ubicar el territorio bajo cuyas condiciones existiera una forma de gobierno, en este caso eran las provincias y sus correspondientes ciudades, villas y pueblos como se las denominaba entonces. Estas tenían sus instituciones religiosas y civiles. Todo ello conformaba la capitanía general de Venezuela y sus respectivas provincias, pero también el consulado, la audiencia y la intendencia (véanse citas 101 y 102).

Sin embargo, como ya lo vimos en el capítulo anterior, la confederación contaba con una estructura político-administrativa totalmente distinta a la de la capitanía general. Esto es, no era una estructura centralizada, sino que se sustentaba en las provincias unidas con el objeto, eventualmente, de ir más allá de la capitanía, como se expresa en los artículos 129, 130, 131, 132 y 228 de la constitución de 1811.

Lo que allí se plantea no es otra cosa que la tesis de Miranda de la unidad colombiana, pero bajo un procedimiento distinto. El procedimiento es la voluntad de las provincias y sus pueblos de adherirse a la confederación por intermedio de sus órganos representativos. En Miranda esta unidad venía dada ya por la estructura supranacional en un esquema piramidal de los distintos cabildos y provincias del continente colombiano. No hay dudas de que el procedimiento de la confederación era más democrático, en cuanto a lo electivo, y que Miranda lo aceptó como suyo, así se ve en la redacción de los artículos antes mencionados.

Ahora bien, la creación de la confederación no fue un dictamen improvisado y espontáneo, sino el resultado de una reflexión política de decisiones y acciones que culminaron en su conformación. "Ese proceso comenzó formalmente con el nuevo gobierno establecido en Caracas el 19 de abril de 1810 y continuó con la adhesión de las juntas provinciales; las actuaciones de la suprema junta, particularmente el reglamento de elecciones; la instalación del congreso constituyente de 1811; el reglamento orgánico provisorio para la separación de los poderes; la declaración de la independencia y la firma del acta, y concluyó con la sanción de la constitución de 1811 y las constituciones provinciales, así como con el acuerdo para la observancia de la constitución y el otorgamiento de facultades extraordinarias al poder ejecutivo federal"[110].

A todo este esfuerzo teórico-intelectual no se le ha querido discutir en profundidad, se le ha querido obviar, incluso degradar con lo de patria boba. Es natural que los Vallenillas y sus gendarmes necesarios así lo hagan; pero, inexplicable que los demó-

---

110 Garrido Rovira, Juan: *Independencia, república y estado en Venezuela*, Caracas 2000, pp. 64, 65.

cratas hayan pasado por alto el proceso político más creativo y novedoso de América Latina.

Pero, ¿cuáles fueron los cambios políticos sustanciales de la confederación?

Debemos comenzar señalando la errónea propuesta que el discurso positivista-marxista le endilgó al proceso independentista. Esa propuesta calificaba a la independencia como una guerra civil (lucha de clases) sin considerar los puntos más resaltantes de la naciente democracia.

Al positivismo le interesaba conocer cómo era el pueblo en sí, sus costumbres, sus tradiciones, de lo que concluía que se trataba de un pueblo anárquico para cuya solución se necesitaba de un gendarme necesario, o sea, un gobernante despótico que sometiera a las hordas desordenadas. Por el lado del marxismo, se veía sólo la lucha de clases. Ambas propuestas (positivistas-marxistas) desestimaron los intentos democráticos iniciales. Para confirmar lo dicho, recordemos: ¿Existe algún trabajo de estas corrientes que estudie las ideas de Francisco Javier Ustáriz o Juan Germán Roscio, para nombrar sólo dos de los más representativos de esa época? Inútil será la búsqueda.

El punto fundamental de la confederación para instalar la democracia, fue el conjunto de acciones y decisiones jurídico-administrativas que se sucedieron desde el 19 de abril de 1810. Mas el hecho que separa a la naciente república con todo lo anterior puede ubicarse con el acta de independencia, mediante la cual la monarquía es sustituida por una república; la aristocracia por una democracia; y el estado imperial y colonial por un estado soberano.

De modo que la revolución de la independencia, que instala una nueva forma de gobierno, no fue un evento anárquico de guerra civil, con gente que poseía intereses subalternos a los que había que domeñar; por el contrario, los creadores de la república tenían unos propósitos e ideas muy claras que podemos recapitular:

a. Liberarse de la colonia para asumir la soberanía; o sea, la soberanía de los ciudadanos y sus ideas.

b. Reestructuración de la vida civil y eliminación de la tradición autoritaria.

c. Acabar con la sociedad jerarquizada y estamentista, y sustituirla por una igualitaria y democrática.

d. Construir un nuevo estado republicano.

e. Eliminación del despotismo y sus diversas modalidades: personalismo, caudillismo, autoritarismo, que han sido el gran lastre de las sociedades latinoamericanas.

De manera que en estos inicios de la república no se pueden confundir causas con consecuencias, los procesos de lucha entre hermanos, que se suceden sobre todo entre 1813 y 1818, fueron producto de la deriva de la naciente república, entre cuyos principales responsables hay que ubicar a sectores patriotas que la abortaron, dando como resultado la derrota de la nueva institucionalidad que había comenzado a construirse. No habiendo institución qué defender, era natural la guerra subalterna por el poder, sin más objetivo que una pequeña jefatura (caudillos) reproduciéndose en episodios constantes. No olvidemos que la nueva república se instala en 1819, inclusive, con menos representación patriota provincial que la de 1811, lo cual fue una de las causas de la debilidad de la Gran Colombia.

TERCERA PARTE:
MIRANDA Y BOLÍVAR. DOS VISIONES

I

Debemos comenzar aclarando el procedimiento que seguiremos en este capítulo. Iniciaremos con un resumen de las principales ideas políticas de Miranda, lo que nos servirá para establecer la comparación necesaria con las de Bolívar. Acerca de las ideas del *Libertador* aclaramos lo siguiente: tomaremos en cuenta sus escritos principales, referidos a sus proyectos constitucionales: *Discurso de Angostura, Cúcuta y Bolivia*, además del *Manifiesto de Cartagena y la Carta de Jamaica*. Sin duda, estos son sus escritos fundamentales, no así sus cartas, las cuales, en muchos casos, oscurecieron su pensamiento debido a la sublevación perenne a que estuvo sometida la Gran Colombia de 1821 a 1830. Por este motivo el *Libertador* se vio en la necesidad de atenuar su pensamiento para apaciguar a los destinatarios de aquellas misivas. Esto, por supuesto, es un hecho natural en política, sólo que hacemos esta aclaratoria previa para marcar una metodología de análisis.

La característica fundamental del pensamiento de Miranda fue siempre la independencia política continental, en cuyo fundamento debía establecerse una constitución democrática, que unificara al continente, pero que a la vez le diera autonomía a las distintas localidades conformadas por los cabildos y municipios.

La diferencia y la originalidad del proyecto mirandino con respecto a otros, radica en que establece una relación entre los distintos poderes públicos, en cuya competencia se añade el elemento geográfico de las distintas provincias y cabildos. La forma de escogencia de los representantes de aquellos poderes es piramidal, esto es, los cabildos eligen representantes a las provincias, éstas al concilio colombiano, etcétera. Se establece así una vertiente en donde se encuentran todos los poderes, sin prevalencia de ninguno sobre los otros, todo lo cual se repite para las provincias y los cabildos que se eligen en forma directa.

Veamos cómo el propio Miranda explica su filosofía política: "Dos condiciones son esenciales para la independencia absoluta de los poderes: la primera que la fuente de donde ellos emanen sea una; la segunda que velen continuamente los unos sobre los otros. El pueblo no sería soberano si uno de los poderes constituidos que le representan no emanase inmediatamente de él, y no habría independencia si uno de ellos fuera el creador del otro".

Añade con más fuerza lo siguiente: "Los poderes deben velarse y contenerse recíprocamente, y ninguno de ellos debe atribuirse exclusivamente este celo, supuesto que todos son nombrados por el soberano. Si la confianza que éste ha hecho de todos es igual. ¿Por qué se ha de suponer que uno de ellos sea infalible e incapaz de ser corruptible, mientras que los otros se consideran sujetos al error y a la depravación?"[111].

Dos aspectos inseparables se tocan aquí: independencia de poderes como mecanismo básico contra el despotismo y la arbitrariedad; y la soberanía popular que garantice esa independencia de poderes. Lo uno no funciona sin lo otro. Esta tesis es la que Miranda propondría en sus proyectos constitucionales, sólo que esta idea tratará de materializarla en la América meridional cuya extensión territorial es muy amplia. De allí la propuesta de la de-

---

111 *América espera*, pp. 178, 179.

legación representativa piramidal de cabildos, provincias, concilio colombiano y poder ejecutivo, como única medida de relacionar el todo y las partes: sin embargo, celoso contra el despotismo propone las autonomías locales con elección directa.

La originalidad de Miranda puede entenderse como una combinación de circunstancias: los aportes de la ilustración y la comprensión del continente colombiano.

Desde el lado de la ilustración, existe una clara influencia de Locke y Montesquieu. De allí su decisivo respaldo a la separación de poderes, pero su activa participación en la política francesa lo lleva a entender que esta separación puede resultar una estafa, si no se la establece hasta sus últimas consecuencias, es decir, que un poder público no dependa de otro, más explícitamente, que la soberanía popular se materialice con la elección de cada uno de estos poderes, condición necesaria para su autonomía y el real ejercicio de su soberanía. Esta idea es original de Miranda, así como la elección directa de las localidades o cabildos.

También es original de él, la idea de integración regional del continente, con el objeto de sacarle el mayor provecho posible a la unidad colombiana. Provecho en lo económico y político. Pero esta unidad se constituye por una descentralización geográfica, con una elección de abajo hacia arriba hasta llegar al vértice del poder ejecutivo federal. Esta idea fue asumida por la confederación de 1811 y por la Gran Colombia de Bolívar, aunque con procedimientos distintos.

El otro aporte importante de Miranda es el conocimiento del continente colombiano, su originalidad para conocer los detalles de una cultura, que producto de la hibridez colonial, resultó con una lengua y una religión mayoritaria: la española y la católica, respectivamente. Adicionalmente, la hibridez colonial produjo algunas instituciones que podrían ser de provecho a la naciente democracia: los cabildos. Ya dijimos en capítulos anteriores que Miranda fue el primero en entender la importancia de los ayuntamientos para iniciar una democracia directa desde estas localidades. En conclusión: también fue una idea novedosa de Miranda relacionar cultura, lengua, religión, institución política, para desde allí crear una nueva institucionalidad republicana y democrática.

Es necesaria una última precisión acerca del pensamiento político de Miranda, que ubica su posición en una orientación conceptual distinta a la de Bolívar. Veamos de lo que se trata. Para Miranda un gobierno saludable es aquel que se da con base en "leyes fundadas sobre la justicia y conformes tanto *al carácter como a los intereses* [...] de sus ciudadanos"[112]. Estos intereses están ubicados en el área de los derechos humanos y son "[...] La seguridad personal, la libertad, la propiedad, tan esenciales al hombre que vive en sociedad"[113]. Y el carácter apunta, como lo señala Montesquieu, a las especificidades que las leyes deben tener para poderse acondicionar al clima, las costumbres, la población y la psicología. En fin, en Montesquieu este carácter podría modificar lo sustantivo de los intereses y del derecho que ya señalamos.

Sin embargo, en Miranda esto no es así, para él los intereses y el derecho que lo sustentan son universales y no pueden estar condicionados a caprichos de costumbres que los vulneren o desvíen. Categóricamente señala: "Que desaparezcan de entre nosotros las odiosas distinciones de chaperones, criollos, mulatos, etcétera. Estas sólo pueden servir a la tiranía, cuyo objeto es dividir los intereses de los esclavos para dominarlos unos por otros. Un gobierno libre mira a todos los hombres con igualdad, cuando las leyes gobiernan las solas distinciones son el mérito y la virtud".

---

112 *Ibíd.*, p. 268.
113 *Ibíd.*, p. 261.

Concluye con más fuerza: "sobre la tiranía la libertad, sobre el despotismo la igualdad de derechos, el orden y las buenas leyes"[114].

Importante esta diferencia nada sutil con Montesquieu, en la que Miranda privilegia los derechos democráticos universales sobre las circunstancias y características peculiares de una nación.

Para que veamos cuán apegado se encontraba Miranda hacia aquellos intereses que ya mencionamos, atendamos a este párrafo: "Cuando hablo de libertad, no me estoy refiriendo a la que Robespierre, Sieyes y Fouché quisieron establecer, sino más bien a la que Montesquieu y Locke definieron con mucha claridad. Cuando hablo de justicia, no estoy aludiendo a la que Danton y Merlin nos han venido impartiendo en Francia, sino a la que Malesherbes, Lanjuinais y L'Hospital se hubieran sacrificado generosamente.

"De prolongarse un tiempo más el combate entre la libertad y sus opositores, bien podrían verme participar activamente y aparecer por segunda vez por los lados del Sarre blandiendo las armas [...] defendiéndola sin Bastillas, sin guillotina, sin saqueo y sin proscripciones"[115].

En el caso de Bolívar, aunque sin duda va a defender estos intereses, también los conculcará. Afirma en el Manifiesto de Cartagena: por cuanto "nuestros conciudadanos no se hallan en aptitud de ejercer por sí mismos y ampliamente sus derechos". Más adelante nos detendremos en esta cuestión. Sírvanse por lo pronto atender la siguiente afirmación: para Miranda los intereses y los derechos humanos son connaturales al hombre, por consiguiente, en todos los casos son inalienables; en Bolívar esto no es así: el carácter, las costumbres, la poca preparación de la población pueden limitar estos intereses, sólo podrán ser asumidos

---

114 *Ibíd.*, p. 262.
115 *Ibíd.*, p. 292.

cuando el pueblo los aprenda cabalmente. Diferencia capital, como lo veremos en seguida.

Habría que añadir otro punto en los dos perfiles de estos próceres. Y es la relación que ambos tuvieron con la revolución francesa. Mientras Bolívar fue influido por Rousseau y sus conceptos de soberanía y voluntad popular, las cuales fueron emblemas de los jacobinos franceses; Miranda, por el contrario, fue un crítico acerbo de la revolución francesa y sus consecuencias perversas contra la libertad y dignidad humanas. Este es un tema poco reconocido y menos estudiado hasta entonces.

Cuando comienza, efectivamente, el proceso emancipador en 1810, Miranda a través de su periódico *El Colombiano*, previene a sus compatriotas americanos, de los eventuales excesos del momento revolucionario.

> "Si la resolución de los pueblos de América [...], es ser libres, y si esta resolución es bastante firme para superar todos los obstáculos y destruir todas las intrigas, el primer y grande objeto que debe ocupar su atención es la seguridad de las personas y de las propiedades. Este principio sagrado debe estar grabado en todos los corazones y debe ser seguido con la mayor exactitud. Cuando la sangre empieza a correr, cuando se empieza a violar la propiedad de los individuos, cuando empiezan las prisiones ilegales, la libertad está perdida y el partido del despotismo empieza a tomar fuerza... ¡Cuántas desgracias han producido los reformadores de la Francia, presentando tantos ejemplos odiosos de violación!"[116].

Los hechos posteriores a la primera república, en particular, el decreto de guerra a muerte y las confiscaciones a la propiedad que le siguieron, pone a Bolívar en contra de las prevenciones exhortadas por Miranda en la cita antes leída.

---

116 *El Colombiano de Francisco de Miranda*. Tipografía Vargas, Caracas, 1952, pp. 58 y 59.

Éste es más explícito, cuando le toca comparar las dos revoluciones en las cuales fue protagonista. Así le dice a Manuel Gual el 31 de diciembre de 1799.

> "[...] y espero más de los E.U. de la América [...] ¡gracias al perjuicio incalculable que ha hecho la anarquía galicana a la libertad en todo el mundo! [...] ¡Dos grandes ejemplos tenemos delante los ojos: la revolución americana y la francesa; imitemos discretamente la primera; evitemos con sumo cuidado los fatales efectos de la segunda!"[117].

Con relación a la apreciación de estas dos revoluciones la diferencia entre los próceres, es por demás elocuente. Miranda había expresado en diversos momentos su oposición a los reformadores franceses. Bolívar a través del jacobinismo de la voluntad general, creyó representarla e impuso a las manifestaciones individuales y de partido su criterio.

Hubo de pasar mucho tiempo, para que la idea general de Miranda, acerca de la diferencia de estas dos revoluciones, fuese visualizada por Hannah Arendt, en su *Sobre la Revolución*.

Los principales textos de Miranda que pueden revisarse para comprender adecuadamente sus ideas serían:

a. Sobre los males que afectan a Francia: 1795.

b. El acta de París de 1797.

c. Las dos proclamas de 1801 y la proclama de 1806.

d. Los proyectos constitucionales de 1801 y 1808. Por supuesto, esto no agota el pensamiento político de Miranda, pero es una referencia para el resumen que hicimos, con el objeto de poder evaluarlo, con relación al pensamiento de Bolívar.

Los distintos autores que han analizado el pensamiento bolivariano, no han reparado en la diferencia política de los proyectos de Miranda y Bolívar, con la excepción de Parra Pérez y Gil For-

---

117 AGM. Tomo XV, pp. 403, 404.

toul. Pero esta excepción se ve totalmente atenuada, por cuanto ambos autores dan indicios, pero sin duda, no profundizan en el tema. Las razones para ello ya las hemos señalado:

Se confunden los reparos puntuales de Miranda de 1811 con sus proyectos políticos.

Y se analiza superficialmente el proyecto federal mirandino; no obstante, lo propuesto por Miranda en los textos arriba mencionados, y, en especial, el tomo XXIV del archivo, donde se encuentran propuestas de 1810, 1811 y 1812.

Parra Pérez nos dice: "No es muy atrevido decir que en la cuestión federal se halla uno de los pocos puntos en que el pensamiento político de Bolívar disiente del de Miranda"[118]. Sin embargo, como ya advertimos, el merideño no nos da más información.

Asimismo, Gil Fortoul, discutiendo parte del contenido del *Manifiesto de Cartagena del Libertador*, realiza la siguiente reflexión: "El sistema federal –escribe Bolívar- bien que sea el más perfecto y más capaz de proporcionar la felicidad humana en sociedad, es, no obstante, el más opuesto a los intereses de nuestros nacientes estados. *Generalmente hablando, todavía nuestros conciudadanos no se hallan en aptitud de ejercer por sí mismos y ampliamente sus derechos, porque carecen de las virtudes políticas que caracterizan al verdadero republicano*; virtudes que no se adquieren en los gobiernos absolutos en los que se desconocen los derechos y los deberes del ciudadano"[119].

A lo cual Gil Fortoul se atiene a refutar: "[...] es fuerza reparar que la constitución no influyó tanto como él creía en los sucesos desgraciados de 1812, pues no se practicó ni pudo practicarse"[120]. Ciertamente, el 7 de enero de 1812 el congreso, dado el

---

118 *La constitución federal. op. cit.*, p. 51.
119 Gil Fortul, José: *Historia Constitucional de Venezuela*. Tomo I p. 351.
120 *Ibíd.*

estado de guerra imperante, decide que la constitución no regirá hasta no ser aprobada por las provincias.

Sin embargo, aun siendo cierta la objeción de Gil Fortoul, es cuando menos insuficiente, a saber: lo que está refiriendo el *Libertador* es la minoría de edad de los venezolanos para poder manejar su destino. No es hilar muy fino decir que de conformidad con ese argumento no debió, ni siquiera, haberse declarado la independencia. Con esta propuesta del Libertador, se legitima en la era republicana, la era del personalismo, o sea, la del jefe, sin lo cual el pobre pueblo venezolano no sabría conducirse. O para ser más explícito: el personalismo no es sólo el hecho connatural de la voluntad de poder del individuo, sino que tiene su justificación teórica en la era republicana a partir del *Manifiesto de Cartagena del Libertador*. Obvio es que esta idea de Bolívar contradice no sólo los principios constitucionales de 1811, sino también los presupuestos filosóficos y políticos de Miranda que ya hemos visto. La propuesta federal de Miranda no deja lugar a dudas. En Bolívar, en cambio, comenzará una propuesta centralista que no modificará nunca.

Otro aspecto que no podemos eludir en el *Manifiesto de Cartagena*, es el de las causas de la caída de la primera república. Estas causas son el motivo central de este escrito. Sin embargo, el Libertador elude la caída de Puerto Cabello como la causa principal de la capitulación firmada el 25 de julio de 1812. Como sabemos, fue el gobierno federal y no sólo Miranda –como maliciosamente se ha querido hacer ver- quienes acuerdan la capitulación, entre cuyos motivos principales está la pérdida de Puerto Cabello. Véase a tales efectos, la reunión del 12 de julio de 1812[121], en donde los representantes del poder ejecutivo, judicial y legislativo acuerdan la capitulación que tantas conjeturas trajo posteriormente.

---

121 AGM. Tomo XXIV, pp. 509 y 510.

No debe haber dudas de que si los líderes de la independencia hubieran conocido la comunicación antes referida y otras que aparecen en ese mismo volumen, no hubieran tenido una opinión tan ligera sobre Miranda. Inclusive, si Bolívar hubiese tenido la certeza de que las comunicaciones que él le envió al general Miranda, sobre los sucesos de Puerto Cabello, serían conocidas posteriormente, hubiese sido más recatado en sus juicios sobre el *Precursor*.

En la *Carta de Jamaica* el *Libertador* se hace más explícito que en el *Manifiesto de Cartagena*, con relación a la forma de gobierno que él supone y sugiere para el continente. En aquélla dice: "Los acontecimientos de la tierra firme nos han probado *que las instituciones perfectamente representativas no son adecuadas a nuestro carácter, costumbres y luces actuales. En Caracas el espíritu de partido tomó su origen en las sociedades, asambleas y elecciones populares; y estos partidos nos tornaron a la esclavitud.* Y así como Venezuela ha sido la república americana que más se ha adelantado en sus instituciones políticas, también ha sido el más claro ejemplo de la ineficacia de la forma democrática y federal para nuestros nacientes estados"[122].

El *Libertador* continúa reflexionando, y añade una condición connatural y antropológica en el venezolano. Allí expresa: "En cuanto que nuestros compatriotas no adquieran los talentos y las virtudes políticas que distinguen a nuestros hermanos del Norte, los sistemas enteramente populares, lejos de sernos favorables, temo mucho que vengan a ser nuestra ruina"[123].

---

122 Bolívar, Simón: *Discursos, proclamas y epistolario político*. Editora Nacional, Madrid, 1975. *Contestación de un americano meridional a un caballero de esta isla*. Kingston, 06/09/ 1815, pp. 162, 163.
123 *Ibíd.*

Para que no haya dudas remata con lo siguiente: "Los estados americanos han menester de los cuidados de gobiernos paternales que curen las llagas y las heridas del despotismo y la guerra"[124].

Demasiado sugerentes estas apreciaciones de Bolívar en la *Carta de Jamaica*, como para no tomarlas en cuenta.

Comienza atacando directamente a la democracia, por cuanto critica "las instituciones perfectamente representativas", es decir, va al núcleo central de lo acordado por los constituyentes de 1811, pero además añade que "no son adecuadas a nuestro carácter, costumbre y luces actuales". No hay subterfugios, el ataque es a los fundamentos propios de la democracia. No cuestiona sólo la infuncionalidad de las instituciones, sino que el venezolano está privado culturalmente para asumir esa forma democrática.

Repite la minoría de edad del venezolano, es decir, lo subestima. Porque si los venezolanos no tienen "los talentos y las virtudes políticas que distinguen a nuestros hermanos del Norte, los sistemas enteramente populares" serán sus propias ruinas. Aquí hay evidentemente una fatalidad.

En esta cita que comentamos, Bolívar representa una curiosa manera de enfrentar el despotismo. Propone "los cuidados de gobiernos paternales", pero estos gobiernos no son otra cosa que una modalidad de personalismo. El gobierno paternal es la conducción de un jefe que guíe al pueblo, quien no tiene las virtudes y talentos de nuestros hermanos del Norte. Si ese guía es el *Libertador*, mejor. Ya lo dijimos antes, paternalismo, personalismo y caudillismo, son los hermanos que sustituyen la soberanía popular. Bolívar propone curar "las llagas y las heridas del despotismo" con más despotismo, o sea, con paternalismo.

La diferencia aquí con Miranda y los constituyentes de 1811 es radical. Con el primero recordemos el escrito de 1795, para el cual la mejor manera de enfrentar el despotismo era a través de la

---

124 *Ibíd.*, p. 164.

autonomía electiva y en ejercicio de los poderes públicos; es decir, aumentando las formas representativas de los poderes por intermedio de las elecciones. En el caso de los segundos, la soberanía popular no está en duda, además no es negociable, tal y como se describe en el artículo 145 de aquella constitución.

Mucho más explícito se hace el *Libertador* en el *Discurso de Angostura*. Por primera vez le toca ser un participante activo en la elaboración de una constitución, de modo que aquí se plantea su proyecto constitucional sin ninguna cortapisa. Allí propone un ataque directo a la democracia: "Sólo la democracia, en mi concepto, es susceptible de una absoluta libertad; pero, ¿cuál es el gobierno democrático que ha reunido a un tiempo, poder prosperidad y permanencia?, ¿y no se ha visto por el contrario la aristocracia, la monarquía cimentar grandes y poderosos imperios por siglos y siglos?, ¿qué gobierno más antiguo que el de China?, ¿qué república ha excedido en duración a la de Esparta, a la de Venecia?, ¿el imperio romano no conquistó la tierra?, ¿no tiene la Francia catorce siglos de monarquía?, ¿quién es más grande que la Inglaterra? Estas naciones, sin embargo, han sido o son aristocracias y monarquías"[125].

La defensa que aquí hace el *Libertador* de la monarquía y de la tiranía aristocrática le acarreará graves problemas, que no podrá solventar hasta el día de su renuncia a la presidencia de Colombia el 1° de marzo de 1830. Este discurso del *Libertador* no es producto de un *impromptu*, estas ideas las asumirá con más radicalidad en la constitución de Bolivia y en la dictadura de Colombia.

Veamos otras ideas de Bolívar en el congreso de Angostura, por demás sugerentes. Añade una propuesta bastante polémica, en la que pone en discusión la soberanía popular, en cuanto garante de la autoridad para la conformación de los poderes repre-

---

125 *Ibíd.*, pp. 222, 223.

sentativos. Entonces, copiando a los regímenes aristocráticos y monárquicos que ensalzó anteriormente, proponen un senado hereditario: "Si el senado en lugar de ser electivo fuese hereditario, sería en mi concepto la base, el lazo, el alma de nuestra república. Este cuerpo en nuestras tempestades políticas pararía los rayos del gobierno y rechazaría las olas populares. Adicto al gobierno por el justo interés de su propia conservación, se opondría siempre a las invasiones que el pueblo intenta contra la jurisdicción y la autoridad de sus magistrados"[126].

Reafirma su propuesta con otras frases, contra la voluntad popular: "Este cuerpo neutro (el senado) para que pueda ser tal, no ha de deber su origen a la elección del gobierno, ni a la del pueblo, de modo que goce de una plenitud de independencia que ni tema, ni espere nada de estas dos fuentes de autoridad"[127].

Y remata con esta frase: "Todo no se debe dejar al acaso y a la ventura en las elecciones; el pueblo se engaña más fácilmente que la naturaleza perfeccionada por el arte"[128].

No es necesario advertir que esta propuesta contradice explícitamente la constitución de 1811. Este debió ser el motivo por el cual la idea del senado hereditario no tuvo acogida por parte de los constituyentes de Angostura.

Pero hay más, el *Libertador* propone una división entre ciudadanos activos y pasivos. Y lo sustenta de la siguiente manera: "Poniendo restricciones justas y prudentes en las asambleas primarias y electorales, ponemos el primer dique a la licencia popular, evitando la concurrencia tumultuaria y ciega que en todos tiempos ha impreso el desacierto en las elecciones y ha ligado por consiguiente el desacierto a los magistrados y a la marcha del

---

126 *Ibíd.*, pp. 231, 232.
127 *Ibíd.*
128 *Ibíd.*, p. 233.

gobierno, pues este acto primordial, es el acto de la libertad o de la esclavitud de un pueblo"[129].

Argumentando más adelante, señala que su objeto es "[...] impedir que el despotismo deliberante no sea la causa inmediata de un círculo de vicisitudes despóticas en que alternativamente la anarquía sea reemplazada por la oligarquía y por la monocracia"[130].

De nuevo eliminar el "despotismo deliberante" con más despotismo, esto es, con un senado hereditario, y ahora con unos ciudadanos activos privilegiados.

En este último aspecto los constituyentes aprobaron la propuesta de Bolívar, de ciudadanos activos y pasivos. Y en la ley de Angostura, quedó plasmada en el título 3, *De los ciudadanos*, artículos 1, 2 y 3[131].

Lo importante a señalar en estos planteamientos de Bolívar, del senado hereditario y la diferencia entre ciudadanos, es el explícito retroceso con relación a la Constitución de 1811 y a lo formulado por Miranda.

Con respecto a 1811, la soberanía popular emana siempre del pueblo, no hay excepciones, por tanto el senado hereditario no electivo contradice sus principios constitucionales expuestos en los artículos 144, 145, 146 y 147.

Con relación a la diferencia entre ciudadanos activos y pasivos ("no ejerce la soberanía nacional ni goza del derecho de sufragio"), la constitución de 1811 crea un mecanismo de progresiva integración de los ciudadanos que no tenían derecho al sufragio, y lo hacía de la siguiente manera: se ordenaba a los gobiernos

---

129 *Ibíd.*, p. 241.
130 *Ibíd.*, p. 242.
131 Actas de los Congresos del ciclo bolivariano. Publicaciones del Congreso de la República de Venezuela. *Congreso de Angostura*. 1819-1821, vol. 3, tomo 1, p. 241.

provinciales incorporar a los indígenas al sistema escolar, con el objeto de que adquirieran un "grado o aprobación pública en una ciencia o arte liberal o mecánica". Se prohibía que prestaran sus servicios a los "tenientes o curas [...] ni a otra persona alguna", además de obligar al gobierno provincial respectivo al reparto de tierras. Estas tres condiciones: la educación, la prohibición de servicios a tenientes o curas, ni a personas (esclavitud) y la dotación de tierras, propiciaba la incorporación de los indígenas como ciudadanos activos y en consecuencia sufragantes. Sólo bastaba una de estas tres condiciones, establecidas en el artículo 26, para abolir la esclavitud de hecho y de derecho.

Lo restante de lo que estamos narrando (artículo 200) es que era un mandato de la constitución de 1811 a los gobiernos provinciales, con el objeto de incorporar a la mayor cantidad de la población como ciudadanos soberanos. Muy distinta la constitución de Angostura, en la que se establece una separación de ciudadanos sin ninguna alternativa.

También deben señalarse en aquélla los artículos 201, 202 y 203, que propenden a la abolición de la esclavitud y a la incorporación de los pardos con todos sus derechos. Visto desde hoy, podría parecer algo insustancial; sin embargo, se trataba de eliminar una sociedad estamental que se había consolidado con 300 años de funcionamiento.

El caso de Miranda y el congreso de Angostura no necesitan mucho rodeo. El primero proponía elecciones municipales directas, elecciones de jueces y, desde la proclama de 1801, se opone a todo tipo de diferencia de raza o clase. Es obvio que le hubiera parecido por lo menos una barbaridad la diferencia entre ciudadanos activos y pasivos. Y aunque en el congreso de 1811 no hizo reparos explícitos en este asunto, debemos entender que las disposiciones acerca de la soberanía popular y los derechos de los ciudadanos eran avanzadas para la época y propendían progresivamente a la igualdad civil.

Podríamos resumir la actuación de Bolívar en el Congreso de Angostura, en lo manifestado por un empedernido bolivariano como lo fue Gil Fortoul: "Nunca tuvo confianza en la democracia absoluta; inclinábase por carácter y reflexión a un régimen de oligarquía intelectual; y aun cuando amó sinceramente al pueblo y trabajó por su bien, lo amaba como Pericles, desde arriba, para gobernarlo a modo de rey sin corona"[132].

Aunque Gil Fortoul se percata del pensamiento no democrático de Bolívar, no saca las consecuencias con relación a 1811 y Miranda. Digámoslo una vez más, el asunto no es sólo centralismo versus federalismo, ni mucho menos una diferencia formal entre modos de gobierno. Se trata más bien de una formulación teórica que propone el Libertador contra los fundamentos políticos de 1811 y Miranda. Esta formulación teórica le da sustento a su idea de impedir "el despotismo deliberante" y otras formas antidemocráticas como la de poner "restricciones justas y prudentes en las asambleas primarias y electorales".

Dentro de este orden filosófico encajan perfectamente el senado hereditario y otras formas despóticas de centralismo y personalismo que ya vimos. De modo que hay una subversión total del modelo político de 1811 y el de Miranda ya analizado, se trata de una nueva propuesta que establecerá las pautas teórico-filosóficas de un régimen centralista y personalista que marcará los acontecimientos venideros.

El error que cabalga con Bolívar desde 1813 consiste en confundir los fundamentos de política democrática con los hechos puntuales de la caída de la primera república. Estos hechos: impunidad en Coro, indulgencia con los conspiradores, pérdida de Puerto Cabello, inclusive asunción ineficiente del sistema federal, no tienen nada que ver con la teoría democrática, a la cual reniega Bolívar desde 1813. Nos preguntamos: ¿es que acaso

---

132 Gil Fortoul, José: *op. cit.,* p. 453.

hubo algún sistema democrático que permitió el desastre de la segunda república y las derrotas sucesivas hasta la entrada del congreso de Angostura en 1819? Obviamente, el *Libertador* confunde causas con consecuencias. Al igual que mezcla estructura y hechos militares con estructura y hechos civiles. Causa, ahora sí, de los problemas que se le presentarán a Venezuela y a Latinoamérica en el siglo XIX.

La idea del *Libertador* de construir una Gran Colombia se produce por su estadía en Londres en 1810, en cuya influencia tuvo Miranda un papel preponderante[133]. Es oportuno señalar que el proyecto colombiano de Bolívar difiere en forma y contenido con la propuesta federativa de Miranda y la confederación de 1811.

Estas diferencias tienen sus causas desde la convocatoria del congreso de Angostura, cuando el 17 de diciembre de 1819 se le da legalidad a la república de Colombia y se convoca al congreso general para la reunión en la Villa del Rosario de Cúcuta en 1821. El congreso allí reunido el 12 de julio de 1821 ratifica la ley. De modo que hay una total continuidad para la carta constitucional colombiana, en las fechas del congreso de Angostura y el de Cúcuta. Visto lo cual, es imperativo comentar los preparativos electorales de la reunión de Angostura de 1819.

El primero de octubre de ese año, Bolívar le comunica al consejo de estado "la convocación del congreso nacional"[134], les sugiere igualmente nombrar una comisión especial "encargada de la formación del proyecto y modo de llevar a efecto las elecciones populares"[135]. Se nombra la comisión, formulan el reglamen-

---

133 *Ibíd.* Tomo II pp. 119 a 124.
134 *Ibíd.* Tomo 1 p. 444.
135 *Ibíd.*

to electoral y lo aprueba el consejo de estado el 17 y 19 de octubre, "y el 24 lo mandó a ejecutar Bolívar"[136].

Ahora bien, lo importante de este reglamento electoral, para conocer la representatividad del congreso de Angostura y en consecuencia de la Gran Colombia, está en lo que declara dicho reglamento: "Que no existiendo el censo civil formado en 1810 para la nominación de electores parroquiales y provinciales, ni habiendo tiempo de formar otro, no es posible practicar elecciones conforme al sistema de dos grados, y se procederá en consecuencia a la elección directa"[137].

Y añade "[...] que los diputados no serán solamente representantes de sus distritos sino de todas las porciones del territorio [...]"[138].

Dos observaciones:

Es un Congreso que pretende la representatividad de toda Colombia, pero no tiene siquiera la representatividad del congreso de 1811. Fíjense que comienza justificando la no existencia del censo civil de 1810 para la nominación de electores parroquiales y provinciales; además, se fomenta la elección directa, pero no es tal elección sino una designación realizada por el partido organizador de los comicios.

La otra observación es sobre el mismo reglamento, cuando establece que los diputados serán representantes de todas las porciones del territorio, debido a que no hay censo, no hay parroquias, ni provincias, luego se necesita nombrar unos delegados de todo el territorio. Vemos claramente una diferencia sustantiva entre el nombramiento y la representación de 1811 y la de 1819, por supuesto, diferencia a favor del primero.

---

136 *Ibíd.*
137 *Ibíd.*
138 *Ibíd.* p. 445.

Concluye Gil Fortoul con una advertencia que tendrá graves consecuencias para el futuro de Colombia y que no ha sido suficientemente considerada: "Efectuáronse las elecciones del modo imperfecto que permitían las circunstancias, y en muchas partes por el solo voto de los jefes militares, pues las únicas provincias completamente libertadas eran Margarita y Guayana. En las demás los patriotas no contaban sino con las poblaciones ocupadas por sus tropas"[139].

Se encontraban bajo dominación española: Caracas, Valencia, Puerto Cabello, La Victoria, Calabozo, San Carlos, Maracaibo, Nirgua, Barquisimeto, Guanare, Ospino, Tocuyo, Carora, Coro, Trujillo, Mérida, San Cristóbal... Es decir, toda Venezuela estaba bajo dominio español, menos Margarita y Guayana. Dentro de este marco, se convoca a un congreso constituyente de Colombia; lo menos que podemos decir es que su realización fue extemporánea, cuyos convocantes cargarán con las consecuencias que se desatarán inmediatamente.

¿Cuáles son esas consecuencias a que hacemos referencia? Lo primero que se debe anotar es la falta de atención de los congresistas de 1819 y 1821, en no saber separar los aspectos militares de los civiles, que al ligar unos con otros tenía que resultar un sistema en donde la deliberación democrática no podía establecerse adecuadamente. Y esa falta de deliberación comenzaba con la forma no democrática de elección que se realizó en Angostura y que no se diferenció en Cúcuta. Ya en Venezuela se había realizado un congreso en cuya participación eleccionaria había más representatividad que en los efectuados en 1819 y 1821. Este hecho y otros que veremos gravitarán en forma de centrífuga contra la Gran Colombia.

Dentro de las consecuencias que aludimos, se encuentra una nota que dirige Santander al presidente del senado, en enero de

---

139 *Ibíd.*

1825, alertándole preocupación por los sucesos de Caracas, añadiendo "que existe allí un partido, desde 1821, que se propone desacreditar la constitución [...]"[140].

No estaba descaminado Santander, los sucesos se aceleran desde la aprobación en 1821 de la constitución de Cúcuta.

El 29 de diciembre de 1821 se reúne la municipalidad de Caracas en cabildo extraordinario, con el objeto de deliberar acerca del juramento que tenían que prestar a la nueva constitución el próximo 3 de enero. Pues bien, allí establecen que algunos artículos de la constitución "deben sujetarse a nuevo examen, y sufrir alguna alteración o reforma en los términos que se crean más convenientes a los pueblos de la república"[141]. Sin embargo, aceptan realizar el juramento con la idea de no crear divisiones en la nueva constitución, pero sin impedir que los representantes de la provincia de Caracas que concurran al próximo congreso deban "promover cuantas reformas y alteraciones crean conducentes a la prosperidad de la república, libertad y seguridad de sus ciudadanos" y añaden en el acta al referirse a la constitución, que: "no puede considerarse sancionada por los mismos representantes que la formaron, ni imponer a los pueblos de esta provincia, y del departamento de Quito, el deber de su estrecha e inalterable observancia, cuando no han tenido parte en su formación ni creen adaptables a este territorio algunas disposiciones de aquel código y de las leyes que emanan de él"[142].

Aunque no lo refiere Gil Fortoul; es en este momento, el 29 de diciembre de 1821, que se da inicio a *La Cosiata*, o movimiento separatista de la Gran Colombia.

De modo que no es un movimiento conspirativo, anti-Bolívar o pro-Páez, el que lo fundamenta, sino diferencias sustantivas en

---

140 *Ibíd.* Tomo II p. 135.
141 *Ibíd.* p. 23.
142 *Ibíd.*

el procedimiento eleccionario y en el cuerpo constitucional de 1819-1821 que concreta la separación de los patriotas: los centralistas que defienden los procesos de 1819-1821, y los otros patriotas que difieren en la forma y en el fondo de las constituciones de Angostura y de Cúcuta.

Repárese en esto: en la reunión de la municipalidad se encontrarán personajes como Andrés Narvarte, Tomás Lander y otros, pero a estos mismos se les verá en 1830, cuando se crea la república de Venezuela, acompañados por Martín Tovar, Francisco Javier Yánez, Felipe Fermín Paúl... es decir, los hombres de 1811, sólo que ahora van por la revancha. El que consignen los postulados perdidos en esa época, es otra cosa, ello escapa al cometido de estas líneas.

No nos interesa aquí detenernos en los aspectos puntuales de La Cosiata, sólo queremos señalar que como resultado de la Gran Colombia: se creaba una instancia de poder político generada por la nueva constitución; otra militar condicionada por hechos sobrevenidos, los cuales contradecían en algunos casos la norma constitucional, además de los municipios a los que se les yuxtaponía una estructura de poder como la de Bogotá, alejada, sin la intermediación administrativa eficiente para aquellos casos. Observemos: había un intendente como máxima autoridad civil; una autoridad militar con el título de comandante general y un director de guerra como coordinador de todo el departamento. Pero estos tres poderes tenían otras instancias subalternas, que a su vez se relacionaban con los gobernadores de provincias y los comandantes de armas, añádasele a este enredo de estructuras civiles y militares, el arraigado poder municipal.

Era imposible sostener en estas condiciones a la Gran Colombia. Lo que se le ocurre al *Libertador*, después de fallidos intentos, es suspender las municipalidades el 17 de noviembre de 1828, lo cual contó con la aprobación de la oligarquía venezolana, olvidándose así los distintos aportes que el ayuntamiento había realizado a la independencia. Antes, en 1810-1811, y ahora, en

1821-1828. Sólo que, desatados los impulsos populares, la oligarquía temió que este movimiento municipal podría, eventualmente, ponerse en su contra.

En todo caso, nos intenta resaltar que el *Libertador* y sectores conservadores, al no poder responder eficientemente a las distintas manifestaciones en su contra desde las capas populares expresadas en las municipalidades, opta por suspenderlas. Adicionalmente, se había promulgado la constitución de Bolivia y el Libertador enviaba incansablemente cartas a sus compatriotas con el objeto de apoyar aquella constitución que servirá como referencia a la nueva, la cual tenía que discutirse en el congreso de 1830.

En 1826 envía a Chuquisaca la constitución de Bolivia, precedida por una motivación discursiva que será como un terremoto desde la cordillera de los andes hasta Caracas. Allí Bolívar resume sus tesis que ya vimos en Cartagena, Jamaica y Angostura, con una diferencia: ya había sido presidente de Colombia y en su discurso no cabían interpretaciones. Detengámonos: "El presidente de la república viene a ser en nuestra constitución como el sol que, firme en su centro, da vida al universo. Esta suprema autoridad debe ser perpetua; porque en los sistemas sin jerarquías se necesita, más que en otros, un punto alrededor del cual giren los magistrados y los ciudadanos: los hombres y las cosas [...] El presidente de la república nombra al vicepresidente, para que administre el estado y le suceda en el mando. Por esta providencia se evitan las elecciones, que producen el gran azote de las repúblicas, la anarquía que es el lujo de la tiranía y el peligro más inmediato y más terrible de los gobiernos populares"[143].

Aquí Bolívar sencillamente se opone a las elecciones que lo habían llevado a la máxima representación de Colombia. Esto era intolerable para la mayoría de los colombianos, como se de-

---

143 Bolívar, Simón: *Discursos, proclamas...* Discurso del Libertador al congreso constituyente de Bolivia, pp. 302 y 305.

mostró en la convención de Ocaña y en los dos congresos de 1830, en Colombia y en Venezuela.

La dictadura de Colombia en 1828, independientemente del tiranicidio, es un adelanto de las líneas maestras expresadas en la constituyente boliviana, situación que precipitó toda la confrontación inmediata que ocurrió en territorio colombiano, creando opiniones diversas dentro de sus partidarios.

Inclusive, hay un acontecimiento por demás significativo. Y es que con motivo de la celebración del congreso constituyente el 20 de enero de 1830, y de la convocatoria de otro exclusivamente venezolano, el 30 de abril de 1830, se acordó invitar al gobierno provisional de Venezuela para participar en unas conferencias, con el objeto de saldar las diferencias entre las dos partes: la colombiana y la venezolana. Se nombraron unos comisionados; por la primera, el mariscal Sucre, el obispo Estévez y Francisco Aranda; por la segunda, Santiago Mariño, Ignacio Fernández Peña y Martín Tovar Ponte. Estas conferencias comenzaron el 18 de abril en la Villa del Rosario de Cúcuta.

Después de asumir cada bando su postura, que para el momento lucían ya indeclinables, Sucre hace una propuesta con el propósito de zanjar las diferencias y restablecer la unidad colombiana. Anuncia la renuncia irrevocable del *Libertador* a la presidencia de Colombia, intenta así disuadir a los venezolanos de una eventual monarquía colombiana pretendida por Bolívar. Pero lo más significativo es que asume la postura del bando civil con una propuesta que hace temblar al militarismo centralista que había impuesto Bolívar en la Gran Colombia. Atención a Sucre: "[...] y en el supuesto de que los señores comisionados de Venezuela se empeñaban en demostrar que las novedades ocurridas allí eran una revolución popular, y no un movimiento ejecutado y dirigido por los militares [...] era justo convertir en provecho del pueblo sus resultados; y que ningún poderoso, bajo el pretexto de protegerlo, lo sometiese después a un yugo tanto o más pesado que aquel de que se pretendía libertarlo"[144].

Añadía que "los males públicos emanaban, no de lo que se ha llamado despotismo del *Libertador* [...] sino esencialmente de la misma revolución, y del despotismo de una aristocracia militar que, apoderándose del mando en todas partes, hacía gemir al ciudadano por un absoluto olvido de las garantías y derechos; siendo este abuso tan arraigado, que ni el tremendo poder de la dictadura había podido contenerlo"[145].

Este es el acontecimiento significativo al cual aludimos más arriba. Esta es una propuesta que difiere de la de Bolívar en 180 grados. ¿Estaba autorizado Sucre para hacerla? ¿Fue una medida diplomática con el objeto de conocer las exigencias de los venezolanos? En todo caso la hizo; además, terminaba de ser elegido presidente del congreso constituyente colombiano, lo cual no era cualquier cosa.

Pero la propuesta de Sucre que comentamos no era un recurso retórico. Veamos como expone su materialización: "[...] se prohíbe que durante un período que no será menos de cuatro años, pueda ninguno de los generales en jefe, ni de los otros generales que han obtenido los altos empleos de la república en los años desde 20 al de 30, ser presidente o vicepresidente de Colombia, ni presidente o vicepresidente de los estados, si se establece la confederación de los tres grandes distritos; entendiéndose por altos empleos los de presidente y vicepresidente, ministros de estado y jefes superiores"[146].

---

[144] *Documentos para los anales de Venezuela desde el movimiento separatista de la unión colombiana hasta nuestros días.* Caracas. Im. y Lit. del Gobierno Nacional. 1889-1891 (primer período). 7 Vols., pp. 215 a 227.
[145] *Ibíd.*
[146] *Ibíd.*

Aquel sismo provocado por el mariscal con esa propuesta, hizo tambalear a Martín Tovar y a Fernández Peña, que como representantes civiles acogieron la oferta, aunque trataron de eximir a Páez de militarismo. Mariño, al entender que la oferta hecha por Sucre fue vista con simpatía por Tovar y Fernández, contraargumenta que los comisionados venezolanos no tenían potestad para considerar la moción de Sucre.

La situación era ésta: la idea del mariscal encajaba totalmente en la de los civiles que habían formado un partido desde 1821 en Caracas, eran los federalistas de 1811 que se oponían a Páez, pero hasta 1826, cuando al sucederse los hechos de Valencia, se ven en la necesidad de un acuerdo circunstancial con este general, como manera de separarse del centralismo de Bogotá y constituir el sistema federal perdido.

Esto explica el fracaso de la conferencia de la Villa del Rosario de Cúcuta, en el sentido de que al llegar allí, ya se habían consolidado otros acuerdos con otros propósitos, en los que la unidad colombiana salía sobrando. Lo importante a señalar aquí, es que la idea centralista de Bolívar era inviable, tanto así, que su más connotado discípulo, no sólo no la defiende, sino la ataca con los mismos argumentos de los civiles de 1811, que forman partido en Caracas en 1821, y que triunfarán a medias, en 1830.

II

El año 1826 marcó un hito en el destino del *Libertador* y Colombia. Ese fue el año de la aprobación de la constitución de Bolivia, pero al mismo tiempo fue el inicio de los enfrentamientos con el gobierno constitucional de Colombia, por los contenidos y alcances de esa carta magna, que el Libertador pretendía validar para toda la nación colombiana. Él dirigió sus esfuerzos en la promoción de aquella constitución, y para tales fines contó con la colaboración de Briceño Méndez, Antonio Leocadio Guzmán y Demarquet. Bolívar se valió para ello de atribuciones que le estaban conferidas a otros poderes, como fue el caso de los decretos de ascensos militares que era potestad del congreso; juzgó a ciudadanos cuya competencia era del poder judicial; y cambió autoridades constituidas cuyo nombramiento y remoción era competencia del poder ejecutivo correspondiente. Ello produjo perturbaciones en distintas zonas y sublevaciones contra el gobierno constitucional colombiano, como fue el caso de Mosquera en Guayaquil.

Sin embargo, no sucedió lo mismo en la Nueva Granada, allí no hubo respaldo a la constitución boliviana, sino apoyo a la que se encontraba vigente: la constitución de 1821. La situación antes comentada, provocó gran inestabilidad en la Gran Colombia. Entre las distintas manifestaciones hubo una realmente significativa, y fue la que produjeron el 14 de noviembre de 1826, representantes del gobierno y otros ciudadanos reclamando la obediencia a la constitución de 1821. Le tocó a Vicente Azuero su redacción, con el objeto de criticar a la constitución de Bolivia u otra semejante, expresaron: "Desde los primeros días de la transformación política en el año de 1810, todas las provincias de la antigua Venezuela y de la antigua Nueva Granada se pronunciaron uniformemente por la forma popular representativa, fundada en la base de la igualdad, y sin reconocer magistrados vitalicios, y mucho menos irresponsables. En 16 años no han desmentido, por el contrario, han corroborado constantemente esta resolución. Al congreso constituyente se propuso un senado hereditario, y fue rechazado; se le indicó un presidente inviolable; y no sólo se rehusó esta idea, sino que estableció como una de las disposiciones más fundamentales, que todo funcionario sería responsable a la nación de su conducta. Al mismo sistema federativo no se ha renunciado sino temporalmente; y los deseos que se están manifestando en algunas partes por su restablecimiento, confirman esta verdad"[147].

---

147 Botero Saldarriaga, R. *El Libertador-Presidente. El Intruso.* República de Nueva Granada. Biblioteca de Historia Nacional. Ed. Nelly, Bogotá, p. 35.

Nótese que los firmantes en sus argumentos, se remontan a 1810 e incluyen a Venezuela como antecedente en la propuesta federal, este no es un detalle menor, sobre todo porque entre los suscritos se encuentran los generales Carlos Soublette y Francisco de Paula Santander.

Se deja claro en esta representación sus diferencias puntuales con la constitución boliviana. No obstante, el *Libertador* hizo caso omiso a esta comunicación y prosiguió en sus propósitos, sólo que ahora apuntó a la convención de Ocaña a cuyos fines insistió con su propuesta ideológica. Previamente Bolívar dará algunos pasos significativos que marcarán el rumbo de aquella reunión. Le escribe a Arboleda el 24 de agosto de 1827: "Yo lo digo altamente: la república se pierde, o se me confiere una inmensa autoridad. Yo no confío en los traidores de Bogotá ni en los del Sur [...] La gran convención no se reunirá jamás si yo no destruyo antes a los facciosos [...] Declaro a Vd. mi amigo, que no me apartaré de la fuerza armada ni media hora, porque apenas hay seguridad fuera del campo de mi ejército. También declaro que no iré a Bogotá sino con él, y que si el congreso no me exime del juramento, o lo recibe por una comisión se lo daré a los pueblos que ya empiezan a eximirse de él [...]"[148].

Con esta carta a Arboleda ya se prefigura el destino incierto de la convención de Ocaña, el *Libertador* no transige en sus propósitos, sino al contrario, los extrema. Por otro lado, ya no se trata sólo de cartas dirigidas a amigos con el objeto de ganar una mayoría en la convención, sino resoluciones ejecutivas como lo fue el decreto que promulgó el 23 de febrero de 1828[149]. Allí se establecen facultades extraordinarias al *Libertador* (incluso en materia judicial) para repeler las supuestas conspiraciones que se rea-

---

[148] Bolívar, Simón: *Obras completas*. Ed. Lex. La Habana. 1950. Tomo II, pp. 671, 672.

[149] Sociedad Bolivariana de Venezuela, *Decretos del Libertador*, Tomo III, pp. 30, 31.

lizaban en todo el territorio. Estas conspiraciones coincidían con una eventual invasión extranjera de los españoles. Tal invasión no se conoció ni existió, era sólo un pretexto para meter en cintura a sectores disidentes, que tomaban partido a favor del federalismo.

Aunque parezca paradójico, las medidas tomadas por el Libertador se le revirtieron, en particular, cuando regresó de Venezuela con un numeroso ejército que sólo respondía a sus órdenes, en fin, no se lo licenciaba sino que se lo aumentaba, todo lo cual suponía una erogación mayor del tesoro ya exhausto por la propia guerra.

De los detalles de la convención de Ocaña ya los historiadores se han encargado. Presentaremos algunas noticias que explican su conclusión. Bolívar había seguido de cerca las votaciones para los representantes a la convención, en virtud de los resultados adversos, como el caso de Cundinamarca. Retoma la vía epistolar para algunos de sus adherentes. Envía carta al general Wilson el 07 de febrero de 1828: "La influencia de la civilización produce una indigestión en nuestros espíritus, que no tienen bastante fuerza para masticar el alimento nutritivo de la libertad. Lo mismo que debiera salvarnos nos hará sucumbir. Las doctrinas más puras y más perfectas son las que envenenan nuestra existencia. La gran convención de Colombia dará testimonios nuevos de esta desgraciada y demasiado cierta opinión: allí el espíritu de partido dictará intereses y no leyes; allí triunfará, en fin, la demagogia de la canalla [...] Mientras tanto, yo no estoy dispuesto a dejarme hundir y sepultar mi gloria entre las ruinas de Colombia"[150].

En ese mismo tenor se comunica con O'Leary[151], Montilla[152], y Briceño Méndez[153], el 24 de enero de 1828. A este último le

---

150 Bolívar, Simón: *ibíd*, tomo II, p. 770.
151 *Ibíd*, p. 798.
152 *Ibíd*, p. 799.
153 *Ibíd*, p. 801.

escribe una carta seriamente amenazante, que prefigura lo que vendrá luego: "Dígale Vd., a los federales que no cuenten con patria si triunfan, pues el ejército y el pueblo están resueltos a oponerse abiertamente. La sanción nacional está en reserva para impedir lo que no gusta al pueblo. Aquí no hay exageración y creo que los buenos deben retirarse antes que firmar semejante acta [...]".

Se refería al acta aprobatoria de la mayoría de la convención de Ocaña, los adherentes del *Libertador* cumplieron cabalmente lo dispuesto en esa carta. La justificación para el retiro de ese evento estuvo precedida por la presentación de Vicente Azuero, de un proyecto de reforma constitucional, el cual fue aprobado en primera discusión. En la medida en que avanzaba la convención, el *Libertador* espera a que lo convoquen para emitir sus opiniones sobre tan importante materia. La moción para convocar a Bolívar la presentan Castillo y Rada y otros, pero fue negada por la inmensa mayoría. Con la misma intención este último presenta un proyecto constitucional distinto al de Azuero, en cuyo contenido estaban los preceptos de la corriente bolivariana, también fue negada por la mayoría. Al mismo tiempo iba creciendo la tendencia santanderista, con el apoyo del sector neutral y la aprobación de los artículos del proyecto constitucional propuesto por Azuero. Como resultado de estos hechos, el sector bolivariano decide marcharse y romper el quórum de asistencia que requería la convención para poder deliberar.

La convención de Ocaña significó una derrota para el *Libertador*, no obstante su suspensión por falta de quórum: quedó en evidencia que se había constituido otra mayoría en la Nueva Granada representada por Santander; a la par ello facilitó las intenciones separatistas en Venezuela y en Ecuador. Esto es, el hecho de que Bolívar no tuviera la mayoría de otrora, significó la decisión de autonomía de diversos líderes de la Gran Colombia.

Las consecuencias que trajo Ocaña fueron decisivas para la nación. La más resaltante fue la anulación de hecho de la constitución de 1821. Anulación que no fue producto de ningún acto constituyente o derogación o sustitución, sino el resultado de reglamentos y decretos del *Libertador*-presidente, que en la práctica la abrogaron. En este sentido se produjeron las actas que él solicitaba a las comunidades, firmadas en los cuerpos de guardia, en las comandancias militares y en las oficinas públicas, en donde se pedía la dictadura de Bolívar; en el mismo tono y con el mismo pretexto se hablaba de invasiones españolas, todo ello con el objeto de justificar el gobierno de excepción que él aplicó en 1828.

La dictadura comienza en junio con la llegada de las primeras actas y se formaliza el 23 de agosto de 1828, en ese decreto se suprime la vicepresidencia de la república, la cual ejercía Santander y que era un mandato del órgano representativo de la nación, además de esta circunstancia de suyo grave, hay otras contentivas en el decreto, que produjeron en la población un rechazo total.

Adicionalmente, el *Libertador* suspendió el 17 de noviembre de 1828 las funciones de los concejos municipales, con lo que se dejaba a los ciudadanos sin ninguna representación popular en los gobiernos locales. Así se fue deteriorando la imagen del *Libertador* en el corto ejercicio de su dictadura.

Otro aspecto que formó parte de la diatriba política de entonces fue el supuesto apego monárquico de Bolívar; esbocemos unas pocas palabras sobre este asunto. Podemos dividirlo en tres momentos: inicialmente envía comunicaciones a representantes de su gobierno solidarizándose con formas monárquicas, un segundo instante dirige otras cartas negando tal pretensión y finalmente, se opone a sus ministros por sus tendencias monárquicas. Este procedimiento tal y como se presento, produjo una oposición mayor contra Bolívar, cuando trató de detenerlo se encontraba en las puertas del congreso admirable, convocado por él mismo en el decreto de agosto en donde asumía la dictadura.

El intercambio de cartas relacionadas con la monarquía comienza en abril de 1829 y culmina en diciembre de ese mismo año. Dos sucesos de gran trascendencia se producirán como efecto de esa situación. El primero fue la decisión de Páez, Soublette y Peña, motivada por las comunicaciones enviadas por Urdaneta sobre una eventual monarquía en Colombia; este hecho produjo una reunión el 17 de noviembre de 1829, cuyo propósito fue la separación con Colombia, debido, principalmente, a los planes monárquicos que adelantaba el consejo de ministros colombiano. El segundo suceso se produce a través de un oficio que remite el *Libertador* a su consejo de ministros, de fecha 22 de noviembre de 1829, en donde se les ordena detener las negociaciones con Inglaterra y Francia, sobre eventuales planes monárquicos, al tiempo que se propone que sea el congreso admirable (convocado para enero de 1830), quien decida acerca de las formas de gobierno. Esta situación ocasionó la renuncia en pleno de los ministros. Con esta tempestad política se entra a las puertas del congreso admirable de 1830.

En la instalación del congreso, Bolívar presenta su mensaje a esa reunión. Como todos sus discursos, éste no era distinto: perfectamente hilvanado y lleno de lirismo. No obstante, creía poder contar con el apoyo de los mismos notables que siempre lo respaldaron, más sucedió lo contrario. Estos hombres apresurados por los errores de la dictadura, pretendieron rectificar y así lo hicieron, cuando propusieron dividir a Colombia la grande, así como negarle la candidatura presidencial al *Libertador*. Además éste cometió un error grande, al acusar a otros de propósitos monárquicos cuando fue su propio gabinete quien adelantó esas gestiones.

Ante esta situación el congreso elabora una constitución, entre cuyos artículos aparece de nuevo la autonomía de los municipios, hecho que iba en contramarcha con los propósitos del *Libertador*, quien los había eliminado en noviembre de 1828.

Cuando se acepta la moción de Bolívar de conversar con Páez, para rescatar en lo posible a la Gran Colombia y se designa a Sucre para estas conversaciones, se produce un altercado entre éste y los generales Castillo y Rada, Urdaneta y Vergara. Sucre los acusaba de planes monárquicos y de estimular la separación de Venezuela. Este incidente era contra los subalternos de Bolívar, pero de todas formas lo afectaba a él por su acción u omisión en estos asuntos.

Es en ese transcurrir, cuando Bolívar designa como presidente encargado a Domingo Caicedo, éste decreta el 6 de abril la derogación de las disposiciones dictatoriales que aquél había impuesto.

No obstante, algunos representantes presentaron el nombre de Bolívar para la presidencia de la república, la cual obtuvo gran rechazo entre los congresistas. A ello debe añadírsele la posición del gobierno de Venezuela, que le manifestó al de Bogotá, que un arreglo pacífico entre los dos estados establecía la salida de Bolívar de su territorio. Este fue el puntillazo definitivo para sus aspiraciones presidenciales. Esto hizo que el 27 de abril de 1830, Bolívar presentara su último mensaje al congreso y a la vez renunciara a la candidatura presidencial. El 5 de mayo fue aprobada la nueva constitución de Colombia y con ella terminó el ciclo gobernante del *Libertador*.

Podríamos sintetizar los obstáculos presentados a su eventual reelección: a) La constitución de Bolivia, la cual marcó desde 1826, todo su accionar político en la Gran Colombia. b) El crecimiento excesivo de las guarniciones militares, cuyo sostenimiento era muy pesado a los pocos recursos del tesoro de la república. c) La dictadura de 1828-1830. d) El restablecimiento de la monarquía, a pesar de las diversas opiniones que él manifestó en este asunto. e) La separación de Venezuela de Colombia, donde los dirigentes de esta última lo acusaban de excesiva aquiescencia con Páez.

Ahora bien, con el objeto de enlazar este aparte con el anterior, es decir, de completar el discurso teórico-político del *Libertador*, que se encuentra en sus textos principales y los desarrollos prácticos de su política, debemos concluir en lo siguiente: Bolívar no hizo nada para separar los propósitos de la constitución de Bolivia con el ejercicio ejecutivo en Colombia desde 1828 a 1830. Se encuentra allí un plan que tiene un hilo conductor, que a la vez produjo los obstáculos que ya narramos. La dictadura de Bolívar puede analizarse desde distintos ángulos, pero de lo que no hay ninguna duda, es que ella no hubiera sido posible si el *Libertador* no estuviera ideológicamente inclinado a realizarla.

Dicho lo anterior, si nosotros examinamos su política como un hecho estrictamente moral, esto es, como bondad o maldad de sus acciones, entonces no vamos a entender absolutamente nada de sus propuestas políticas y las consecuencias que ellas concitaron. No fue una lucha entre buenos y malos lo que hubo en la Gran Colombia, en definitiva, fue la confrontación de ideas entre el centralismo y el federalismo, cuyos fundamentos fueron esbozados a profundidad por los actores de aquellos episodios.

La desesperación con la que Bolívar veía a Colombia, con su anarquía y desorden, no lo hizo pensar en que la república sólo tenía nueva años, 1821 a 1830. Y que la consolidación de esas estructuras políticas necesitaba de un ejercicio pleno, para que las mismas fueran perfeccionándose. Él optó por un centralismo exacerbado, anulando con ello el desarrollo de las instituciones de la república. No permitió, incluso, anuló el ejercicio de las municipalidades, las cuales fueron el gran acicate para el desarrollo democrático en los inicios republicanos y fueron además, la fuerza deliberativa que acabó con la colonia española.

Todo esto hace que en su último mensaje al congreso de Colombia exprese una frase patética: "Me ruborizo al decirlo: la independencia es el único bien que hemos adquirido a costa de los demás"[154].

La lucha política que emprendió Bolívar lo llevó a comprender, aunque fuese tardíamente, que entre republicanos era posible llegar a acuerdos para los mayores beneficios de Colombia; así le manifestó a Urdaneta el 16 de noviembre de 1830: "Voy a escribir de nuevo sobre esto, rogándole a Vd., de paso, que tampoco desoiga mis avisos en esta parte y que mejor es una buena composición que mil pleitos ganados: yo lo he visto palpablemente, como dicen: el no habernos compuesto con Santander nos ha perdido a todos"[155]. Lección definitiva que no entendieron los líderes subsiguientes de la República de Venezuela.

Volvamos a Miranda y Bolívar. Como en el aparte I establecimos una comparación de sus proyectos políticos, ahora nos detendremos en los criterios que ellos manifestaron sobre la dictadura. Debemos salirle al paso a la opinión de algunos autores que asimilan la dictadura del *Libertador* (1828-1830), con la de Miranda en 1812 (desde abril a julio de ese año). Semejante comparación aparte de carecer de fundamentos, omite lo más importante, como lo es conocer lo que ellos pensaban sobre esa forma de gobierno.

Comencemos por Miranda. Como ya sabemos el 23 de abril de 1812, el secretario de guerra José de Sata y Bussy le informa que el poder ejecutivo lo ha designado como general en jefe de la confederación de Venezuela, sin sujeción a ninguna ley o reglamento, excepto la ley suprema de salvar a la patria. En el momento que recibe la noticia, le comenta al cirujano de su ejército, Dr. José Manuel Vega: "Se me encarga presidir los funerales de Venezuela, pero yo no puedo negar a la patria mis servicios en

---

154 *Ibíd*, tomo III, p. 817.
155 *Ibíd*, p. 511.

las calamitosas circunstancias en que la han colocado los hombres y los elementos"[156].

Esta frase de Miranda es suficiente para comprender que la dictadura es una circunstancia que él se veía forzado a asumir por una vía estrictamente excepcional. No aparece en ningún escrito de Miranda ninguna salutación a los regímenes *de facto*, todo su discurso teórico y práctico es contra cualquier forma de despotismo, como ya ha sido analizado en anteriores capítulos.

Con Bolívar sucede lo contrario, desde sus escritos iniciales en el *Manifiesto de Cartagena*, cuestiona las formas federales en tanto vehículo para la participación de los ciudadanos, manifiesta que éstos no tienen las virtudes necesarias para autogobernarse, en este sentido fundamenta su criterio opuesto a la democracia, señalando desde ya formas de gobierno centrales, que luego se harán más extremas. Discursos similares plantea en la *Carta de Jamaica* y el *Discurso de Angostura*, culminando en la constitución de Bolivia, en donde ya sin cortapisas propone la presidencia vitalicia con superpoderes, allí las elecciones son prácticamente un adorno. Como si esto no fuera suficiente, a partir de 1828 produce decretos más severos en concordancia con el poder unipersonal de que se había impuesto. La dictadura en Bolívar no fue una excrecencia, ni un proceso ocasional de su pensamiento, fue parte constitutiva de su discurso teórico-práctico. Más aún, los decretos que promulga el Libertador en la época de la dictadura, están sustentados en la concepción tradicional de esa forma de gobierno, según la cual hay que hacer desaparecer la anarquía, el desorden y a los conspiradores y demagogos.

Para finalizar, presentaremos un esquema con la pretensión de resumir la comparación entre estos dos próceres de la independencia.

---

156 Becerra, Ricardo, tomo II, p. 280.

Miranda	Bolívar
liberalismo:	
Sí, libertad racional que según él se establece por un apoyo mutuo entre las personas y las instituciones.	No, hasta que el pueblo se provea de la educación para la libertad.
centralismo:	
No, sólo en momentos extraordinarios de guerra o de calamidad social. Su propuesta combina poder central y federal.	Sí, es el sistema acorde con la cultura de la América española.
federalismo:	
Sí, sistema federal de representación piramidal, municipio, provincia, poder ejecutivo.	No, la América española no está educada para ese sistema.
monarquía:	
No; aunque su primera constitución de 1790 la establece, todas las demás: 1801, 1808, más las proclamas, son antimonárquicas.	Sí y no; se expresó de las dos maneras, aunque fue más explícito en su rechazo.
democracia:	
Sí, fue propulsor de la democracia directa de los cabildos y de un modelo de representación en todos los niveles del estado.	Sí, pero limitada para algunos cargos del estado, pero insistió en poderes vitalicios como los del senado y la presidencia de la república.
municipio:	
Sí, autonomía total a los municipios y elección directa para sus representantes.	Sí, pero hasta que adquieran los concejales capacidad para poder desempeñar los cargos.

dictadura:	
No, sólo podría admitirse en un estado de excepción como la guerra.	Sí, para algunos cargos; por ejemplo, la constitución de Bolivia proponía la presidencia vitalicia, que era la dictadura del poder ejecutivo.

CUARTA PARTE:
EL FINAL EN LA GUAIRA

I. CUESTIONES PREVIAS

La idea principal que formulamos es analizar la prisión de Miranda junto con la caída de la primera república; no son dos procesos distintos como se ha querido hacer ver. Basta señalar que a partir de 1813 se plantea un cambio sustantivo en la concepción de la república por los patriotas que vencen en la campaña admirable, con Bolívar a la cabeza. Por lo pronto debe servirnos esta afirmación para orientar nuestras reflexiones.

Entremos en materia: como se sabe, es voluminosa la bibliografía que trata acerca de la prisión de Miranda, ante lo cual nos hemos propuesto la siguiente metodología. Una primera parte de este capítulo será atendida con el objeto de disipar dudas y aclarar el punto en cuestión; esto es, desecharemos hipótesis que se han venido repitiendo en diversos estudios sin el apoyo documental necesario. Para ello nos hemos valido de dos textos fundamentales, en cuanto a que dan una visión bastante completa de las diversas versiones hasta ahora conocidas; nos referimos a un texto de Vicente Lecuna[157] y a otro de Gabriel Muñoz[158]. El pri-

---

[157] Lecuna, Vicente: *Catálogo de errores y calumnias en la historia de Bolívar*, tres tomos; ver tomo I, pp. 215 a 270.

[158] Muñoz E., Gabriel: *Monteverde: cuatro años de historia patria.* Dos tomos, ver tomo I, pp. 174 a 303.

mero intenta refutar todos los supuestos que involucran a Bolívar en la prisión de Miranda. Para ser más exactos, pretende justificar toda la acción del *Libertador* en estos sucesos; en todo caso, es un trabajo sumamente útil por cuanto aporta y refuta distintas versiones sobre el hecho que comentamos.

Otro trabajo es el de Muñoz, más completo que el de Lecuna, porque añade nuevos elementos y da una perspectiva completa de los acontecimientos. Estos dos trabajos nos serán útiles para aclarar algunas situaciones que aún permanecen oscuras.

Otro momento del discurso que vamos a desarrollar, atiende a los siguientes temas. Gil Fortoul dice con relación a la prisión de Miranda: "Los historiadores nacionales, acordes en su narración, como que todos repiten sin añadir nada esencial a la del coronel José Austria"[159]. Esta aseveración debe referirse, exclusivamente, a la descripción de la aprehensión de Miranda por los patriotas; aún así es inconsistente, por cuanto aquella narración descarta las causales del hecho, sus motivaciones, que por lo demás, siempre aparecen vagas e incoherentes.

Una de las claves para responder a esta complicada materia de la prisión de Miranda, nos la ofrece Carlos Pi Sunyer en su hermoso libro *Patriotas americanos en Londres*. Aquí nos plantea la necesidad de añadir al archivo de Miranda, un nuevo tomo que sería el XXV. Este nuevo texto sería complementario de los anteriores y se justificaría por la cantidad de papeles que mencionan a Miranda y se encuentran en diversos archivos[160]. En este sentido, le hemos tomado la palabra a Pi Sunyer[161] y nos hemos pues-

---

159 Autor de los libros que refieren a la entrega de Miranda en La Guaira: Historia militar de Venezuela y Defensa documentada de Manuel María de las Casas.

160 Pi Sunyer, Carlos: *Patriotas americanos en Londres*. Monte Ávila Editores, 1978, pp. 33 a 37.

161 *Ibíd.*, " Todos los documentos que habrían de figurar en este tomo del archivo están debidamente localizados en los archivos en que se guardan

to en muchos de esos documentos con el objetivo de realizar este capítulo, contribuyendo así, aunque sea en parte, a la realización del tomo XXV, capítulo prisión de Miranda en La Guaira.

Finalmente, con el objeto de aclarar definitivamente este asunto, procedimos de la siguiente manera: enlazamos el tomo XXIV del archivo de Miranda, que como sabemos, son correspondencias de 1811 a 1816, con los papeles del *Archivo General de las Indias*, Public Record Office y Foreign Office, hasta ahora inéditos, más otros documentos de la época, que nos aclaran totalmente el tema que nos ocupa.

II. PREMISAS FALSAS EN LA RELACIÓN MIRANDA Y BOLÍVAR

Después que se produjo el trágico suceso que llevó a Miranda a prisión en La Guaira, comenzaron a realizarse afirmaciones que no estaban sustentadas en la realidad. Estas afirmaciones pretendían lavar las culpas de los involucrados en la prisión de Miranda. Motivo por el cual este asunto ha intentado enredarse por gente interesada en explicar lo inexplicable.

Así las cosas, Vicente Lecuna, en el texto anteriormente citado, afirma que cuando Miranda fue nombrado *Generalísimo*, puso varias condiciones, una de ellas contra Bolívar "destinado a reforzar la expedición a Valencia, fuese separado del servicio con algún pretexto, por no convenir su presencia en el ejército, porque señor –dijo el general–, éste es un joven peligroso"[162].

Esta aseveración la habría escrito Cristóbal Mendoza y sería una prueba de que Miranda recelaba de Bolívar. Lo curioso de esta información de Mendoza, y que obviamente Lecuna no señala, es que en ese mismo escrito, un poco más adelante, se expre-

---

[...] La Academia Nacional de la Historia posee el microfilm o la copia de casi todos ellos", p. 37.
162 Lecuna, V. *Ibíd.*, p. 215.

san unas consideraciones que refutan el sentido que se le querían dar a esas primeras líneas: "[...] y propuso la alternativa de revocar dicha orden [o sea, Miranda acepta llevarlo a Valencia] y Bolívar cooperó en su clase a la campaña de Valencia, hasta que rendida la plaza el 12 de agosto de 1811, *lo envió Miranda con el parte, que dio al ejecutivo, a cuyas puertas llegó a desmontarse al amanecer del día 15*"[163].

Veamos: Miranda acusaba a Bolívar de ser un joven peligroso, motivo por el cual proponía que fuese sacado de la expedición de Valencia a enfrentar a los realistas, expedición con la cual Miranda se inauguraba como jefe de los ejércitos patriotas, pero Miranda cambia de opinión (no se explica por qué) y lo incorpora al ejército; y, además, una vez obtenido el éxito en esa jornada, lo nombra para que dé el parte al ejecutivo. Poco menos que absurdo: en el primer combate en que se estrenan juntos Miranda y Bolívar, aquél autoriza al joven peligroso para que le informe al ejecutivo acerca de la campaña del general Miranda. ¡Cómo les parece! Ni una sola palabra dijeron sobre ese eventual conflicto Mariano Montilla y Francisco Salias, acompañantes también de Bolívar para informar al ejecutivo. Cosas por el estilo se inventaron con el objeto de explicar, posteriormente a los sucesos de La Guaira, de una supuesta ojeriza que el general tenía hacia el joven Bolívar. Pero para terminar este punto, examinemos lo que escribe el propio Miranda acerca de esa batalla de Valencia: "El coronel don Simón Bolívar, el cual en unión con sus compañeros se ha distinguido en las varias funciones que le fueron encargadas en estas patrióticas labores, como también mi edecán don Francisco Salias, que después de una rígida prisión ha vuelto a su patria, informarán a V.E. de otras particulares que la premura del tiempo no me permiten por ahora mencionar"[164].

---

163 Blanco, José F. y Azpúrua, R: *Documentos para la historia de la vida pública del Libertador*, 1978. Tomo 11, p. 562.

164 *Gaceta de Caracas*, tomo III, 09/07/1811 a 01/04/1813, N° 365, viernes 16/08/1811.

Se advierte claramente que la versión de Mendoza, refrendada por Lecuna, se diluye totalmente ante este parte oficial que tramita Miranda ante el ejecutivo federal, según el cual se tiene en alta estima al futuro *Libertador*.

III. LA FALSIFICACIÓN DE LA PÉRDIDA DE PUERTO CABELLO

Con la misma orientación de torcer los hechos, se ha procedido a inventar *razones* acerca de lo acaecido en Puerto Cabello bajo la comandancia político-militar de Bolívar a partir del 4 de mayo de 1812.

El doctor Lecuna, a quien le hemos seguido los pasos por ser garante y custodia del pensamiento del *Libertador*, dice lo siguiente: "Las causas de la traición de Puerto Cabello fueron los bríos adquiridos por los realistas a consecuencia de la inacción de Miranda". Continúa más adelante, "La pérdida de Puerto Cabello aunque harto sensible para la causa independiente, no era un acontecimiento decisivo [...]"[165].

Fíjense como son las cosas: Miranda es el culpable de la pérdida de Puerto Cabello; pero además, dicha pérdida no fue importante para la causa independiente. No se necesita adivinar para saber a quién quiere defender el doctor Lecuna.

Permítasenos esta digresión: a decir verdad todos los historiadores venezolanos han escrito como el doctor Lecuna, sólo hay diferencias de modos, la excepciones son tan pocas que no vale la pena precisarlas.

Volvamos a Puerto Cabello: el primer señalamiento acerca de la responsabilidad de Miranda por la caída de esta plaza, es realmente insostenible y la pasamos por alto; sin embargo, sí nos in-

---

165 Lecuna, V., *Ibíd.*, pp. 221 y 238.

teresa precisar la relevancia que tuvo este puerto para todo lo que sobrevino, como fue la capitulación y la prisión de Miranda.

El doctor Lecuna yerra en su afirmación, por cuanto podríamos resumir la importancia de Puerto Cabello en los siguientes términos: era uno de los puertos por donde la república recibía abastecimiento del extranjero; era un depósito de víveres y municiones; desde ese puerto se establecían operaciones defensivas y ofensivas; funcionaba también como prisión del estado, donde se encontraban los principales presos de pasadas conspiraciones. Además, tenía una posición militar insustituible, por cuanto Monteverde se encontraba aprisionado por Miranda en La Victoria y Bolívar en Puerto Cabello[166]. Tan cierto es esto último que Miranda le escribe a Bolívar el 21 de mayo de 1812: "[...] Habiendo nosotros adquirido algunas ventajas sobre el enemigo en Guigue y en el portachuelo de Guayca, sabemos que se reconcentra en Valencia: esto debe animar a Vd. para no abandonar sus posiciones hacia Nirgua; y como es muy natural que cuando nosotros lo desalojemos de dicha ciudad de Valencia, quiera practicar su retirada por el camino de Nirgua, que es el más corto, sería muy conveniente que Vd. formase un campo volante, que estuviera pronto a caer sobre el enemigo en su retirada.

"No olvidemos el ir remitiendo a Vd. los víveres que necesita; y marchan ya cincuenta hombres para refuerzos de esa plaza [...]"[167].

Esta carta de Miranda desmiente desde dos ángulos las falacias que arriba comentamos del doctor Lecuna. En primer lugar, Miranda tiene a Puerto Cabello como la base de operaciones desde la cual se le asestará el golpe definitivo a Monteverde tras su eventual huida; y, en segundo lugar, es a Bolívar, a quien le es-

---

166 Véanse: Parra Pérez, C. *Historia de la primera república*, Biblioteca Ayacucho, pp. 487, 488; y Muñoz, G. *op. cit.*, p. 148.
167 AGM. Tomo XXIV, P. 437.

cribe explícitamente como responsable para rematar la lucha contra el realista.

Dos preguntas necesarias: ¿De dónde se saca que el *Precursor* no tenía en estima al Libertador? ¿Por qué se inventa que la plaza de Puerto Cabello no era importante y que además se subestimaba a Bolívar teniéndolo allí?

Resulta claro que se trata de una patraña argumental, cuyo objeto es malponer a estos próceres para así justificar la entrega de Miranda que se produjo posteriormente.

Pero si lo dicho anteriormente fuese insuficiente, veamos lo que piensa el propio Bolívar sobre la caída de Puerto Cabello que, por supuesto, también desmiente al doctor Lecuna.

El *Libertador* le dirige a Miranda varias cartas, y éste le responde el 5 de julio de 1812:

"Mi querido Bolívar:

"Por un oficio del primero del corriente me he impuesto del extraordinario suceso ocurrido en el castillo San Felipe. Esto hace conocer a los hombres [...]"[168].

Como bien dice el marqués de Rojas[169], es una afectuosa carta que expresa una amarga queja. "Esto hace conocer a los hombres".

Resumamos lo que responde el *Libertador* y la situación en que se encontraba, 12 de julio de 1812:

"Mi general:

"Después de haber agotado todas mis fuerzas físicas y morales, ¿con qué valor me atreveré a tomar la pluma para escribir a Ud. habiéndose perdido en mis manos la plaza de Puerto Cabello?".

---

168 *Ibíd.*, p. 457.
169 Marqués de Rojas: *El general Miranda*, p. XLI.

Continúa con un recuento de su abatimiento personal por la pérdida de esta plaza y añade: "Yo hice mi deber, mi general; y si un soldado me hubiese quedado, con ese habría combatido al enemigo. Si me abandonaron no fue por mi culpa. Nada me quedó que hacer para contenerlos, y comprometerlos a que salvasen la patria; *pero, ¡ah! ¡ésta se ha perdido en mis manos!*"

Con esa misma fecha le escribe: "Después de haber perdido la mejor plaza del estado, ¿cómo no he de estar alocado, mi general?

"¡Dé gracia, no me obligue Ud. a verle la cara!"[170].

Este intercambio de misivas deja claro algunas cosas:

1. Puerto Cabello era demasiado importante para la república y así lo reconoce el Libertador cuando exclama: "¡ésta se ha perdido en mis manos!". Lo que esfuma cualquier opinión en contrario.

2. Bolívar sintió gran responsabilidad por este hecho, al extremo de realizar un mea culpa que no vimos en él en acontecimientos posteriores. Sin embargo, se le debe objetar que este hecho tan significativo para la patria, no haya sido enunciado en el Manifiesto de Cartagena, que como sabemos fue un balance de la pérdida de la primera república.

3. La respuesta de Miranda: "Esto hace conocer a los hombres", muestra, por lo menos, un desaliento hacia el joven militar, que hasta entonces fue uno de sus preferidos. Se debe adicionar que tampoco hubo entrevistas entre ellos como se esperaba; entrevista necesaria para aclarar puntos sobre los hechos de Puerto Cabello[171].

Antes de culminar este punto, debemos referir un hecho sumamente relevante y poco tratado en la historia nacional. Y es

---

170 AGM. Tomo XXIV, pp. 415 a 417.
171 Muñoz, G. *op. cit,* pp. 191, 192.

que los principales jefes de los sucesos de Puerto Cabello: Mires, Aymerich, Carabaño y Montilla, participaron en la detención de Miranda en La Guaira. Este detalle lo veremos más adelante.

IV. ¿QUÉ FUE ESO DE LA CAPITULACIÓN?

Ha sido un lugar común en la historia patria responsabilizar sólo a Miranda de la capitulación que se realizó con el gobierno realista y cuya finalización se concreta el 25 de julio de 1812.

Este lugar común pretende atenuar, incluso justificar, lo que sucedió inmediatamente después con la prisión de Miranda efectuada por sus propios compañeros de armas.

El razonamiento sería éste: La capitulación ha sido una afrenta para los patriotas, Miranda capituló, luego el *Generalísimo* tiene que pagar por esa afrenta. Y así se creó una falacia histórica que les dejó el alma tranquila a los patriotas que participaron en ese hecho oprobioso y que tuvieron la fortuna del triunfo posterior, lo cual hizo que la capitulación se falsificara a través de historiadores apologéticos de esos sucesos.

No obstante, a pesar de lo comentado, los hechos se sucedieron de una manera totalmente distinta.

En primer lugar, la capitulación fue aprobada y promovida por el poder ejecutivo federal conjuntamente con Miranda. Repárese en que no es un asunto formal o de estilo. Si la capitulación no es un hecho individual sino colectivo e institucional, pues bien, todos son responsables de las consecuencias. En síntesis son responsables Francisco Espejo, Juan Germán Roscio, Francisco Coto Paúl, José Sata y Bussy, Antonio Fernández de León y Francisco de Miranda, todos quienes refrendaron en La Victoria un armisticio, que culminaría en la capitulación[172] (ver apéndice).

---

172 AGM. *Ibíd.,* pp. 509, 510.

En esta reunión estuvieron los jefes del poder ejecutivo federal, representantes del congreso, del poder judicial, el responsable de las rentas y el mayor general del ejército; en fin, lo más representativo del gobierno republicano.

¡Ah, pero qué curiosidad!, si todos eran responsables, todos debieron haber sido capturados por los insubordinados de La Guaira. Desde luego, eso no sucedió porque otra era la motivación. Por eso se vendió el argumento de la responsabilidad única de Miranda, que sirvió como justificación falaz de aquel hecho atroz.

Prosigamos. La capitulación comentada entre el gobierno republicano y Monteverde, no fue, como vimos, un asunto secreto. Tan es así que un historiador realista, cuya obra se publica en 1820, lo relata de esta manera: "[...] reunió Miranda a los doctores Roscio y Espejo, miembros del gobierno llamado federal y de común acuerdo dictaron el siguiente oficio, que por medio de un parlamentario se remitió el día 13 de julio a don Domingo Monteverde"[173].

Queda dicho que si la capitulación era conocida por los realistas de entonces, ¿cómo es que no la conocieron los patriotas?

Al marqués de Rojas le toca el mérito de haber publicado los documentos de ese período; él comenta: "Causa extrañeza que un documento de tanta trascendencia haya sido ignorado hasta hoy en que aparece publicado por primera vez"[174].

Se refiere el marqués a lo antes dicho de la aprobación de la capitulación conjuntamente por el poder ejecutivo federal y Miranda, de lo cual hemos abundado suficientemente. Sólo una pregunta nada inocente: ¿Por qué no se informó lo acordado en esa

---

173 Urquinaona, Pedro: *Relación documentada del origen y progreso del trastorno de las provincias de Venezuela.* 1820 p. 117.

174 Marqués de Rojas: Ibíd., p. XLII.

reunión, incluso, posteriormente? Ello lo responderemos más adelante.

Cuando hubo terminado el ciclo de reuniones entre los representantes patriotas y realistas, cuyo objetivo era definir las estipulaciones que sustentaban la capitulación, el marqués Casa de León le presenta a Miranda lo acordado el 24 de julio de 1812. El *Generalísimo* acepta las propuestas que le trae aquél y dice:

> "[...] he creído, consultando sólo al poder ejecutivo federal, por no haber tiempo para hacerlo con el pueblo de Caracas, que debía ratificarlas, atentas las presentes circunstancias; *y para el arreglo y forma de la entrega de los diferentes puntos, y todo lo demás concerniente al cumplimiento y ejecución de lo estipulado, nombro al sargento mayor José de Sata y Busy, autorizándolo con todos los poderes necesarios al efecto, a fin de que termine esta negociación, a satisfacción de ambas partes,* y para la perpetua felicidad y tranquilidad de los pueblos que tienen parte en esta estipulación.
>
> "25 de julio de 1812"[175].

Todo lo cual demuestra, indubitablemente, que las estipulaciones y el contenido de la capitulación también fueron consultadas con el poder ejecutivo federal; y que se delegan en Sata y Bussy los detalles de la capitulación que él realizó, también en fecha 25 de julio de 1812[176]. Más aún, ansioso por conocer los resultados de Sata, Miranda le escribe: "[...] pero que esté seguro de que los artículos de la estipulación serán exactamente cumplidos. *Ya se ha dado conocimiento de ello a las autoridades de esta ciudad y su conformidad con las negociaciones queda sancionada*, y sólo aguardamos vuestra respuesta para dar la publicidad que es indispensable"[177].

---

175 AGM. *Ibíd.*, p. 524.
176 *Ibíd.*, pp. 528 a 530.
177 *Ibíd.*, pp. 526, 527.

De modo que el poder ejecutivo de Caracas también aprobó la capitulación, cuyos pormenores fueron conformados por Sata como delegado de Miranda.

Brevemente: Son avaladas por el poder ejecutivo federal, la primera reunión que se realiza en La Victoria el 12 de julio de 1812, en la cual se autoriza a Miranda a comenzar las tratativas de la capitulación. También es confirmada la comunicación enviada a Monteverde el 25 de julio de 1812, mediante la cual se aceptan sus propuestas para el finiquito del convenio. Y, finalmente, el poder ejecutivo provincial de Caracas igualmente aprueba la capitulación, como se ve en la última cita comentada. Esto es lo que dicen los documentos y esto fue lo que silenciaron los patriotas que apresaron a Miranda.

Con el objeto de culminar este punto, es relevante mencionar un asunto que también ha sido tergiversado. Y es el que señala que "la capitulación no garantizaba la salida de los patriotas". Pues bien, esto no es cierto. Lo estipulado con Monteverde y señalado en el acta de capitulación establecía: derecho a la inmunidad de vida y bienes; derecho a la libertad para salir del territorio con sus respectivos pasaportes, estos derechos eran extensivos a los desertores que habían pasado del ejército realista al republicano[178]. Así, la situación que se les presenta a los patriotas cuando se les prohíbe la salida por La Guaira es por otras razones distintas a la capitulación, las cuales veremos de inmediato.

V. EL EMBARGO EN EL PUERTO DE LA GUAIRA

Lo que ha hecho dificultosa la aclaración de la prisión de Miranda han sido las omisiones, silencios y distorsiones de ese evento. Así tenemos que uno de los autores que más trabajaron el tema, como es el caso del doctor Lecuna, asevera lo siguiente: "El 30 de julio corrieron hacia La Guaira multitud de patriotas

---

178 *Ibíd.*, pp. 516 a 530.

incrédulos de las garantías ofrecidas por Monteverde en la capitulación [...] Los patriotas querían huir al extranjero, pero encontraron el puerto cerrado de orden del general Miranda"[179].

Visto así, pareciera razonable la responsabilidad del *Precursor* en este asunto, pero sucede que hubo un conjunto de cartas enviadas a las autoridades competentes del puerto de La Guaira que el doctor Lecuna no mencionó. Con fecha 26 de junio de 1812, Soublette envía, por órdenes de Miranda, comunicación al jefe militar del puerto de La Guaira, coronel Manuel María de las Casas. "El general me manda te escriba previniéndote que inmediatamente cierres ese puerto, y no permitas que ninguna embarcación salga, *sino las que fuesen empleadas en nuestro servicio*"[180].

Tres precisiones antes de continuar: 1) esta comunicación tenía por objeto el aprovisionamiento de mercancías, la concentración de barcos en esa rada y el resguardo del puerto; 2) no obstante, como subrayamos, es un cierre condicionado a las embarcaciones, excepto aquellas que fuesen empleadas en nuestro servicio; 3) se producen otras comunicaciones en el momento y después de la capitulación, que aclaran definitivamente lo del cierre del puerto.

La primera se realiza el 12 de julio de 1812, en la cual Soublette, por órdenes de Miranda, le escribe a Casas que "Esta noche marchan 300 hombres en refuerzo de esa plaza, con el encargo de hacer grandes jornadas"[181]. Nótese que en esa misma fecha es cuando se reúnen el poder ejecutivo federal y Miranda, para acordar el armisticio y la subsiguiente capitulación. Obviamente, el refuerzo de La Guaira era con el objeto de realizar una operación posterior que ya había sido pensada por los concordantes.

---

179 Lecuna, V. *Ibíd.*, p. 85.
180 AGM. *Ibíd...*, p. 85.
181 *Ibíd.*, p. 463.

Una segunda comunicación se produce el 14 de julio de 1812, de nuevo Soublette se dirige a Casas: "El general te encarga que tengas el mayor cuidado en que los oficiales que manden nuestros buques estén de buena fe; que a los individuos que estén en prisión por sospechosos, los tengas con la mayor seguridad, que a los vecinos que igualmente sean sospechosos los aprisiones con grillos, los pongas en un pontón y en caso preciso los eches a piques"[182].

Veremos posteriormente cómo esta carta, de manera inconcebible, llegó a manos de Monteverde.

Al mismo tiempo le escribe a Antonio Fernández de León una ilustrativa carta referida a los preparativos en curso: "El estado actual de La Guaira exige imperiosamente la formación de una fuerza marítima. *El comandante de aquella plaza está encargado de armar dos o más buques ligeros negociándolos por cuenta del estado, y de proporcionarse, y aún proporcionar al ejército, la mayor cantidad de víveres posibles.* Esto trae gastos, y el *Generalísimo* me manda os diga que por nuestra parte y del ramo de rentas que está a vuestro cargo, se le asista con toda la prontitud que exija asunto de tanta importancia"[183].

Dentro de la inteligencia de estas comunicaciones, cuyos preparativos ordenaba el propio Miranda, se produce una definitiva misiva de él a Fernández de León, el 16 de julio de 1812. Allí se hace referencia a la carta anterior enviada por intermedio de Soublette, y le explica los preparativos alcanzados hasta el momento: "[...] sobre estos asuntos no tengo que decirle sino que nuestros parlamentarios están tratando con Monteverde. *Hay un armisticio y espero que se extienda al mar y poder con tranquilidad transigir estos asuntos*"[184].

---

182 *Ibíd.*, p. 467.
183 *Ibíd.*, p. 468.
184 *Ibíd.*, p. 469.

Así resultó que en la capitulación no se colocara nada que se opusiese a estos preparativos que realizaba Miranda en La Guaira. Lo que nos obliga a pensar, de conformidad con las cuatro cartas antes revisadas, que el *Precursor* calculaba hacerse fuerte en La Guaira con el objeto de resistir ante cualquier eventualidad no prevista, o embarcarse con parte del ejército y el gobierno federal a Cartagena, lo que no le fue permitido por algunos patriotas.

Inclusive para algunos historiadores recalcitrantes, estas cartas son insuficientes, por cuanto no hay documento que pruebe la suspensión del embargo por parte del *Generalísimo*.

Este es el caso del doctor Lecuna, quien insiste: "[...] a Miranda lo prendieron los patriotas fugitivos por haber encontrado cerrado el puerto y por la indignación que les causaba la injustificada capitulación, esperando los más a emigrar para cualquier parte, los menos acompañar a Bolívar en sus propósitos atrevidos"[185].

Pues bien, malas noticias para los que pretenden enredar este asunto; a continuación podrán ver en los apéndices del 2 al 11, toda la documentación intercambiada entre Haynes, Miranda, Casas y Monteverde, cuyo contenido aclara definitivamente la suspensión del embargo decretada por Miranda, con lo cual se destruye una de las últimas argumentaciones que pretendían responsabilizarlo de lo acaecido en el puerto de La Guaira.

Es importante señalar antes de continuar, que algunos de estos papeles habían sido comentados tanto por Robertson[186] como por Parra Pérez[187] en sus obras, sólo que como no se les conocía en su traducción completa, se los impugnaba por "apócrifos".

---

185 Lecuna, V. *op. cit.,* 245.
186 Robertson, W.S. *Vida de Miranda*.
187 Parra Pérez, C. *Historia de la primera república*.

Mas nos hemos puesto en ellos, cuyas copias se encuentran en el archivo de Parra Pérez y en el de Urdaneta Carrillo, localizados en la Academia Nacional de la Historia. Estos papeles son copias del Public Record Office y del Foreing Office. Tienen la importancia de haber sido publicados por primera vez y de manera completa en estos apéndices.

¿Qué dicen estos documentos? Con fecha 29 de julio de 1812, el capitán de la corbeta *Sapphire*, Henry Haynes, le envía comunicación a Miranda preocupado "por los bienes británicos que flotan en este lugar" (apéndice 2). Miranda le responde el 30 de julio de 1812, antes de llegar a La Guaira, que los bienes a que se refiere el capitán Haynes:

> "no corren el menor peligro, puesto que se encuentran protegidos por los cargueros de dicho lugar, *así como por una solemne y honorable capitulación respetada por el enemigo hasta los momentos. Además, puede contar que antes de la toma de posesión de La Guaira, se levantará el embargo y se les permitirá que los buques zarpen*" (apéndice 3).

Como lo vemos aquí, Miranda no era ningún cándido, habla de la capitulación respetada por el enemigo "hasta los momentos". Lo que supone desconfianza en Monteverde, a última hora, como se confirmará en los hechos subsiguientes. Además le manifiesta al capitán Haynes que se levantará el embargo, pero una vez que él llegue al puerto. Lo sucedido se demuestra con otra carta que escribió Haynes (apéndice 11). Allí dice el oficial que:

> "Esta noticia del general Miranda, quien me aseguró que el embargo sería levantado, produjo un regocijo general. Durante todo este día (30 de julio de 1812), le gente de diferentes nacionalidades que había venido a este país desde la última revolución se encontraba ocupada embarcando sus pertenencias".

Lo cual significa que antes de llegar Miranda en la noche, el capitán Haynes había dado a conocer la carta del *Precursor* y la gente que estaba en el puerto comenzó a embarcar; sabían de la disposición del general porque la suspensión del embargo era un secreto a voces. Esto lo demuestran las personas que lograron escapar en el *Sapphire* y otros buques, así como los que fueron detenidos en el interior de algunos barcos, que no lograron huir.

Pero ahora viene lo mejor, oigamos a Haynes:

> "Todo el día 30 transcurrió sin que se hiciera ninguna observación. *A las ocho de la noche llegó Miranda a La Guaira e inmediatamente le puso fin al embargo. Tan pronto como lo pude separar de la multitud que lo rodeaba, le informé de un oficial mío con tripulación quiénes estaba a bordo del Zeloso y que ya que las cosas estaban tan bien arregladas, era mi deber retirarlos. Me rogó que no lo hiciera afirmándome que tenía toda razón de temer que yo ejerciera plenamente mi humanidad y que él no esperaba la llegada accidental de un barco británico, y que por lo tanto, había mantenido ese bergantín como la tabla de salvación de los desafortunados aventureros que se habían embarcado en la causa independentista bajo su mando. También manifestó que en la capitulación que había hecho cuidadosamente se abstenía de mencionar el Zeloso y demás cañoneros. En particular esta afirmación me parece muy extraña ya que el general Miranda había estado tratando con un oficial naval. Por mi parte, le solicité a un amigo que revisara la capitulación, quien me satisfizo al manifestarme que no estaba especificada*".

Abreviemos el significado de esta concluyente carta. Miranda envía una misiva a Haynes el 30 de julio de 1812 antes de llegar al puerto con el objeto de tranquilizarlo, y le informa que va a suspender el embargo, lo cual permite que los que se habían adelantado a la rada comiencen a embarcarse, lo cual lógicamente supone que todos los patriotas que se encontraban en La Guaira sabían de estos preparativos, y a los que no lo conocían, el capitán Haynes se encargó de hacérselos saber. Miranda llega a La Guaira a las ocho (otros dicen a las siete) y lo primero que hace es suspender el embargo (véanse apéndices 10 y 15), pero además le pide a Haynes que no se retire del *Zeloso*, que siga colaborando con su tripulación para el embarque, porque no va a llegar otro barco británico y él cuenta con el bergantín español como tabla de salvación para *sus* compatriotas.

Ya se ve claro por qué Miranda había realizado el embargo, su objetivo era retener allí los barcos para poder salir una vez culminada la capitulación. En adición, Haynes corrobora lo que ya habíamos mencionado, que en la capitulación no se señalaban los barcos españoles de modo que pudieran utilizarse para salir del país.

Dijimos que esta carta de Haynes es concluyente en el tema de la apertura del puerto de La Guaira por parte de Miranda y entronca lógicamente con otras comunicaciones del *Precursor* que revisamos desde el 26 de junio de 1812 hasta el 30 de julio de 1812. Esta sola carta bastaría para resolver el enigma de lo sucedido en esta última fecha; sin embargo, algunos historiadores se afanaron en buscarle las cinco patas al gato. Aún no hemos terminado, quedan algunas preguntas.

VI. ¿QUÉ PASÓ EN LA GUAIRA EL 30 DE JULIO DE 1812?

Debemos insistir y repetir lo ya dicho: los sucesos de La Guaira están llenos de silencios, omisiones y distorsiones, esto es lo que explica por qué hasta hoy un hecho tan sencillo como el apresamiento de Miranda haya tenido tan variadas e insostenibles interpretaciones.

Por ejemplo: más que curioso es enigmático que ninguno de los que participaron en ese prendimiento haya dado una versión pormenorizada sobre este asunto. Se cansará el lector de buscar en papeles de estos señores: José Mires, Miguel Peña, Tomás Montilla, Chatillón, Carabaño, Castillo, Casas y Bolívar, y no encontrará acerca de las intenciones, los procedimientos y, sobre todo, las consecuencias de este encarcelamiento, nada, absolutamente nada escrito. Lo que se conoce son versiones de segunda mano, esto es, interpretaciones de interpretaciones. Inclusive, en el caso de Manuel María de las Casas, la defensa documentada que realizan sus hijos se produce en 1843, mucho después de su muerte. En todo caso, es un documento más justificativo que explicativo. Con más silencios que aclaraciones. Además, es tan incongruente, que los hijos no le hicieron ningún favor al padre.

Con Bolívar sucede algo parecido, las más de las veces son intérpretes del *Libertador* los que hablan sobre este acontecimiento. Sólo en 1821 escribe una carta demasiado sesgada inculpando a Casas, pero de él mismo no dice nada sobre un hecho tan decisivo para la historia venezolana.

Ante esta situación, ante este silencio cuyo significado es nada más y nada menos que el entierro de la primera república, habla uno de los protagonistas, aunque en 1843. Se trata del doctor Pedro Gual. El documento que escribe tiene que haber sido como una bomba en los cimientos doctrinarios de la historia oficial. Pese a que es un papel muy analítico y equilibrado, en el que al final se va en loas a Miranda y Bolívar, el escrito de marras se convirtió en una espina en el costado para los defensores de aquella historia. ¿Por qué? Porque el doctor Gual fue presidente de turno de la Sociedad Patriótica, estuvo al lado de Miranda desde la capitulación hasta el final de su aprehensión, fue su secretario, fue el ministro de relaciones exteriores de Bolívar, fue el que organizó el congreso anfictiónico de Panamá; en fin, fue una persona que gozó del aprecio tanto de Bolívar como de Miranda, en virtud de lo cual sus opiniones eran muy pesadas y de difícil controversión.

¿Qué fue lo que dijo? Cambió los argumentos que hasta entonces se habían esgrimido y destapó otras interrogantes que habían permanecido ocultas.

Dijo que luego de haberse reunido con el general Miranda y dada la situación desesperada de la república, después de los acontecimientos de Puerto Cabello, se le había enviado para los Estados Unidos.

"Con esta intención salí de La Victoria para La Guaira. Cuando estaba ya para embarcarme en la goleta *Independencia*, llegaron a aquel puerto rumores vagos de capitulación que se confirmaron después por el mismo Miranda, que se presentó en La Guaira a los pocos días. Creí conveniente suspender mi partida, a pesar de estar abierto el puerto para mí solo, hasta imponerme a fondo de los pormenores de tamaña novedad. Con tal designio fui a verme con el general Miranda, luego que supe su llegada a la casa de la comandancia, que era entonces el edificio de la extinguida Compañía Guipuzcoana. Le encontré leyendo un papel que me entregó inmediatamente para que me impusiera de su contenido. Era este un oficio del presidente Rodríguez Torrices de Cartagena, en que, después de pintar el estado angustiado en que los realistas tenían a la sazón aquella plaza, concluía pidiendo auxilios al gobierno de Venezuela, sin los cuales creía muy difícil poder sostenerla por mucho tiempo.

"Entonces llamándome el general aparte, me dijo en francés: 'Acabo de entrar en anuencia con el gobierno en una capitulación honorable con el enemigo'. 'Pero, capitulación', repliqué yo inmediatamente, '¿cómo puede usted contar con la fe de los españoles? ¿No recuerda usted el Cuzco, al desafortunado Túpac Amaru, la suerte del obispo Moscoso?' '¡Oh!', me dijo el general, 'los propios españoles están en revolución: evitarán cuidadosamente incumplir los arreglos convenidos. En primer lugar, desde que Ud. dejó el cuartel general, sólo recibo de todas partes malas noticias [...] sublevaciones de los negros, etcétera. Como que los realistas están empeñados en prenderle fuego al país primero que verlo independiente, mientras que en nuestras filas no hay sino descorazonamiento, persistente estupor a raíz del terremoto, etcétera. Así que miremos en dirección de la Nueva Granada, donde cuento con Nariño, quien es amigo mío. Con los recursos que podemos llevar con nosotros de acá, oficiales, municiones, etcétera, y los que probablemente se obtengan allá, entraremos en Caracas sin correr los peligros de toda índole que se ciernen sobre nosotros en este preciso momento. Hay que dejar que se enfríe la situación, esperando en Venezuela las incidencias del terremoto, los desmanes de los realistas, etcétera'.

"El oficio del presidente Torices, de que he hablado arriba, confirmó al general Miranda en su propósito. Se dedicó, en consecuencia, a tomar todas las providencias conducentes al cumplimiento leal y honrado de la capitulación de Valencia. Fue y volvió a Caracas con el mismo designio, y se ocupaba en él cuando *estando yo a bordo del buque en que debía verificar mi viaje, llegó a mí noticia de que varios oficiales, en la exaltación del momento, habían osado arrestar a su general. Este arresto, sin embargo, habría durado poco tiempo, porque una sola explicación habría bastado para disipar los pretextos erróneos con que se había hecho, pero ni aún hubo tiempo para hacerlo. Por una traición, la más infame, aquella plaza estaba ya vendida al enemigo. El ilustre arrestado y sus arrestadores se encontraron súbitamente prisioneros de guerra, o séalo de estado, según el lenguaje de aquel tiempo. ¡Terrible lección para los perturbadores del orden público, víctimas casi siempre de las pasiones que ellos mismos han excitado!"*[188].

Antes de continuar el análisis de este valioso documento, debemos responder a una pregunta inevadible, que dejamos abierta cuando señalamos que no había información detallada por parte de los coparticipantes en la prisión de Miranda.

La respuesta más plausible es que los conspiradores no podían explicar esa acción sin que se inculparan ellos mismos por la entrega de Miranda a los españoles. Se trata de un silencio cómplice. Igualmente se nos presenta otra pregunta relacionada con la anterior: ¿Por qué no hablaron los demás que estuvieron en La Guaira, aunque no hayan participado en la conspiración? Recordemos que el 6 de agosto de 1813, Bolívar entra triunfante a Caracas, producto de diversas victorias desarrolladas por la campaña admirable; así Bolívar se convirtió en el *Libertador*, liberando (él y Coto Paúl) a más de 1.000 presos que habían caído desde los sucesos de La Guaira el 31 de julio de 1812 y los días subsiguientes. En esta situación era prácticamente imposible que al-

---

188 *América espera:* pp. 472, 473.

guien se atreviera a comentar aquellos hechos sin evocar a Bolívar en los mismos. Era sencillamente una imprudencia. No hubo comentarios públicos hasta después de su muerte en 1830.

No obstante, se conocen otros documentos de los días previos e inmediatamente posteriores que quedaron en el olvido o en cualquier recodo de archivo, que nos han permitido una reconstrucción, los cuales veremos más adelante.

Volvamos al testimonio de Pedro Gual: nótese que el mismo se conoce el 15 de febrero de 1843, trece años después de la muerte de Bolívar, lo cual le da base a la argumentación anterior de ocultamiento de información relativa a la prisión de Miranda. Según lo confirma Gual, él realiza esa publicación molesto ante las especulaciones del libro de Rafael María Baralt y otros, debido a la narración distorsionada de aquellos acontecimientos. Debemos recordar los lazos personales que él tuvo con Miranda y de éste con su tío Manuel Gual; asimismo, Pedro Gual tuvo de asistente a Leandro Miranda, lo que supuso diversas conversaciones sobre el infortunio de su padre: Vistas así las cosas, Pedro Gual habla y sitúa la discusión en otro contexto: a) Miranda no fue un traidor. b) La capitulación fue para salvar y recuperar la frágil fuerza patriota. c) Se dirigían hacia Cartagena, en donde se reagruparían con Rodríguez Torrices y Nariño, para volver eventualmente a Caracas. d) Todo esto, por supuesto, hizo tambalear la historia oficial, pero hubo otros intereses a los cuales defender. Veámoslo.

Uno de ellos, entre otros tantos, fue el doctor Lecuna, a quien no le interesaba aceptar la versión de Gual, porque supondría reescribir aquella historia. Él nos informa que el relato de Gual no es veraz, por cuanto carece de sentido "entregar un ejército de 5.000 a 6.000 hombres" con el objeto de pedir auxilio a un país vecino. Argumenta, ya perdiendo la sindéresis, que

> "Esta es una idea infantil o de un demente. En honor de Miranda nosotros nos inclinamos a creer que la leyenda se forjó en años posteriores, llegó a oídos de Gual y con el tiempo, desean-

do salvar la fama militar de Miranda, por un fenómeno psicológico de confusión de la memoria, lo dio por cierto"[189].

En primer lugar, la idea de pedir auxilio y de ganar tiempo a través de armisticios y de capitulaciones está llena la historia militar; inclusive en Venezuela se manifiestan estas tácticas con la capitulación que impulsaron los patriotas en Valencia el 10 de julio de 1813, así como el armisticio también promovido por los patriotas el 25 de noviembre de 1820. Lo que sucede es que el doctor Lecuna no habría sido tan severo con la firma de estos tratados, porque el autor fue, precisamente, el *Libertador*.

No obstante, con el debido respeto que nos merece la memoria del doctor Lecuna, debemos informar que "esa idea infantil o de un demente", también la repiten Mariano Montilla, Gregor MacGregor y Manuel Palacio Fajardo, como lo veremos inmediatamente.

El 4 de octubre de 1812, Mariano Montilla le escribe a Luis López Méndez (apéndice 12), con el objeto de informarle lo sucedido en La Guaira:

"Inclusive, el general Miranda se encuentra preso. Cuando *estaba por embarcar, fue aprehendido por don José María Casas,* comandante de La Guaira quien, hundiendo los buques que intentaban escapar, detuvo la emigración de aquellos que, en virtud de los tres meses para emigrar estipulados en la capitulación, vinieron a La Guaira con el fin de embarcarse a diversos lugares".

Con la misma orientación escribe el general MacGregor al gobernador de Curazao el 3 de agosto de 1812, solicitándole

"información *de si al bergantín* Celoso *se le puede permitir salir para Cartagena* con aquellos oficiales del ejército colombiano que puedan haber llegado a este lugar" (apéndice 13).

---

189 Lecuna, V. *op. cit.,* pp. 241, 242.

Por último y oyendo a los actores y no a los intérpretes, nos narra Manuel Palacio Fajardo (Apéndice 14):

"[...] y Miranda, como muchos otros, se refugió en La Guaira *con la intención de embarcarse para Cartagena*. La conducta de algunos de sus compatriotas respecto a Miranda fue de ingratitud. El comandante militar de La Guaira, Manuel María de las Casas, le hizo detener, con la esperanza de congraciarse con esta traición el favor de Monteverde".

Lo lamentamos, el desmentido al doctor Lecuna con estos tres relatos es definitivo y no amerita un comentario adicional.

VII. ¿QUIÉNES APRESARON A MIRANDA?

El proceso narrativo que hemos desarrollado nos ha permitido comprobar la intención de los historiadores oficiales con relación a los hechos de la noche del 30-31 de julio de 1812. También habíamos afirmado como un hecho sumamente curioso el que por parte de los conspiradores no apareciera una sola línea sobre estos sucesos. Igualmente, dimos nuestra explicación por la causa de ese silencio. Hemos percibido cómo hablan los documentos presentados, más otros que se verán de inmediato.

Vistas así las cosas, entramos en el terreno movedizo de las causas que originaron el prendimiento de Miranda; aunque ya tenemos bastantes elementos debemos adelantar algunas precisiones. La ruta que hemos escogido nos la reafirma el doctor Lecuna cuando no responde satisfactoriamente sus propias preguntas: "El puerto de La Guaira mantúvose cerrado en la tarde y en la noche del 30 en virtud de órdenes anteriores de Miranda, respetadas por Casas; *pero si Casas reconocía su autoridad, ¿por qué consiente más tarde en prenderlo?* Y si resuelven arrestarlo, ¿por qué no lo hacen en la misma noche y escapan en la madrugada? Tan grave resolución tomaríase tarde en la noche sin tiempo ya de preparar los buques, o bien influyeron otras causas secundarias perdidas para la historia"[190].

Interesante reflexión que realiza el doctor Lecuna, sólo que no se puede responder desde la hipótesis que él ha manejado.

Adelantaremos una respuesta. 1) El puerto se abrió al momento de llegar Miranda, como se demuestra en los apéndices 3, 10, 11 y 15; 2) de las Casas aprehende a Miranda aún siendo éste su jefe, porque, además, también tenía otro jefe; 3) lo arrestan en la madrugada y no en la noche, porque Miranda tenía poder de fuego en La Guaira, sobre todo de la oficialidad comprometida a embarcarse. Se realiza la captura en la madrugada porque es una conspiración, un golpe de Estado a la república; 4) "las causas secundarias perdidas para la historia" son las que no vio el doctor Lecuna, pero también son las que nosotros nos empeñamos en dar a conocer.

La clave para entender la entrega de Miranda nos las da, aunque parezca paradójico, José de Austria. Pero sobre todo por lo que no dice en el momento de su narración. Expliquémonos.

La versión de José de Austria se ha tenido por la información oficial de los sucesos que hemos narrado. Este coronel tiene dos ensayos sobre el tema. El que aparece el 15 de enero de 1843 denominado *Defensa documentada de la conducta del comandante de La Guaira Sr. Manuel María de las Casas,* de cuyo contenido informaremos posteriormente y el *Bosquejo de historia militar de Venezuela,* cuya primera edición aparece en 1855. En todo caso, para los efectos de nuestros comentarios, se trata de un solo texto, porque para el asunto que nos ocupa se repiten los argumentos, con uno u otro detalle no significativo.

Ahora bien, como casi nadie de la época escribió sobre este tema, el texto de Austria aparece como insustituible, nos ha ser-

---

190 *Ibíd.,* p. 245.

vido de mucho, porque al compararlo con otros documentos nos ha aclarado la prisión de Miranda de manera definitiva.

El coronel Austria fue hermano de Manuel María de las Casas, por eso rompió el pacto tácito de algunos patriotas de no escribir sobre la captura de Miranda. Se vio obligado en estas circunstancias a defender la honorabilidad de su hermano, la cual era objeto de innumerables comentarios adversos particularmente, después de la carta del *Libertador* en 1821, donde lo acusa de traidor.

Esto es lo que comenta Austria:

"En aquella noche se reunieron secretamente el doctor Miguel Peña, el coronel Manuel María de las Casas, que eran comandantes político y militar de la plaza; los coroneles Simón Bolívar, Juan Paz del Castillo, José Mires y Manuel Cortés, los comandantes Tomás Montilla, Rafael Chatillón, Miguel Carabaño, Rafael Castillo y José Landaeta, que mandaba la guarnición, y Juan José Valdés, sargento mayor de la plaza. Tomaron en consideración la conducta en general y raro modo de proceder del *Generalísimo;* la suerte que amenazaba al país, *que se había sometido al vencedor sin el esencial requisito de la ratificación de la capitulación, y las acaloradas e injuriosas contestaciones que acababa de dar, con ciertas explicaciones que le pidieron, principalmente el coronel Castillo y el doctor Pedro Gual; cuyo incidente había exaltado más los ánimos de aquellos patriotas, dignos todos de la consideración de Miranda".*

Prosigue el coronel Austria así:

"Deliberaron, pues, la prisión del jefe que los había mandado. Resolución grave y trascendental, y cuyas consecuencias todas no podían ser previstas en aquellos momentos por sus autores, que al fin debieron sentir la infausta suerte que tocó a aquel jefe, y que, en realidad, en nada contribuyó para mejorar la del país ni la suya propia"[191].

Lo primero que cabe señalar, por cuanto ya lo hemos dicho, es que la capitulación la firma Miranda el 25 de julio de 1812 y deja en manos de Sata y Bussy los procedimientos formales para su publicación, de modo que la supuesta ratificación de la capitulación que debería realizar Miranda, no es sino una patraña de los conspiradores para realizar sus actos. Inclusive, más inaudito es lo que señala el propio Austria más adelante en el texto que comentamos, según lo cual el doctor Peña al momento de realizar la prisión de Miranda salió a participarle a Monteverde lo acaecido, además de exigirle al jefe español la declaratoria expresa de la capitulación, lo cual fue aceptado por Monteverde. Preguntas necesarias: ¿Un tratado de tal magnitud y responsabilidad lo iba a decidir Peña, que acababa de traicionar a su jefe? ¿Por qué tendría que convenir Monteverde con un jefe de segunda línea, quien no representaba a la república?

Estas preguntas no pueden tener respuestas satisfactorias, porque sencillamente la capitulación, como lo vimos, sí fue ratificada por Miranda; para abundar de manera definitiva en esta afirmación, basta con recordar las comunicaciones que él envía, después de preso, a la real audiencia para exigir el cumplimiento de la capitulación. De no ser cierta esta última, la audiencia le hubiera respondido que tal capitulación no existía por cuanto él no había ratificado nada. Pueden verse detalles confirmatorios de este asunto en las *Memorias del regente Heredia*.

En el libro de Austria que estamos glosando hay un elemento mucho más importante, y son "las acaloradas e injuriosas contestaciones que acababa de dar (Miranda), con motivo de ciertas explicaciones que le pidieron [...] el coronel Castillo y el doctor Pedro Gual".

---

[191] Austria, José de: *Bosquejo de la historia militar de Venezuela*. Tomo I pp. 352 a 355.

Ya conocemos el documento del doctor Gual, pero según su narración allí no hubo ninguna respuesta acalorada de Miranda. ¿Desliz de Austria? No. Hay que hacer aparecer un conflicto falso con el general para justificar su prendimiento. Añadimos esto: Austria sin proponérselo, confirma la versión de Gual, merced a la cual éste se reunió con Miranda en la Guipuzcoana. Ahora bien, dada la situación del puerto y la excitación en que se encontraba la gente, no es posible que el doctor Gual no haya comentado con nadie lo que conversó con Miranda. Sucede sí, que esta información no la da Austria, o más precisamente, no le conviene darla para los propósitos de su historia. Repárese que la versión de Gual se conoce en 1843, idéntica fecha en que aparece la *Defensa documentada...*, redactada por José de Austria, pero éste publica doce años después, su *Bosquejo de historia militar...*, donde tuvo tiempo suficiente para corregir los argumentos de Gual; no lo hizo, ante lo cual se presenta el siguiente dilema: si estuvo en desacuerdo con Gual, no debió perder la oportunidad de refutarlo, o aprovechó la oportunidad de quedarse callado, en ambos casos se confirma la versión de Gual.

Por otra parte, es demasiado ilustrativa la comunicación que le envía el capitán Haynes a de las Casas (apéndice 10), donde le recuerda "haber recibido la garantía pública del general Miranda en la casa de gobierno [Guipuzcoana] y habiéndoseme indicado en su presencia que se había levantado el embargo y que los bienes y propiedades de los súbditos británicos estaban seguros gracias a la capitulación que tengo en mi poder [...]".

¿No supo Austria que el capitán Haynes se había dirigido a la Casa Guipuzcoana a conversar con Miranda delante de de las Casas? ¿No supo Austria, como lo dijo Haynes, que se había suspendido el embargo y que el capitán tenía copia de la capitulación en sus manos? En todo caso, ¿no le dijo nada su hermano (de las Casas) de lo conversado entre Miranda, Haynes y el propio de las Casas? Ciertamente, ¡increíble!

Austria, en la segunda parte de su testimonio que citamos arriba, manifiesta que los complotados "deliberaron la prisión del jefe". Pero no nos dice nada de esa deliberación. Por ejemplo: tienen que haber sido motivo de aquella deliberación, las causas y consecuencias de la prisión de Miranda. ¿Por qué no nos dijo nada Austria? ¿Por qué de las Casas no le contó nada?

Esta es la parte oscura de la cuestión, no se dice lo mínimo de la presencia de Miranda desde las siete de la noche del 30 de julio de 1812, hasta el día siguiente a las tres de la madrugada, momento de su captura, excepto los detalles de Gual y Haynes que ya hemos revisado. Nuestra conclusión es que aquella deliberación no se dio con el objeto de indagar las causas y consecuencias de la captura del *Precursor*, sino que se la realizó para garantizar la supervivencia de los complotados.

Si lo hasta ahora comentado no sería suficiente para aclarar los silencios de Austria en su versión de La Guaira, mostraremos a continuación otros elementos que de manera concluyente iluminan el tema tratado.

Dentro de la narración que él realiza con el objeto de inculpar al propio Miranda "por su arrogante actuación", intercala una cita de Ducoudray Holstein que aparece en su libro *Memorias de Simón Bolívar*[192].

No obstante, Austria comete una omisión que crea demasiada suspicacia. Resulta que inmediatamente después de la cita aparece con lujo de detalles la forma y las causas del prendimiento de Miranda; pues bien, Austria elude totalmente la interpretación de Holstein. Atención:

---

[192] La versión de este personaje ha entrado en descrédito, porque se dice que era enemigo de Bolívar, pero también entran en descrédito los historiadores que sólo hacen un ataque *ad hominen*, sin referirse a la plausibilidad o no de los argumentos de Holstein.

"En la tarde del 30 de julio, el general Miranda llegó a La Guaira a la casa del comandante militar y teniente coronel republicano Manuel María Casas, quien se esperaba en todo momento que fuese relevado por una guarnición española, la cual debía apoderarse de la ciudad y puertos de La Guaira de conformidad con el tratado de La Victoria. Miranda se encontró con una gran compañía entre los que cabe destacar el comandante inglés del *Sapphire*, doctor Miguel Peña, jefe político de La Guaira y con el teniente coronel Simón Bolívar. Toda la compañía esperaba a Miranda, a quien luego de refrescarse por el cansancio del caluroso día, se le invitó a quedarse a cenar y a pasar la noche en tierra. El capitán Haynes se opuso férreamente, exhortando a Miranda a permanecer con él a bordo, en el que disfrutaría de todas las comodidades, secretario, sirvientes, ropa de dormir, etcétera. También, agregó que deseaba zarpar inmediatamente y que la brisa de la tierra subiría. No obstante, Bolívar, Peña y Casas le manifestaron al capitán que el general se encontraba demasiado cansado para embarcar esa noche y que la brisa de la tierra no se haría presente hasta las diez de la mañana, así que podía embarcar a tiempo. Aunque Miranda dudó, éste decidió quedarse. El capitán Haynes se marchó insatisfecho prometiéndole al general enviar un bote que lo llevara a bordo (apéndice 17)".

Ya entramos al final de la exposición que hemos reconstruido con la ayuda de diversos textos, se debe prestar atención que en los comentarios que realiza Holstein aparece de nuevo la Casa Guipuzcoana como escenario principal de conversación entre los actores de esta tragedia, lo cual coincide con los comentarios anteriormente expuestos por Gual y Haynes, aunque Ducoudray Holstein da mayores elementos. Austria hace caso omiso a los mismos, lo que hace dudar de su versión. Prosigue Holstein comentando que Miranda se sentó a cenar con sus acompañantes y cansado por su vejez y el viaje, se retiró a descansar: "Bolívar llegó primero a la casa del comandante Casas, al que luego de algunas horas se le uniría Peña. Éstos le informarían de su proyecto a Casas, quien se les uniría. Empero, Miranda todavía mantenía muchas amistades como para que su arresto fuera posible por el momento.

"El capitán Haynes les comunicó a algunos de sus amigos de los cuales yo obtuve esta información detallada, que él pensaba que Miranda sería víctima de la mala voluntad, por lo que le exhortó a subir a bordo, aunque desconfiaba hablarle de manera clara por temor a que los otros lo entendieran (apéndice 17)".

El procedimiento para el arresto lo narra así Ducoudray:

"Habiéndose asegurado que se encontrare dormido, los tres líderes, luego de una breve consulta, decididos a aprehenderle esa noche y a entregarlo al comandante español Monteverde, Casas, en carácter de comandante militar de La Guaira, ordenó una fuerte separación del guardia principal. Con esta separación éste ordenó que se rodeara su propia casa en absoluto silencio, de manera de evitar que alguien pasara y de matar a quien intentara escapar. No se dijo ni una sola palabra de Miranda. Cuando todo estuvo listo, a las dos de la mañana Peña, Casas y Bolívar junto con cuatro soldados armados entraron a la habitación del general Miranda, la cual se encontraba desprovista de seguro. Éste se encontraba profundamente dormido, por lo que tomaron su espada y las pistolas que mantenía a su lado. Luego, lo despertaron, diciéndole abruptamente que debía levantase, vestirse rápidamente y acompañarlos. Sorprendido, Miranda les preguntó por qué lo levantaban tan temprano, sin haber amanecido. En vez de responder la pregunta, éstos lo acusaron de traidor que debía ser colgado (apéndice 17)".

Nótese que el episodio del cuarto, cuando Miranda fue arrestado y que narra Holstein, tiene semejanza con el que diera Soublette a su yerno, Ricardo Becerra, pero volvemos a lo mismo, Soublette no da detalles, casi plantea el asunto de manera accidental, no obstante que él estuvo presente en la Casa Guipuzcoana. El silencio de Soublette y de los patriotas los acusa.

En el caso de Austria, ya advertimos su silencio en cuanto a las opiniones de Gual, pero aquí el problema es más delicado. Las citas del libro de Holstein las realiza en 1843 en la *Defensa documentada* a su hermano Casas; doce años después, en 1855, las hace en su libro del *Bosquejo Militar* que estamos comentando, pero tampoco hace alusión a la prisión de Miranda, tal y como la comenta el francés. De nuevo se le presenta a Austria un dilema: si estuvo en desacuerdo con Ducoudray debió refutarlo y si omitió los argumentos del francés es porque no tenía base para contradecirlo, en ambos casos se sustenta la tesis de Ducoudray Holstein. De todas formas, este último sí responde a las causas y motivaciones de la prisión de Miranda por parte de los complotados, en cambio, el silencio de los patriotas en un acontecimiento tan decisivo, los acusa directamente.

Habría que añadir cómo y por quién fue entregado Miranda a los españoles. El punto que nos toca señalar a continuación es sumamente importante, porque muchos historiadores han descrito los hechos que comentamos como un accidente, como un arrebato de jóvenes que no vieron bien la situación en que se encontraban, a merced de lo cual Miranda fue prendido "pero nunca fue entregado a los españoles"; esto es, "los españoles en el barullo que había, se encontraron a Miranda y lo prendieron". Pues bien, un investigador acucioso y a quien Venezuela no le ha dado el mérito que le corresponde, Manuel Landaeta Rosales, despeja toda duda sobre lo ocurrido.

Permiso por esta larga cita, pero es que no tiene desperdicio:

"Los historiadores de Venezuela dicen que en la noche del 30 de julio de 1812, fue reducido a prisión en La Guaira el *Generalísimo* Miranda, por los coroneles Simón Bolívar, Juan Paz del Castillo, José Mires, Manuel Cortés Campomanes y los comandantes Tomás Montilla, el barón Rafael Chatillón, Miguel Carabaño, Rafael Castillo, *José Landaeta* y Juan José Valdez; pero algunos dudan *si Miranda fue entregado por aquéllos a sus contrarios para que lo castigasen;* y como ninguno de dichos historiadores ha presentado documentos comprobatorios de aquellos hechos, ha quedado siempre en duda el punto.

"Más hoy han venido a nuestras manos los dos documentos que copiamos del archivo del registro público, en que por uno de ellos se comprueba hasta la evidencia la prisión y entrega del ilustre Miranda por sus mismos compañeros.

"Caracas, 15 de julio de 1898.

"Manuel Landaeta Rosales".

El documento en cuestión es el siguiente:

"Señor comandante general:

"José Landaeta, con el respeto debido a la alta representación de VE. Dice: Que se halla preso y agobiado de grillos siendo un hombre de avanzada edad, y considerándose sin el menor delito en cincuenta años de servicios en la carrera militar, los que ha empleado en obsequio del rey nuestro señor hasta llegar a ir a contener la revolución desde la ciudad de Mérida con escolta suficiente y traer a esta capital varios reos de su majestad de alguna consideración hasta entregarlos al señor capitán general; *el suplicante se halló en la plaza de La Guaira con quinientos hombres de tropa y en los puntos que cubría la artillería y fue uno de los que concurrieron a la prisión de Miranda y custodiándolo en el castillo San Carlos, hasta entregarlo a las tropas de VE.- Que exhortó a su tropa para que no hiciesen la menor gestión cuando llegasen las de VE. a tomar posesión. Que luego que llegó a esta ciudad se presentó a VE. a recibir órdenes*[193].

"Caracas, 18 de octubre de 1812.

"José Landaeta".

La otra carta es de Eusebio Antoñanza con fecha 10 de octubre de 1812, es la presentación de la anterior al mismo comandante general Monteverde.

Esta carta de José Landaeta que transcribimos, culmina una discusión de más de un siglo acerca de si hubo o no traición en la entrega de Miranda a los españoles.

---

193 *El Tiempo de Caracas*. 15 de julio de 1898.

Balance final. Casas, Peña, Bolívar y Miranda

Ya describimos la capitulación y sus causas, al igual que la forma en que fue prendido Miranda. Ahora nos toca analizar los motivos que tuvieron los principales actores de ese hecho.

VIII. MANUEL MARÍA DE LAS CASAS

La defensa documentada que realizó su familia es el escrito más detallado de los sucesos de La Guaira. La familia pretendía salvar la honra del padre, sobre el cual recaían acusaciones por traición en aquellos hechos, pero es una defensa llena de contradicciones de la que nos hemos ocupado cuando refutamos a José de Austria, hermano de Manuel María de las Casas.

A nuestro juicio de las Casas no tiene escapatoria, porque son demasiadas las acusaciones en su contra; la más conocida es la que realiza Bolívar, en carta dirigida al congreso de Colombia en 1821: "Cuando en el año 12 la traición del comandante de La Guaira, coronel Manuel María de las Casas, puso en posesión del general Monteverde aquella plaza con todos los jefes y oficiales que pretendían evacuarla (apéndice 20)".

Esta acusación fue la que impulsó la defensa documentada de las Casas, aunque como vemos, con una diferencia de 22 años. Siempre se criticó que lo hicieran una vez muerto Bolívar.

Sin embargo, no contaba la familia de de las Casas que iban aparecer otros documentos más comprometedores que la carta de Bolívar, como lo fue la comunicación de Pedro Gual, que ya revisamos (véase cita 188). "Por una traición la más infame, aquella plaza estaba ya vendida al enemigo". En su estilo un tanto sibilino, con el objeto de no lacerar nombres de los patriotas, Gual hace esta afirmación, cuyo jefe y gobernador de aquella plaza era de las Casas.

Asimismo, afirma Montilla, "cuando estaba por embarcar, fue aprehendido por José María Casas..." (apéndice 12). En igual sentido, fue más explícito Antonio Leleux:

> "El gobernador de La Guaira cuyo nombre es Casas [...] había estado calculando en los pocos días anteriores con fría indiferencia, cuál línea de conducta le sería más ventajosa; parecía sin embargo resuelto a seguir al general si éste hubiera ordenado que le fueran entregados cuatro mil pesos en oro de los veinte y dos mil que el general había embarcado como de su propiedad particular, esto le fue negado y sólo le ofrecieron $800 por la razón de que teniendo el general que proveer para un gran número, él no podía sino darle poco a cada uno. Casas no respondió; pero desde aquel mismo momento resolvió quedarse y hacer las paces con Monteverde (apéndice 15)".

Obsérvese que estas acusaciones son realizadas por patriotas, sólo que algunas de ellas no las conoció José de Austria, lo que le hubiera sido sumamente embarazoso.

Pero si todas estas imputaciones exponen a de las Casas, más otras que por no abundar no incluimos aquí (apéndice 10), hay una que realiza Monteverde que es más comprometedora para la actuación de aquél, y lo es por lo que dice y en el momento que lo dice.

Monteverde envía comunicación al gobernador de Curazao con el objeto de que le sean devueltos los 22.000 pesos que se encontraban en poder de Robertson por instrucciones de Miranda:

> "Muy felizmente el comandante militar don Manuel María de las Casas, quien fue nombrado por Miranda para el comando de La Guaira (*pero que ya había tenido correspondencia conmigo sabiendo que yo venía desde la población de La Victoria a tomar posesión de la dicha ciudad*) tuvo la muy sabia y prudente precaución de demandar dos vales del señor Robertson por la dicha suma de veinte y dos mil pesos que

Robertson se obligó a pagar a la orden del dicho Casas a la presentación de dichos documentos"[194].

De acuerdo con la afirmación de Monteverde, de las Casas jugaba en dos equipos al mismo tiempo. Pero más contundente es ésta otra del mismo Monteverde, remitida al gobierno español el 26 de agosto de 1812, en la que narra el conflicto con Miranda: "Casas completó su obra de un modo más satisfactorio. Anteriormente había desobedecido las órdenes del déspota dadas para poner en un pontón los europeos e isleños de aquél vecindario y echarlos a pique al menor movimiento; las dirigidas a no exigir recibos de las cantidades que se embarcasen, y las demás que fueron su consecuencia; pues con respecto a las primeras, notorio es que no lo hizo; con relación a las segundas, exigió recibos de los 22.000 pesos entregados al comerciante Robertson, con cuyo paso proporcionó los reclamos que he hecho al gobernador de Curazao; y por lo que toca a los demás, sus pasos y contestaciones en el embargo y clausura que hizo del puerto, y con el capitán de la fragata inglesa *La Zafiro,* de que he dado cuenta a S.M. son los mejores comprobantes (apéndice 18)".

Llaman demasiado la atención los detalles pormenorizados que narra Monteverde acerca de los servicios prestados por de las Casas; algunos de ellos eran órdenes expresas de Miranda que ya vimos (véanse las citas 180, 181 y 182).

Ahora bien, esas comunicaciones eran entre Miranda, Soublette y de las Casas, y otra la conocía también Fernández de León; eran pues, cartas confidenciales sobre los preparativos de La Guaira. ¿Cómo llegaron a manos de Monteverde? ¿Quién se las entregó? Nótese que sólo hoy sabemos que esas cartas, o copias de ellas, las tenía en su poder Antonio Leleux cuando se embarcaba hacia el exterior y las conocemos en la actualidad luego de

---

[194] Documentos copiados por Urdaneta Carrillo. Se encuentran en el archivo de la Academia Nacional de la Historia: W.O. 1/112. Curazao, 1812. Folios 137 al 143. 2nd. C.O.T Govr. Hodson.

que fueran publicadas por el marqués de Rojas en su obra *El general Miranda,* 1884. La forma como escaparon estos papeles lo dice así Leleux:

"[...] el general fue a La Guaira para embarcarse para Curazao, habiendo con anticipación enviándome a mí con sus libros y papeles, etcétera, para ponerlos a bordo de un navío inglés y enviarlos o irme en compañía de ellos si hallaba alguna oportunidad antes que él llegara y entregarlos a la casa de los señores Robertson & Belt de Curazao; en consecuencia fueron puestos a bordo del *Sapphire* al mando del capitán Haynes y, para asegurar dichos efectos, estimé prudente encargárselos al señor Robertson, quien en aquel momento estaba en La Guaira, seguro de que serían respetados como efectos británicos (apéndice 15)".

Insistimos, estos papeles iban dirigidos a de las Casas. Pero Monteverde da detalles de los mismos el 26 de agosto de 1812 a la corona española, a escasos 25 días de la tragedia de La Guaira. Otro comentario merece esta última comunicación.

La mayoría de los historiadores, en su empeño de minimizarla con el argumento de la descalificación moral del comandante español, omiten lo que a nuestro juicio es fundamental: Monteverde tenía la obligación de informar a la corona española acerca de la captura del conspirador más buscado y perseguido por ella; sobre todo, tenía que explicar bien las circunstancias en que fue apresado por sus propios compañeros de armas; hecho por lo demás curioso, si se añade que los tres denunciados en la carta por Monteverde –de las Casas, Peña y Bolívar- quedaron en libertad por orden de él. Agregamos que la carta tiene fecha del 26 de agosto de 1812; en aquel entonces, ninguno de ellos tenía el liderazgo que podría hacer suponer un gesto de calumnia por parte de Monteverde. Si hubiera necesidad de adicionar nuevos elementos, podríamos revisar la respuesta que la corona española ofrece a la carta y peticiones de Monteverde a favor de los involucrados en la prisión de Miranda. Allí la corona les ratifica y añade que se les atienda en sus solicitudes (Ver apéndice 19).

Volviendo a de las Casas, no hay dudas de que las cartas comentadas son malas noticias para él. Sólo dos consideraciones que han pasado al olvido; la primera nos la informa el general Landaeta Rosales, por allá en 1899, cuando dice:

> "[...] por los documentos hallados en rimeros y firmados por Casas, desde 1812 hasta 1821, y los cuales reposan en el archivo de registro público de Caracas. Casas figuró entre los españoles, ya como autoridad militar, ora como autoridad civil al servicio de los realistas en Santa Lucía y en Petare, lo que prueba que aquel jefe no volvió a militar con los patriotas después de la prisión del *Generalísimo* Miranda"[195].

La segunda confirma la anterior cuando aparece la firma del coronel Manuel María de las Casas como corregidor de Petare en 1819, en el *Manifiesto trilingüe de las provincias de Venezuela a todas las naciones civilizadas de Europa*, dado en Caracas el 6 de abril de aquel año y que se encuentra en el tomo 6 de los documentos para la vida pública del *Libertador*, colección Blanco y Azpúrua, página 658. Este manifiesto es una propuesta política contra la causa republicana.

Ante todas estas evidencias que confirman la colaboración de de las Casas con los realistas, también se ha mantenido el silencio. Creyendo así algunos historiadores que de esa forma se puede ocultar la traición contra el general Miranda y contra la república.

IX. MIGUEL PEÑA

Con Miguel Peña sucedió algo parecido, los documentos hablan en su contra. Fue el marqués de Rojas de los primeros que hicieron una denuncia formal acerca de la participación de Peña en el complot contra Miranda. Este hecho lo deduce el marqués por la renuncia al cargo que le solicita Peña a Miranda el 29 de julio de 1812:

---

195 Muñoz, G.: *op. cit.*, p. 299.

"Mi permanencia en este puerto como comandante político y subdelegado de hacienda puede ser pesarosa a varios de los que ya tienen preparada su marcha. Esto me mueve a suplicar a Ud. se sirva removerme inmediatamente del cargo; pues de otra manera, Ud. conoce mi carácter y que éste me hará proporcionar muchos disgustos que pueden evitarse con el favor que pido a Ud. y a que creo accederá inmediatamente [...]"[196].

Otras comunicaciones que hablan del compromiso de Peña en la conspiración son las siguientes: la versión de Doucoudray Holstein que aparece en el apéndice 17; y en el libro *Causas de Infidencias*, recolección que hiciera Mario Briceño Perozo en el Archivo General de la Nación de Venezuela. Como sabemos, estas causas se conocen como los procesos penales que realizaron los representantes de la corona contra aquellos ciudadanos que tuvieron actos hostiles contra la institución realista. Ante la pregunta que le realizaron al señor Gregorio de Irigoyen el 21 de noviembre de 1812 sobre la conducta mantenida por Miguel Peña dijo:

"[...] que en obsequio de la misma verdad no puede menos de confesar haberle oído decir *y díchole expresamente al declarante en Maiquetía que Francisco de Miranda no saldría de este puerto, porque luego que viniese con designio de embarcarse, le prendería unido con el comandante militar Casas, cuya conversación pasó el 28 del mes de julio último*"[197].

Otro dato por demás interesante, es el que reporta el *Boletín de la Academia Nacional de la Historia de 1934*, de un manuscrito anónimo referido a la emancipación en el período de 1810 a 1814; luego de ser compulsado estiman los editores que fue realizado este último año, allí se dice:

---

196 Rojas, Marqués de: *El general Miranda*. Prólogo, p. XLVII; y AGM. Tomo XXIV P. 235.
197 *Causas de Infidencia.* BANH. Colección Sesquicentenario de la Independencia. N° 31, tomo I, p. 349.

> "A las cuatro de la mañana fue arrestado el *Generalísimo* Miranda y asegurado en el castillo San Carlos de La Guaira por orden de los comandantes militares y políticos Manuel María de las Casas y Miguel Peña. Este último fue a dar parte verbal de dicho procedimiento al general español Monteverde que estaba en la capital de Caracas. No fue otra la causa de este procedimiento que no haber cumplido dicho señor Miranda la promesa que tenía hecha de cierta cantidad de dinero a Casas para su transporte a una colonia, y la necesidad de hacer esta perfidia para proporcionarse una buena y segura acogida entre los realistas vencedores los dos referidos comandantes"[198].

Coincide con los anteriores documentos que hemos cotejado, particularmente, con la opinión de Antonio Leleux (apéndice 15).

Acerca del anonimato de los documentos de la época, ya adelantamos opinión anteriormente. Sólo nos resta decir que dos de los involucrados en la situación que comentamos –Peña y Bolívar- fueron jefes hasta 1830, lo que equivaldría a una soberana imprudencia que un tercero, en este caso el anónimo, diera su nombre.

Hemos dejado para el final de este punto, relativo a la participación de Peña en la conspiración de 1812, la conocida versión de Austria, la cual es muy ilustrativa cuando se la coloca con la de Monteverde que ya reseñamos. Austria detalla:

> "Al momento que se verificó la prisión, marchó el doctor Peña, comandante político de aquella plaza, a participar a Monteverde el procedimiento que se había tomado con el general Miranda, por haberse querido ausentar llevándose los buques y algunos caudales de la nación y, lo que era peor, *sin dejar ratificada la capitulación: y a exigir de aquel jefe una declaratoria expresa, sobre si daba o no por ratificado el tratado por parte de los patriotas.* La contestación de Monteverde fue pérfida-

---

[198] *Boletín de la Academia Nacional de la Historia.* N° 67, Tomo XVI, julio-septiembre de 1934, p. 327.

mente satisfactoria, como es notorio, y lo acreditan los posteriores acontecimientos"[199].

Ya advertimos que lo importante de la explicación de Austria es no sólo lo que dice, sino lo que silencia. Trabajo interesantísimo para un profesional de la hermenéutica.

Examinemos: Acerca de la ratificación de la capitulación, hemos abundado suficientemente. No obstante, salta a la vista una acción por demás significativa, y es la salida de Peña hacia Caracas para informarle a Monteverde la prisión de Miranda. Ahora bien, este hecho tan grave no pudo haber sido una decisión unilateral de Peña, pero Austria no nos dice nada sobre esto. Su relato es sobre un acontecimiento sobrevenido e incidental. Por eso es que guarda silencio de los actos realizados por los conspiradores, desde las siete de la noche hasta el momento de la aprehensión del general.

También llama la atención en lo dicho por Austria, la supuesta exigencia que le haría Peña a Monteverde, "una declaratoria expresa, sobre si daba o no por ratificado el tratado por parte de los patriotas", a lo que Monteverde contestó satisfactoriamente. Así las cosas, si no fuera por lo trágico de todo esto, sería hasta risible. ¿Qué hubiera hecho Peña si Monteverde responde negativamente a sus exigencias? Esta sola pregunta deja fuera de lugar esta versión. Además, se encontraba en La Guaira el poder ejecutivo republicano. ¿Quién autorizó a Peña para hablar por la república: Francisco Espejo (presidente); Juan Germán Roscio (vicepresidente)? Esta sería la pregunta que se hubiese hecho Monteverde para poder convenir con alguien que representara a la república.

Por eso José de Austria miente expresamente cuando afirma que Peña fue a hacerle una exigencia a Monteverde. Éste, inclusive, dice lo contrario al referirse a los conspiradores: "[...] los

---

199 Austria, José de: *op. cit.*, p. 354.

que fueron contagiados, pero de algún modo obraron opuestamente a la maligna intención de los facciosos deben ser perdonados de su extravío y aun tenerse en consideración sus acciones, *según la utilidad que haya resultado de ellas al servicio de S.M.* En esta clase, Excmo. señor se hallan Manuel María de las Casas, Miguel Peña y Simón Bolívar".

Y continúa Monteverde con este detallazo: "Ya Casas con el consejo de Peña y por medio de Bolívar había puesto en prisiones a Miranda y asegurado a todos los colegas que se encontraban allí".

Y concluye Monteverde: "No puedo olvidar los interesantes servicios de Casas, ni el de Bolívar y Peña, y en su virtud no se han tocado sus personas, dando solamente al segundo sus pasaportes para países extranjeros, pues su influencia y conexiones podrían ser peligrosas en estas circunstancias (apéndice 18).

De modo que no hay tal "exigencia" de Peña como dice Austria, sino colaboración con Monteverde. Resulta obvio que los detalles ofrecidos por el jefe español acerca de la forma como fue prendido Miranda provinieron de los conspiradores, por cuanto algunos patriotas estaban embarcándose, otros huían y los más no participaron en la conspiración, por consiguiente, no conocían los pormenores de lo sucedido.

Finalmente, Peña nunca se pronunció por lo acaecido en La Guaira, más bien trató que aquellos hechos se disiparan, indudablemente su silencio lo acusaba.

X. SIMÓN BOLÍVAR

Con Simón Bolívar necesitamos una explicación adicional por los siguientes motivos: El propósito de la mayoría de los historiadores de exculpar al *Libertador* ha sido el motivo principal de la confusión que se ha presentado en el caso que analizamos, confusión que pretendemos esclarecer en este trabajo. No obstante, dividiremos nuestro juicio acerca del *Libertador* en dos partes: a) opinión del *Libertador* sobre Miranda; b) opinión del *Libertador* sobre los acontecimientos en La Guaira que nos ocupan.

Después de la caída de la primera república, desde 1812 hasta 1815 el *Libertador* produce ocho documentos, de los cuales los primeros cinco son de crítica severa al comportamiento de Miranda y en los últimos tres esa crítica es atenuada[200]. Pero el cambio verdadero de Bolívar hacia Miranda puede ubicarse a partir de la comunicación que dirige al congreso de Cúcuta y que tiene por objeto defender a su amigo Iturbe, quien le había servido de puente con Monteverde para la consecución del pasaporte hacia Curazao. Allí dice:

> "Cuando el año doce, la traición del comandante Casas puso en posesión al general Monteverde aquella plaza con los jefes y oficiales que pretendían evacuarla, no pude evitar la infausta suerte de ser presentado al tirano porque mis compañeros de armas no se atrevieron a acompañarme a castigar a aquel traidor o vender caras sus vidas (apéndice 20)".

Es notorio el cambio del *Libertador* cuando narra los hechos de La Guaira, ahora denuncia la "traición del comandante Casas", lo cual no había hecho antes.

Es de hacer notar que esa misma aseveración la realizaron Pedro Gual, Mariano Montilla y Antonio Leleux (ver cita 188 y apéndices 12 y 15). Todos amigos de Miranda y Bolívar, se supo que estuvieron con éste en Curazao después de la capitulación. Es obvio suponer que estos patriotas tienen que haber conversado con Bolívar acerca de aquellos sucesos y haberle referido sus opiniones. Recordemos que Gual fue su ministro de Relaciones Exteriores en la Gran Colombia y Antonio Leleux vino con él de Inglaterra en 1810, después de la caída de la primera república pasa a Curazao y luego a Cartagena en su compañía. Puede decirse lo mismo de Mariano Montilla; su relación epistolar con el

---

200 Polanco Alcántara, Tomás: *Simón Bolívar. Ensayo de una interpretación biográfica a través de sus documentos.* Caracas, 1994, pp. 290, 291.

Libertador se intensifica desde 1820 y fue hombre de su estricta confianza en los difíciles años que van de 1826 a 1830.

Pero desde finales de 1822 en adelante se producen un conjunto de cartas que señalan el viaje a América de los hijos de Miranda: la primera es de Leleux a Bolívar el 17 de diciembre de 1822, en la cual le pide que "tenga la bondad de hacerme contestar dos palabras sobre los hijos de Miranda"[201].

La otra, el 7 de enero de 1823, de Tomás Molini, quien fue secretario del *Precursor*.

> "Me tomo la libertad de dirigirme a Vd., para presentarle a Leandro de Miranda, primogénito de nuestro desdichado amigo el difunto general don Francisco de Miranda [...] si me atrevo a expresar que esta carta de recomendación [...] renovará en su pecho la amistad que antaño existía entre el general Miranda y Vd., y que así el hijo recogerá los frutos de esa antigua amistad"[202].

Igual carta recibe de Luis López Méndez, el 19 de enero de 1823. Posteriormente, con relación a la oferta que haría la familia de Miranda de su biblioteca, Bolívar se dirige el 11 de julio de 1826 a Sucre: "Remití a Ud., el catálogo de la biblioteca que perteneció al general Miranda y que está en venta en Londres, ella es hermosa y tiene el mérito de haber pertenecido al más ilustre colombiano".

Y, definitivamente, cuando el *Libertador* llega a Caracas le presentan un retrato de Leandro Miranda; inmediatamente le escribe:

> "Me ha sido muy apreciable ver un retrato de Ud. que me ha sido presentado en esta capital, él me ha recordado ideas gloriosas y tristes a la vez porque reviven en mis ojos las

---

201 *Ibíd.*, p. 292.
202 Miramón, A.: *La llama que no muere*. Instituto Panamericano de Geografía e Historia, Caracas, 1983, p. 83.

facciones de su ilustre padre [...] Ud. debe contar siempre con la amistad de su afectísimo"²⁰³.

La relación de Bolívar con los hijos de Miranda fue especialísima; puede decirse que fue un desagravio postrero a la memoria de su padre.

Menos clara es la opinión del *Libertador* acerca de los acontecimientos que culminaron con la prisión de Miranda. No se conocen criterios de Bolívar sobre este tema, siempre hablan sus intérpretes. El juicio de Bolívar más aproximado es el que diera en 1821, que vimos más arriba; sin embargo, es una opinión contra de las Casas y no contra Miranda. Los compañeros de Bolívar dijeron esto. Comencemos con el general Pedro Briceño Méndez, quien fue su secretario y amigo íntimo. Le contó a O'Leary:

"Apenas había llegado Bolívar a Caracas en marcha para el cuartel general del dictador, cuando supo la capitulación que éste había concluido ya con el enemigo sometiéndole el país, y resuelto a no someterse a él, resolvió emigrar para los países extranjeros. Se hallaba en La Guaira con este objeto junto con un gran número de jefes y oficiales que habían formado la misma resolución, a ejemplo del dictador, que tampoco quería aguardar sobre sí los efectos de la capitulación; pero habiendo pretendido embarcarse, se les intimó que nadie sino Miranda podía hacerlo. Indignado Bolívar de esta nueva traición trató con los coroneles Mires, Miguel Carabaño, comandante Tomás Montilla y otros jefes comprometidos *sobre el modo de salvarse,* y habiendo convenido en que no había otro que el de arrestar al dictador y castigarlo por sus traiciones, se dirigieron al comandante de armas de la plaza [que lo era entonces el coronel Manual María de las Casas]. Este accedió al plan y dio al coronel Bolívar la comisión de que ejecutara el arresto. Bolívar, acompañado de los mismos jefes nombrados, lo verificó y entregó al comandante de la plaza al reo en la noche (no sé de qué día) y acordaron diferir la ejecución capital con

---

203 *Ibíd.* p. 88. En este texto se narran otros nexos que tuvo Bolívar con Francisco de Miranda hijo.

que pensaban castigarlo al siguiente día. La ejecución quedó sin efecto porque parece que el coronel Casas recibió órdenes o avisos de Caracas, que le hicieron temer la venganza de los españoles ya vencedores, y se opuso también a que Bolívar y sus compañeros se embarcasen. En consecuencia todos cayeron en poder del enemigo. No ha faltado quien acuse a Bolívar por la prisión de Miranda, como hecha para congraciarse con los españoles y obtener su propio perdón a costa de la vida de su general; pero lo cierto es, *que él no tuvo otro objeto que vengar a la patria, y vengarse él mismo del mal que se le hacía deteniéndole en el país para que fuese víctima de los enemigos.* Esto lo convence más del resentimiento que conservó por largo tiempo contra el coronel Casas por no haber cumplido lo que se convino, y haber dado lugar a que el enemigo se apoderara del dictador y sus aprehensores. La prisión de Miranda le valió, sin embargo, su salvación porque el señor Francisco Iturbe, que era amigo personal de Bolívar y ejercía una grande influencia con Monteverde, sacó todo el partido posible a favor de aquél, representando el hecho como un servicio singular prestado a la España"[204].

Hacemos nuestras las reflexiones que Ricardo Becerra manifestó ante la opinión de Briceño Méndez:

"[...] en todo caso es de desearse [...] que semejante testimonio no llegue nunca ante el tribunal de la historia [...] según ese testimonio de elementos contradictorios, Bolívar buscó en la prisión de Miranda su salvación al mismo tiempo que su venganza; fueron los españoles los que evitaron el crimen del proyectado fusilamiento"[205].

Otro comentario lo realiza el edecán del *Libertador,* el coronel Belford H. Wilson, en carta enviada a O'Leary el 4 de marzo de 1832:

---

204 Austria, José de: *Ibíd..*, pp. 360, 361.
205 Becerra, Ricardo: *Ensayo histórico documentado de la vida de don Francisco de Miranda.* Tomo II, pp. 265, 266.

"Hasta la última hora de su vida se gloriaba de aquel acto que siempre aseguraba haber sido exclusivamente para castigar la perfidia y traición de Miranda, capitulando con una fuerza inferior e intentando luego embarcarse, sabiendo que la capitulación no sería observada"[206].

Y en otra carta del mismo Wilson el 14 de julio de 1832:

"Bolívar siempre se gloriaba delante de mí de haber arriesgado su propia seguridad, que pudo haber conseguido *embarcándose en un buque* con el fin de asegurar el castigo de Miranda por la traición que se le atribuía [...] Si Miranda creía que los españoles observarían el tratado, debería de haberse quedado para hacerlos cumplir su palabra; si no lo creía, era un traidor por haber sacrificado su ejército"[207].

Salta a la vista la contradicción entre lo afirmado por Briceño Méndez y lo dicho por Wilson. El primero señala que Bolívar no pudo embarcarse; el segundo dice que sí lo podía hacer, pero se queda para castigar la traición de Miranda. En Venezuela, ante tales circunstancias, se dice: "No expliques que confundes". Son incontables los testimonios que muestran este tipo de contradicción por la sencilla razón de que no se puede justificar lo injustificable.

Sólo queda, después de tantas aseveraciones contrapuestas, lo señalado por Bolívar en la voz de Wilson, el que Miranda debió haberse quedado para hacer cumplir la capitulación. ¡Qué curioso! ¡Bolívar le exige a Miranda que se quede, pero él recibe pasaporte de Monteverde y se va! Realizando la misma ruta que según Gual y otros patriotas debería haber hecho Miranda a través de Curazao y Cartagena.

Además, era una soberana insensatez exigirle a Miranda que se quedara, como quedó demostrado en los meses subsiguientes de su prisión. "Esperar en el país la reinstalación de las autorida-

---

206 *Memorias del general O'Leary,* tomo I p. 75.
207 *Ibíd.,* p. 76.

des españolas era exponerse a que se le detuviera y se le abriera causa por sus pasados delitos"[208].

¿Cuáles eran esos delitos según la corona española? Ser tránsfuga del ejército español; representante de los colonos rebeldes; agente británico; jefe de la expedición libertadora de 1806; reo de estado y eterno conspirador contra la monarquía española. Por todo esto, Miranda no podía esperar una amnistía que sólo cobijaba a los autores de la revolución del 19 de abril[209].

Precisamente eso fue lo que sucedió, una de las causas que se le siguió fue por los hechos de 1806[210].

Volviendo a Bolívar, ya expresamos que sobre el incidente narrado sólo nos queda una sola comunicación, y fue la que él le envió al congreso de Cúcuta en 1821 (apéndice 20).

Las razones por las cuales Bolívar participa en la conjura no quedan claras porque se dieron versiones contradictorias y el mismo Libertador ofrece otra, como se deriva de lo visto en el apéndice 20. Esto es: él pretendía castigar a de las Casas y también a Miranda. Con lo cual habría que preguntar, ¿a quién se castigaba por los 800 presos que cayeron, por no permitírseles embarcar en La Guaira hacia el exterior? Obviamente, son principales responsables los que promovieron la conjura: de las Casas, Peña y Bolívar.

En tal sentido, se vertieron muchas conjeturas acerca de las verdaderas causas que motivaron a Bolívar a esa acción.

Una la manifestaron tanto Heredia como Yánez (un realista y un patriota). El primero dijo:

> "Estando en La Guaira [Bolívar] cuando bajó Miranda para embarcarse, fue uno de los que tramaron y ejecutaron la prisión

---

208 Luciani de Pérez Díaz, Lucila: *Miranda, su vida y su obra*, 1968, p. 381.
209 *Ibíd.*
210 Becerra, Ricardo: Tomo I, pp. 293, 294.

de este hombre desgraciado, íntimo amigo suyo, y a quien se gloriaba antes de haber persuadido que viniese a Venezuela: acción infame, de cuya negra mancha no podrá jamás lavar su reputación. Por mediación de don Francisco Iturbe, tesorero de diezmos, consiguió pasaporte de Monteverde, y salió para Curazao a principios de agosto de 1812 manifestándose convertido de las ideas revolucionarias y decidido a pasar a servir de voluntario en el ejército inglés de lord Wellington para volver a la gracia del gobierno de España. Esta disposición de su ánimo que sus amigos más íntimos me han asegurado que era sincera, se mudó enteramente luego que supo en Curazao que a pocos días de su salida mandó Monteverde secuestrar sus bienes con cuyos productos contaba para sostenerse decorosamente en la nueva carrera"[211].

Lo interesante del relato de Heredia, regente de la real audiencia de Caracas entre 1812 y 1817, defensor de los derechos humanos de los vencidos, es que coincide con el mismo realizado por el patriota Francisco Javier Yánez:

"Bolívar, por la interposición del honrado español don Francisco Iturbe, obtuvo pasaporte de Monteverde, y con algunos pocos compañeros llegó a Curazao, con las miras de ir a Europa a servir en el ejército de Wellington, más habiendo sabido que sus bienes se habían secuestrado, las violencias y atentados de Monteverde y que si volvía a Caracas sufriría la misma suerte que los demás que habían abrazado la causa de la independencia, de acuerdo con los otros refugiados en aquella isla determinó trasladarse a Cartagena, en busca de auxilios para libertar a su patria de tan pérfido tirano"[212].

Es posible que ante la situación planteada en La Guaira, con cantidad de presos y patriotas huyendo, Bolívar se haya propues-

---

[211] Heredia, José Francisco: *Memorias del regente Heredia*. BANH. Caracas, 1986, pp. 118, 119.

[212] Yánez, Francisco Javier: *Relación documentada de los principales sucesos ocurridos en Venezuela desde que se declaró estado independiente hasta el año 1821*. Dos tomos. Tomo I, pp. 82, 83.

to servir a Wellington; no obstante, ello deja sin responder, satisfactoriamente, los motivos que le indujeron a participar en la conspiración. Consideramos como causa principal lo acaecido con la pérdida de la plaza de Puerto Cabello, de la cual era su comandante. Esta conclusión es forzosa, al revisar las distintas cartas que le envía a Miranda, en donde no sólo se encuentra abatido moralmente, sino que se hace responsable por la pérdida de la república. Desde esta perspectiva, sí se entiende su idea de colaborar con Wellington, inclusive, la idea desesperada de participar en la conspiración contra Miranda; se entiende también lo dicho por Briceño Méndez "el modo de salvarse, vengarse él mismo". Asimismo, debe recordarse que quienes participan en la detención son todos oficiales que habían estado en el fracaso de Puerto Cabello: José Mires, Tomás Montilla, Miguel Carabaño y otros. Esto no es una casualidad.

Ahora bien, ¿por qué participan en una conspiración a todas luces riesgosa? Porque el futuro de estos oficiales, incluyendo por supuesto a Bolívar, era a decir lo menos, comprometido. Recuérdese que cuando el poder ejecutivo autoriza a Miranda a convenir con Monteverde, una de las razones fue la pérdida de Puerto Cabello. Recuérdese también que el estado mayor así como el poder ejecutivo, se encontraban en La Guaira, prestos a embarcarse con Miranda. La reinstalación de este poder cívico-militar en el exterior, con el correspondiente balance de todo lo acaecido, tendría que considerar lo ocurrido en Puerto Cabello, colocando las responsabilidades y sanciones a que hubiere lugar. Todo esto lo sabían Bolívar y los oficiales que lo acompañaron, lo cual añadía una presión sicológica adicional, lo que los indujo, sin duda, a esa acción desesperada.

Para suerte del *Libertador,* ese poder ejecutivo y militar no pudo salir al exterior, los principales dirigentes quedaron apresados en La Guaira, otros huyeron, unos más se escondieron. En todo caso, la estructura político-militar de la primera república se hunde con Miranda en La Guaira. Esta es otra mancha adicional para los conspiradores. Por eso hemos reiterado que se trató de un golpe de estado a la república.

Los jóvenes que lograron escapar a Curazao para marcharse a Cartagena no tenían los grados y la autoridad suficiente para condenar a nadie por el estrepitoso fracaso. Todo esto produce una agria discusión, como se deduce de los apéndices aquí revisados, pero en la medida en que van llegando exiliados, la discusión se atenúa y no se encuentran con otra opción, sino la de realizar la ruta que según Gual había propuesto Miranda. ¡Qué paradoja! No obstante, las heridas no se cerraron completamente, ello explica el conflicto personal no resuelto entre Manuel Cortés Campomanes, Mariano Montilla, Pedro Labataut y tantos otros con el *Libertador*. También explica el inicio de conflictos personales con los firmantes del manifiesto de Chacachacare el 11 de enero de 1813 (entre ellos Mariño y Piar), quienes respaldaron plenamente a Miranda y la capitulación. Conflicto centrado en la conducta injustificada del *Libertador* en la entrega de Miranda a los españoles.

Lo que sucedió inmediatamente después ya lo sabemos; según Heredia[213], había a finales de noviembre 723 personas detenidas. Este es el balance final de la irreflexión, venganza y traición que cometieron algunos patriotas liderados por de las Casas, Peña y Bolívar.

Como epílogo de esta tragedia, se esconden las verdaderas causas del entierro de la primera república. No son dos procesos distintos, a saber: prisión de Miranda y la pérdida de la república, sino todo lo contrario. Con la prisión de Miranda se suman más de 723 presos, incluidos por supuesto, los jefes principales de la república, cuya recuperación no fue posible por el encarcelamiento, exilio y muerte que provocó aquella tragedia. Inmediatamente después, se producen los avatares de la guerra, triunfa el

---

213 Heredia, José Francisco: *Ibíd.*, p. 76.

Libertador, con él sus ideas, pero nunca la democracia y su momento más esplendoroso, que se inicia con Miranda y finaliza en 1812. La agresividad con la que Bolívar atacó a la primera república, más todo el pasado inmediato que le atormentaba, produjo una opinión desfavorable sobre ella. Habrá un momento de recuperación en 1830, pero el esfuerzo será insuficiente. La recuperación definitiva de nuestro primer aporte democrático, está por hacerse.

XI. MIRANDA Y BOLÍVAR: DOS POSTURAS ÉTICAS

No podemos eludir, ya para finalizar, los comentarios de Bolívar y Miranda posteriores a los sucesos de La Guaira.

El primero produjo varios documentos, entre finales de 1812 y mediados de 1813. Al referirse a Miranda lanza las siguientes frases:

> "Sacrificándose a los designios de su general, quien por una infinita cobardía no logró las ventajas de la victoria"; también esta otra "[...] Es preciso convenir en que las capitulaciones vergonzosas de Miranda no fueron la obra de Monteverde sino de las circunstancias y de la cobardía del general del ejército de Venezuela y la conducta de Miranda sometió a la república venezolana a un puñado de bandidos"[214].

Pretendía el *Libertador* con estas afirmaciones lavar sus culpas por lo sucedido. Simples calumnias e infamias. Ya vimos hasta el detalle que la capitulación fue una decisión colectiva del gobierno de la primera república. Infamatoria también la aseveración de cobardía de Miranda. A Bolívar, junto con Mariano Montilla y Francisco Salias, les tocó presentar ante el gobierno el informe de la batalla de Valencia. Batalla inicial en cuya jefatura estuvo Miranda. Esto hizo posible que fuera aclamado en su regreso a Caracas.

---

214 Polanco Alcántara, Tomás: *Ensayo de una interpretación biográfica a través de sus documentos.* Academia Nacional de la Historia, pp. 290, 291.

Un testigo de excepción de aquellos acontecimientos fue Robert Semple:

"El general Miranda se expuso él mismo considerablemente y dirigió la acción con serenidad. Escapó ileso, pero varios individuos pertenecientes a la clase más respetable de Caracas fueron muertos o heridos"[215].

Todo esto lo sabía Bolívar, copartícipe con Miranda de aquellas acciones, pero cambia los hechos para justificar el oprobio a Miranda y a la república en julio de 1812. Aunque él cambió posteriormente sus opiniones acerca de Miranda y la capitulación, no obstante, recordemos a Pilatos "Lo escrito, escrito está".

Sin embargo, ¿cómo responde Miranda? Es, sin duda, su respuesta lo que lo ennoblece. En situación de total adversidad, el *Precursor* no busca culpables, mucho menos entre compatriotas. Da una muestra de dignidad y de ética que lo sitúa en un escalón sin par entre sus contemporáneos. En aquel momento de total infortunio, el hombre se muestra en toda su magnitud. En el momento postrero, responde a las exigencias que habían cifrado sus compatriotas en él. Así se presentó ante la real audiencia: "Que después que por largo espacio de cerca de ocho meses he guardado el silencio más profundo, sepultado en una oscura y estrecha prisión y oprimido con grillos: después que he visto correr la propia suerte a un número considerable de personas de todas clases y condiciones: después que ante mis propios ojos se han representado las escenas más trágicas y funestas: después que con un inalterable sufrimiento he sofocado los sentimientos de mi espíritu, y, finalmente, después que ya estoy convencido de que por un efecto lamentable de la más notoria infracción los pueblos de Venezuela gimen bajo el duro yugo de las más pesadas cadenas; parece es tiempo ya de que por el honor de la nación españo-

---

215 Semple, Robert. *Bosquejo del estado actual de Caracas incluyendo mi viaje por La Victoria y Valencia hasta Puerto Cabello. 1810-1811.* Ed. Montana, 1968, p. 118.

la, por la salud de estas provincias y por el crédito y responsabilidad que en ellas tengo empeñadas, tome la pluma en el único y preciso momento que se me ha permitido para reclamar ante la superior judicatura del país estos sagrados e incontestables derechos".

Pasa inmediatamente a informar cómo se ha violado la capitulación por parte del gobierno realista. Repárese en la descripción que realiza a continuación, de sus compañeros de armas y de los que no lo fueron, pero que también cayeron en desgracia por el percance ocurrido el 31 de julio de 1812:

"Yo vi entonces con espanto repetirse en Venezuela las mismas escenas de que mis ojos fueron testigos en la Francia: vi llegar a La Guaira recuas de hombres de los más ilustres y distinguidos estados, clases y condiciones, tratados como unos facinerosos; los vi sepultar junto conmigo en aquellas horribles mazmorras; vi la venerable ancianidad, vi la tierna pubertad, al rico, al pobre, al menestral, en fin, al propio sacerdocio, reducidos a grillos y a cadenas y condenados a respirar un aire mefítico que, extinguiendo la luz artificial, inficionaba la sangre y preparaba a una muerte inevitable: yo vi, por último, sacrificados a esta crueldad ciudadanos distinguidos por su probidad y talento, y perecer casi repentinamente en aquellas mazmorras no sólo privados de los auxilios que la humanidad dicta para el alivio corporal, sino expirar en los brazos de sus socios, destituidos aun de los socorros espirituales que prescribe nuestra santa religión, hombres que estoy seguro hubieran perecido mil veces con las armas en la mano cuando capitularon generosamente antes que someterse a semejantes ultrajes y tratamientos".

Lo más conmovedor de esta narración es que el *Precursor* en su situación desgraciada, lucha aún por los venezolanos agraviados:

"[...] repito, dirijo mis clamores por la primera vez en defensa de los habitantes de Venezuela, que no hayan dado motivo posterior a la capitulación para que se les trate como criminales [...] Con este objeto, pues, me presento a mi nombre y el de todos los habitantes de Venezuela por la vía que me permite mi situación oprimida, y en la forma que mejor haya lugar en derecho, haciendo la más vigorosa reclamación sobre las indicadas infracciones, y protestando cuanto de protestar sea, como y contra quien corresponda, todos los daños, perjuicios, atrasos y menoscabos que se han seguido y siguieren a cada uno de los presos en particular, y a todos en general, y elevar mis quejas hasta el trono más augusto de la nación, a donde, si fuere necesario, pasaré yo mismo en persona a vindicar los ultrajes y agravios que hemos recibido"[216].

Por la forma y contenido de estos reclamos, es que el honrado Heredia, al referirse a Miranda, se vio en la necesidad de decir "[...] cuya memoria ha sido uno de mis tormentos"[217].

No es necesario reclamar la atención del lector para precisar las diferencias entre esta postura y la expresada por Bolívar en las cartas anteriormente revisadas. Por ello insistimos en que son dos proyectos no tan sólo políticos sino también éticos.

El 15 de agosto de 1815, poco antes de morir, Miranda le envía una comunicación a su amigo Vansittart, quien para entonces, al igual que Turnbull, realizaba los preparativos para la fuga del Precursor. En dicha comunicación se preocupaba por haberse suspendido la correspondencia entre él y Vansittart. Allí le recuerda algunos aspectos por los cuales se encuentra aún encarcelado:

> "Soporto pacientemente esta execrable injusticia, porque ella debe siempre revertir en honor y en beneficio de mi patria, cuyos intereses siempre fueron altamente apreciados por mí dejando de lado las fechorías de algunos individuos que no han de desvirtuar el fondo de la cuestión, ni confundirse con la masa general de la gente"[218].

---

216 *América espera:* Memorial de las Bóvedas de Puerto Cabello; 08/03/1813, pp. 474 a 480.
217 Heredia, J.F. *Ibíd.* p. 67.
218 *América espera. Ibíd..*, p. 494.

Nobleza total, principios firmes, señala sólo las fechorías de algunos individuos; sabía Miranda que su silencio lo dignificaba y lo situaba como el prohombre más abnegado de América. Paradójicamente, no supo, porque murió, que aquellas fechorías fueron tomadas por otros con el único afán de ocultar los hechos de los días aciagos del 30 y 31 de julio de 1812. Aquí sólo pretendemos colocarlos en su sitio y reivindicar la memoria del maestro de los libertadores de América.

CONCLUSIÓN

Pretendimos con este estudio dar respuestas a algunas preguntas formuladas hace tiempo.

La conformación por parte de Miranda de una red política con ramificaciones en toda América, hizo posible un movimiento sostenido para la independencia en la parte sur de este continente. Sólo incluimos aquí la colaboración y participación del último período del *Precursor*, ubicado entre 1809 y 1812, en cuya colaboración aparecen personajes, lamentablemente desconocidos, como es el caso de Antepara y Cortés Campomanes, a la par de otros, como Bolívar y Bello, estos sí conocidos por la opinión general.

Queda por escribir la participación de otros notables como Bejarano, Baquijano, Salas, Fermín Vargas, Pedro Caro, y tantos más, que iniciaron el proceso emancipador en un esfuerzo titánico aún no comprendido a cabalidad.

En este esfuerzo inagotable de Miranda, logramos incluir su participación, aunque sea a distancia, en la conspiración de Gual y España. Su vinculación con Sorondo, Zinza, Cortés Campomanes y el mismo Gual, nos ha abierto un campo hasta ahora desconocido. Igualmente, su vinculación con personalidades del imperio británico: Dundas, Duff y Picton, hacen de Miranda acreedor de una labor de agitación en aquella conspiración no ponderada hasta el momento. Por si fueran pocos los haberes de Miranda en la emancipación suramericana, debe añadírsele ésta, la de Gual y España, en su condición de colaborador y agitador.

Un momento político en Miranda sobresaliente son dos de sus propuestas poco comentadas, pero que ayudarían mucho a comprender la disposición tiránica y despótica en América Latina; aludimos a: cuando se sacrifica el interés individual al interés público, o se suprime el primero por el segundo, se conduce inexorablemente a la tiranía, sobre todo si el interés colectivo está representado en una persona que lo usurpa, llámese rey, presidente, primer ministro, o lo que sea. El estado, según Miranda, existe para atender aquellas áreas en las que el esfuerzo individual se diluye y se hace inútil, o para participar como representante suyo donde el individuo por su decisión arbitraria usurpe el ámbito de otros ciudadanos. Asimismo, Miranda entiende que la separación de poderes y su respectiva autonomía, más la elección sin la injerencia de otros poderes, es la garantía única contra la tiranía. Así tenemos que para Miranda, la soberanía de la nación es la soberanía de sus individuos y de sus poderes autónomos constituidos. Con ello se rebasa la tesis decimonónica de la soberanía geográfica de la nación.

Nos propusimos precisar las ideas políticas de Miranda y Bolívar desde sus aspectos más relevantes, ya que lo conocido hasta ahora es el conflicto entre los partidarios del rey, llamados realistas, y los defensores de la emancipación política de la colonia española, llamados patriotas.

El hecho de señalar distintas ideas desde la posición patriótica es sumamente importante para conocer cómo se instala la república y en lo que ella derivó, producto del conflicto de las doctrinas que en los inicios se presentaron. El que los historiadores no se hayan detenido en este asunto, ha producido dos orientaciones funestas en la historia política venezolana.

Por un lado, creer que la república fue precedida por un solo proyecto para su conformación facilitó la incomprensión de un debate que estaba en el centro mismo de aquella institución, a saber: el dilema democracia o despotismo y el de civilidad o militarismo. Por otro lado, la postura acrítica de historiadores y políticos al planteamiento de Bolívar, que se inicia en 1813, favoreció la creencia de un único discurso en la posición patriótica; en consecuencia, no se pudo ver que al margen de los postulados del *Libertador* también se produjo otro, representado por Miranda y los dirigentes políticos de 1811.

Estas dos orientaciones han sido el impedimento fundamental para reconocer el proceso político que se constituye en 1810 y culmina en 1830.

La democracia en Venezuela no nace, ni en 1936 con López Contreras, ni en 1941 con Medina, ni en 1945 con Betancourt. Estos supuestos se originaron por una lectura errónea del siglo XIX, que aceptó sin beneficio de inventario que la primera república fue la patria boba o república aérea.

Quienes así argumentan, compraron irreflexivamente el discurso de Bolívar, que, como vimos, estaba influido por los sucesos de la capitulación de 1812 y fue el inicio político de distintas formas de tiranías y caudillismo. El proceso político venezolano que va de 1808 a 1812, reúne todo el cuerpo doctrinal de la democracia moderna; más aún, establece con carácter premonitorio la llamada democracia deliberativa, que algunos llaman participativa. Basta con señalar la Colección Sesquicentenario de la Independencia de la Academia de la Historia de 53 tomos (1960), para percatarse de la inmensa labor teórico-política de los fundadores de la república.

Esta obra no tiene parangón en los años posteriores de Venezuela. Y no lo tiene porque desde 1810 a 1958, en esos 148 años, sólo durante cinco hubo presidentes civiles. Esto no es casualidad, es el quiebre histórico que se produce desde 1813, con una retahíla de caudillos que tuvieron profundo desprecio por el pueblo y su forma de hacerse democráticamente. Los fundadores no gobernaron, o no pudieron gobernar, pero dejaron un legado intelectual hasta ahora insuperable.

En virtud de lo anterior, debemos reconocer la importancia del 19 de abril de 1810 y del 5 de julio de 1811. El olvido y la negligencia por el estudio de este período en los aprendices de caudillo, es perdonable, no lo es en aquellos que presumen de demócratas. Estamos hablando del único lapso histórico en Venezuela que puede llamarse, justamente, revolución civil democrática.

Ahora bien, hicimos una propuesta con la intención de observar los postulados contrapuestos de Miranda y Bolívar. El propósito fue conocer sus ideas, por cuanto si algo los distinguió fue un cuerpo doctrinal que impulsó sus acciones; lo invariablemente cierto es que la única manera de comprender lo que somos y seremos, pasa por un análisis descarnado de nuestros principales próceres.

Por último, quisimos contribuir con nuestro estudio al análisis de la capitulación de 1812, no tan sólo como un hecho trágico (que evidentemente lo fue), sino también como un momento de recambio en la historia nacional, que produjo una ruta histórica que no quisieron, pero que tampoco pudieron solventar los fundadores de la república. Si hemos despertado la curiosidad del lector por estas circunstancias, nos damos por servidos.

APÉNDICES

Indicaciones abreviadas

F.O.: Ministerio de Negocios Extranjeros.

W.O.: Ministerio de Guerra.

C.O.: Ministerio de las Colonias.

M.B.: Museo Británico.

A.D.: Manuscritos adicionales

(Los apéndices desde el 2 al 16 se encuentran en la Academia Nacional de la Historia).

APÉNDICE 1

Reunión de los representantes del gobierno republicano, en donde se acuerda el armisticio con las fuerzas enemigas, designándose al general Miranda para los trámites correspondientes

En este cuartel general de la Victoria, a doce de julio de mil ochocientos doce, segundo de la Independencia, el *Generalísimo* de las armas de Venezuela ciudadano Francisco de Miranda, teniendo presentes en su alojamiento a los ciudadanos infrascritos miembros del Poder Ejecutivo Federal, diputado del honorable Congreso y mayor general de este Ejército ciudadano José de Sata y Bussy, funcionario del Poder Judicial de la provincia de Caracas Francisco Paúl, y el Director General de las rentas de la Confederación y de la misma provincia de Caracas ciudadano Antonio Fernández de León, les manifestó el crítico estado de las cosas militares y políticas consecuente a la pérdida de la Plaza y Puerto Cabello y costa de Ocumare y Choroní, ocupadas por el enemigo, menos por la fuerza de las armas, que por el influjo de las perfidias, del fanatismo y de la falacia, que en lugar de disminuirse, se aumentan y ofrecen nuevas ventajas al enemigo, sin que de las Provincias confederadas se haya recibido auxilio alguno, ni se espere fundadamente su recibo, estando las unas en poder del enemigo, y las otras poco instruidas en los deberes del pacto federal, o preparadas en cuanto al verdadero estado de las cosas, o sin armas suficientes para auxiliar al Ejército de la Confederación, que casi todo se compone de tropas y oficiales de estas provincias, cuyas dos terceras partes, antes más que menos, se hallan en poder de los contrarios, con inclusión de todos sus llanos y haciendas de ganado, en tales términos que apenas queda libre de la invasión y ocupación del enemigo el partido capitular de la capital de Caracas y La Guaira, sin contar con las costas de Barlovento y valles de Capaya, a donde también ha penetrado el mal de la subversión a favor del enemigo. Por todas estas razones, por la penuria de armamento y ninguna esperanza de auxilios extranjeros, consultó el medio de la negociación con el comandante de las fuerzas enemigas, como necesario en la peligrosas circunstancias en que se halla la libertad de Venezuela para asegurar las personas y propiedades de todos los que aún no han caído en manos del enemigo; proponiéndole un armisticio y la correspondiente estipulación que hiciese cesar el derramamiento de sangre, y trajese la paz conforme a la mediación ofrecida y publicada por la generosa nación inglesa, o su gobierno. Contestaron todos adhiriéndose a la proposición del *Generalísimo,* y dejando a su prudencia y pericia militar y política la ejecución y cumplimiento. Se discurrió igualmente sobre el estado de las provisiones de boca, y sobre otros puntos conducentes a la salud pública; y firmaron todos los concurrentes con la mayor recomendación del sigilo:

Francisco de Miranda, Antonio Fernández de León,

Francisco Espejo, Juan Germán Roscio, Francisco Paúl,

José Sata y Bussy.

Archivo de Miranda. Tomo XXIV, p. 509, 510.

APÉNDICE 2

Comunicación del comandante Haynes a Miranda, solicitándole protección a los bienes británicos apostados en La Guaira.

Barco de Su Majestad *Sapphire*

La Guaira, mar adentro de La Guaira, 6 p.m.

29 de julio de 1812

Señor,

Le ruego me informe sin pérdida de tiempo qué diligencias realizará a los bienes británicos que flotan en este lugar. Es mi deber brindarles toda la protección dentro de mi poder a los súbditos de Su Majestad, por lo que, salvo se suministre una respuesta satisfactoria a esta solicitud, tendré que ejercer todo ese poder para salvar sus bienes de toda confiscación.

Respetuosamente,

Henry Haynes, Comandante

Para:

General Miranda, Generalísimo

Copia Ad./263

APÉNDICE 3

Respuesta de Miranda a Haynes, garantizándole seguridad a los buques británicos establecida en la capitulación, así como la suspensión del embargo para que los buques puedan zarpar

Caracas, 30 de julio de 1812

Estimado Señor,

Acabo de recibir su carta oficial del día de ayer y puedo garantizarle que los bienes de los súbditos de Su Majestad que se encuentran en el puerto de La Guaira no corren el menor peligro, puesto que se encuentran protegidos por los cargueros de dicho lugar, *así como por una solemne y honorable capitulación respetada por el enemigo hasta los momentos. Además, puede contar que antes de la toma de posesión de La Guaira, se levantará el embargo y se les permitirá que los buques zarpen.*

Los Mercaderes Watson y otros que se encuentran aquí piensan, por el contrario, quedarse en este lugar más tiempo, convencidos que sus bienes están seguros, aunque desean recuperar lo que se les debe para embarcarlo en los mismos buques. Por consiguiente, me han solicitado, al menos ayer, y no dudo que las circunstancias lo llevarán a protegernos en lugar de darnos sufrimiento. Es lo que espero de sus benévolas y saludables intenciones.

Francisco de Miranda (firmado)

Para:
Sr. H. Haynes: Comandante del Barco de su Majestad Británica *Sapphire*

Traducción Ad. 1/263

APÉNDICE 4

Monteverde exige a través de de las Casas, que se impida la salida de buques del puerto de La Guaira.

El Comandante General de las tropas de Su Majestad don Domingo Monteverde en una comunicación de ayer expresa su deseo de querer que no permita la salida de ningún buque para, sin duda, evitar la salida de ninguno de los habitantes de este país.

En este sentido, espero que no le permita la entrada a bordo de su buque a ninguna persona que haya residido en el país.

La Guaira, 31 de julio de 1812.

M.M. de las Casas (firmado)

Para: El Comandante del Barco
de Su Majestad Británica *Sapphire*

Copia Ad. 1/263

APÉNDICE 5

El comandante Haynes objeta la medida que le exige Monteverde, con relación a la salida de los buques del puerto de La Guaira

Barco de Su Majestad Británica *Sapphire*

La Guaira, mar adentro 31 de julio de 1812

Señor,

Tengo que hacer acuse de recibo de su carta de esta mañana y en respuesta a ella, le ruego acostumbrarse a que no es mi intención recibir a bordo de este barco a personas que hayan residido en este país durante mi estadía en este ancladero.

También, tengo que solicitarle que le informe al General de Su Majestad Católica, Domingo Monteverde, que no acostumbraré al Comandante de los fletes de Su Majestad en Jamaica y Barbados a las rigurosas medidas que éste ha adoptado en contra de las personas y bienes británicos que últimamente han estado vinculados en actividades comerciales en este país.

H.J. Haynes (firmado)
Comandante

Para: *El Comandante Militar en La Guaira*

Copia Ad. 1/263

APÉNDICE 6

De las Casas le reprocha a Haynes la ayuda prestada por éste al bergantín *Zeloso* y le exige que lo regrese al puerto de La Guaira

Habiéndoseme informado que Usted asistió al bergantín *Zeloso* con un oficial y doce hombres que pertenecen a su Brigada para dar protección durante su escape de este puerto. En este sentido, no puedo sino reclamarle el regreso de este buque a puerto, en el entendido de que cumplo con mi deber al dirigirle esta indicación.

La Guaira, 31 de julio de 1812.

M.M. de las Casas

El Comandante del Barco
de Su Majestad Británica *Sapphire*

Traducción Ad. 1/263

APÉNDICE 7

Haynes responde a de las Casas, que su ayuda al *Zeloso* obedece a la petición del capitán Castillo, al mismo tiempo le informa que en la capitulación no se incluyen los barcos apostados en La Guaira.

Barco de Su Majestad Británica Sapphire

La Guaira Mar Adentro, 31 de julio de 1812

Señor,

En respuesta a su comunicación referente al bergantín *Zeloso*, tengo que informarle que ayer en horas de la mañana me visitó el Capitán Castillo y, en presencia de varios señores, me solicitó que le brindara asistencia con un oficial y un tripulante de bote a fin de mantener a su gente subordinada, *habiéndome informado el general Miranda anoche que el Zeloso y otros barcos artilleros no habían sido incluidos en la Capitulación y habiéndome demostrado la autoridad del general Miranda sobre él para asumir el rango de Comandante de Marina, no podía yo suponer que éste estaba actuando en estricto cumplimiento con las órdenes de su Gobierno.* Ahora me encuentro retirando mis oficiales y los hombres del *Zeloso*. Es imposible que Usted piense que yo tuve o pueda tener control sobre el capitán Castillo. Si mi convencimiento puede tener cualquier influencia sobre él, el *Zeloso* sería traído de regreso a los fondeaderos de La Guaira.

H.J. Haynes (firmado)
Comandante

Para:

*Señor Don José Maria de las Casas
Comandante Militar La Guaira*

Ad. 1/263

APÉNDICE 8

Haynes exige a Monteverde la liberación de los bienes y súbditos británicos, que se encuentran en La Guaira, de conformidad con lo establecido en la capitulación

A bordo de Su Majestad *Sapphire*

Fondeaderos de La Guaira

31 de julio de 1812

Señor,

En el entendido de que Usted está por asumir el mando de La Guaira, debo exigir la liberación inmediata de los bienes y los súbditos de Su Majestad Británica en la Provincia de Venezuela y los que se encuentran en los fondeaderos de La Guaira de conformidad con lo estipulado en la Capitulación realizada entre Usted y Miranda.

También, tengo la necesidad urgente de dar asistencia a cualesquiera buques británicos que salgan de La Guaira de manera de protegerlos contra la depredación de corsarios españoles, que se han hecho notorios y que, hasta los momentos, han irrespetado las relaciones de amistad subsistentes entre estos Estados hermanos.

Henry Haynes (firmado)
Comandante

Don Domingo Monteverde
Comandante General
de Su Majestad Católica

Ad. 1/263

APÉNDICE 9

De las Casas exige a Haynes la devolución de 22.000 pesos entregados a Robertson por Miranda. Caso contrario enviará a tierra a los pasajeros del *Zafiro;* de las Casas insiste en el cumplimiento del embargo y que no debe salir ningún barco de La Guaira

La Guaira, 31 de julio de 1812

Señor,

Entiendo que a bordo del barco bajo su mando se ha enviado la cantidad de veintidós mil dólares por órdenes del general Miranda, entregada a George Robertson y embarcada en la goleta *William,* propiedad del Sr. Tinker según consta en el documento que se encuentra en mi poder, suscrito por el mencionado Robertson y sus caballeros que ahora se niegan a devolverla bajo el pretexto de responsabilizarlo por la garantía de otros bienes existentes en este país, propiedad de otros súbditos británicos. En consecuencia, me dirijo a Usted para exigir el reembolso de la mencionada suma, convencido de que Usted no apoyará al Sr. Robertson en cualquier decisión contraria a la devolución del dinero que éste mantiene retenido sobre el cual carece de autoridad alguna. Acto contrario me garantizaría que se estarían expropiando todos los bienes británicos en este lugar, por lo que en el entendido de que Usted no puede avalar este tipo de conducta, le reitero que tengo la seguridad de que Usted ordenará que la referida suma sea devuelta a tierra.

Además, debo exigir que se podrá enviar a tierra a todos los pasajeros que han sido admitidos a bordo del barco bajo su mando desde su llegada a este lugar.

Estando obligado a cumplir estrictamente con las órdenes de embargo de este puerto, asunto que ya se lo he comunicado y en el entendido de que la mayoría de los buques en el fondeadero intentan zarpar bajo su protección, le ruego que bajo ninguna circunstancia avale tal violación de la referida orden.

M. de las Casas (firmado)

Para:

El Comandante del Barco
de Su Majestad Británica *Sapphire*

Copia de una traducción *Ad. 11263*

APÉNDICE 10

Haynes acusa a de las Casas de haber avalado la entrega de los 22.000 pesos; lo acusa también de conocer la suspensión del embargo, hecho que se produjo en su presencia y con la autorización de Miranda

Barco de Su Majestad Británica *Sapphire*

La Guaira, mar adentro 31 de julio de 1812

Señor,

Ayer, se recibió a bordo del barco de Su Majestad bajo mi mando la cantidad de veintidós mil dólares con su conocimiento y aprobación, realizándose la embarcación bajo la superintendencia del Capitán del puerto. Si no me equivoco, tiene en su poder el correspondiente recibo del Sr. Robertson.

La penosa escena que he presenciado esta mañana me convence de que luego de haber recibido la garantía pública del general Miranda en la Casa de Gobierno y habiéndoseme indicado en su presencia que se había levantado el embargo y que los bienes y propiedades de los súbditos británicos estaban seguros gracias a la capitulación que tengo en mi poder, no puede existir confianza alguna en ninguna propuesta hecha por los insurgentes. La bandera continúa izada en los fuertes de La Guaira.

No me sorprende que en pocas horas hayan prácticamente cambiado el código de conducta que Usted ha seguido desde su llegada al barco de Su Majestad que se encuentra en los fondeaderos de La Guaira. Si Usted hubiese manifestado deseo alguno de que yo no otorgase asilo a ningún tipo de personas, lo habría aceptado con la excepción de los súbditos de Su Majestad y confío en que tal es la humanidad de un funcionario británico dada su experiencia para hacerle esperar que entregaré a las personas que hayan buscado asilo previamente. En lo referente a nuestra comunicación de esta mañana sobre este tema le dejo a su consideración la evaluación de mi conducta sobre este particular. Asimismo, le dejo a su memoria que Usted esperó ser uno de los pocos desafortunados que ahora se encuentra a bordo de la embarcación bajo el amparo de la bandera de Su Majestad.

Acudiré de inmediato a Curazao a rendirle cuenta a mi Comandante en Jefe y al Gobernador de esa isla sobre los hechos acaecidos últimamente, particularmente el hundimiento de un buque británico de parte cargueros de La Guaira, a pesar de las más solemnes garantías que se nos dieron, por lo que le transmití al Capitán de los buques británicos que el embargo había cesado.

H.J. Haynes (firmado)
Comandante

[Ilegible]: el dinero que recibí a bordo de este barco (bajo los términos anteriormente mencionados con tanta publicidad) y por los cuales he suscrito el conocimiento de embarque será entregado a la orden del Sr. George Robertson. En este sentido, el recibo en su poder constituye la mejor explicación que puede dársele a su negativa a que yo realizara la entrega sobre la base de su exigencia.

Para:

El Comandante Militar La Guaira

Copia Ad. 1/263

APÉNDICE 11

Carta de Haynes a su superior Stirling, detallándole lo sucedido en La Guaira, la capitulación, el embargo y otros temas relacionados con Miranda

Barco de Su Majestad balandro *Sapphire*

Puerto de Ámsterdam, Curazao 4 de agosto de 1812

Señor,

A mi regreso a este ancladero de transportar el bergantín *Conway* hasta el pasaje Mona, recibí una solicitud de varios mercaderes para que les brinde transporte hasta La Guaira, portando una cantidad del papel moneda de Caracas. En este sentido, la conducta de los corsarios de Coro había sido tal desde hace un tiempo, a fin de fomentar las mayores detenciones entre los mercaderes de esta isla y desde la isla hasta las islas Barlovento. También, ya que esta propiedad era de tanto valor y no era considerada segura en cualquier otro buque que no fuera un barco de guerra, acepté su solicitud.

A mi llegada a La Guaira el pasado día 29, me encontré con que los buques ingleses y de todo otro origen estaban en una situación de embargo temporal. La consternación que alcanzaba todo rango es indescriptible, a partir de la detención de tropas españolas que entraban a la ciudad antes de que se levantara el embargo. Aquí, los mercaderes británicos, bien informados de la conducta del general Monteverde en Puerto Cabello, tenían toda razón de temer una confiscación total de sus bienes. Me llegaron muchas solicitudes y súplicas de personas de todo tipo. Para evaluar la verdadera situación de las cosas, le escribí una carta identificada bajo el N° 2 al general Miranda y recibí su respuesta bajo el N° 3, a primeras horas del día 30. Inmediatamente, hice la señal de traslado y giré instrucciones a cuatro buques. *Esta noticia del general Miranda, quien me aseguró que el embargo sería levantado, produjo un regocijo general. Durante todo este día, la gente de diferentes nacionalidades que había venido a este país desde la última revolución se encontraba ocupada embarcando sus pertenencias.* El Sr. George Robertson de la Casa de Robertson & Belt embarcó veintidós mil dólares para que se efectúe la correspondiente entrega con Conocimiento de Embarque.

Mientras el Capitán del *Zeloso,* un bergantín de guerra de bandera independentista, desayunaba esperándome le mostré la carta del general Miranda y éste me solicitó que le asistiera con un oficial y tripulación de bote para aquietar a su gente hasta que se conociera la capitulación. Puesto que la situación y fuerza de este bergantín junto con el carguero habría hecho imposible el escape del buque británico, en caso de que el general Monteverde infringiera la capitulación, aprobé la solicitud del capitán Castillo, esperando a la misma vez del correspondiente celo de España que esta medida creara alguna sospecha en tierra.

Todo el día 30 transcurrió sin que se hiciera ninguna observación al respecto. *A las ocho de la noche llegó el general Miranda a La Guaira e inmediatamente le puso fin al embargo. Tan pronto como lo pude separar de la multitud que lo rodeaba, le informé de un oficial mío con tripulación quienes estaban a bordo del* Zeloso *y que ya que las cosas estaban tan bien arregladas, era mi deber retirarlos. Me rogó que no lo hiciera, afirmándome que tenía toda razón de temer que yo ejerciera plenamente mi humanidad y que él no esperaba la llegada accidental de un barco de guerra británico, y que por lo tanto, había mantenido ese bergantín como la tabla de salvación de los desafortunados aventureros que se habían embarcado en la causa independentis-*

ta bajo su mando. También, manifestó que en la capitulación que había hecho cuidadosamente se abstenía de mencionar el Zeloso *y demás cañoneros. En lo particular, esta afirmación me parece muy extraña ya que el general Miranda había estado tratando con un oficial naval. Por mi parte, le solicité a un amigo que revisara la capitulación quien me satisfizo al manifestarme que no estaba especificada.*

Ahora que me siento tranquilo regresé a bordo con la intención de tomar el primer aire de viento, esperando que todos los otros buques hicieran lo mismo. Sin embargo, no tuvimos brisa durante toda la noche. De hecho, cada uno estaba calmado, con seguridad luego de la carta que Miranda me había escrito y por su declaración pública en la Casa de Gobierno que ellos no habían remolcado sus buques como se había creído. El capitán del *Zeloso,* quien se encontraba mejor informado de lo que ocurría, es una excepción, puesto que en la noche él remolcó su buque fuera del alcance de los cargueros.

Temprano durante la mañana del 31, recibidas cartas números 4, 6 y 7. El portador de estas cartas me informó acerca del arresto de Miranda. Ya no tenía dudas acerca de las intenciones del general Monteverde y, deseoso de evitar toda clase de disputa con dicho oficial, me subí al barco de Su Majestad tan pronto como surgió una luz del barco de Su Majestad. La cobertura encimera de las más altas navegaciones, junto con las noticias tranquilizadoras de tierra, indujo a varios buques, tanto ingleses como estadounidenses a buscar su escapatoria. Puesto que la capitulación me pareció quebrantada, no realicé ninguna señal de transporte, y me rehusé a brindarles asistencia a varios capitanes de buques que lo habían solicitado. En ese momento, los cargueros rompieron fuego contra cada buque que había intentado movilizarse, por lo que ahora fuego la salida de la manera más notoria, a fin de llamar la atención de Su Excelencia hacia una característica principal en el manejo del oficial que estaba ejecutando las órdenes de don Domingo Monteverde, General de las Fuerzas Armadas de Su Majestad Católica (todavía ondea la bandera independentista en los fuertes).

Previamente, le había informado al portador de las cartas del Comandante que yo sabía lo que ocurriría e insistí en que los cargueros respetaran la bandera de Su Majestad a pesar de lo anterior. A pesar de esta intimación, los cargueros nos dispararon a nuestra plataforma, entre nuestros mástiles, al dirigir su artillería contra los buques británicos en particular. El cañoneo cesó con el hundimiento de una de las goletas inglesas, y poco después, esta bandera se encontraba con disparos.

Las evidencias que se consignaron por ante mí en el transcurso de los últimos dos meses, tanto de mi propia experiencia y del indudable testimonio de otros del deseo de cordialidad de don Domingo Monteverde hacia los súbditos de Su Majestad, no me dejaron ninguna duda de las acciones a tomar.

En virtud de lo anterior, escribí la carta N° 10 para luego zarpar (habiendo retirado a mi oficial y los hombres del *Zeloso*) hacia este fondeadero. En este lugar, tengo el honor de anexarles las copias de la correspondencia que hemos tenido mi persona y las personas anteriormente mencionadas.

Mucho le agradecería me disculpe y si se llegase a enterar de alguna conducta indebida de mi persona, o en caso que Usted considere que me haya dejado llevar excesivamente por el entusiasmo en relación con la ocasión. No obstante Sr., por un lado, confío que se tendrá en consideración la situación delicada en la que se me involucró, así como que se respete mi conducta como aliado de Gran Bretaña; y, por el otro, le manifiesto mis sentimientos por el honor de la Bandera de Su Majestad, temiendo no poder rescatar los bienes de los súbditos de Su Majestad de un claro pillaje, o quizás, de una total confiscación.

Le haré llegar la capitulación para su consideración si tengo la oportunidad antes que el *Gyane* parta a traducirla.

Con mis lealtades,

Henry Haynes
Comandante

Para:

Sr. Charles Stirling
Vice-Almirante de *White Jamaica*

Ad. 1/263

APÉNDICE 12

Mariano Montilla explica a Luis López Méndez lo acaecido en el puerto de La Guaira como resultado de la capitulación

San Bartolomeo, 4 de octubre de 1812

Estimado amigo,

Los acontecimientos en nuestro país han sido terribles, aunque ninguno como las infames violaciones de los acuerdos celebrados entre el general Miranda y el general de las tropas españolas Monteverde. Tiene Ud. encadenado en el más repugnante de los calabozos dos a dos y por el cuello con agua hasta las rodillas a la flor de la juventud caraqueña, así como a toda persona de honor y distinción. Entre ellas se encuentran su sobrino don José Lorenzo ya fallecido y su envejecido hermano don Isidoro junto con otro hijo, quienes están muy graves luego de habérseles robado 45.000 en oro y a quienes les encontraron en una de sus propiedades. Entre los confinados en las prisiones están mi hermano Thomás, mis primos John y Raphael Castillo, Sanz, Roscio, el Canon de Chile, los oficiales europeos, Salcedo, Mires, Jalón, Pellín y los americanos: Espejo, los Tovar, los Salias, los Pelgrons, Bolívar, los Machado y varios de los 800 que se pensaba estaban el pasado 15 de septiembre en puerto Cabello y La Guaira. *Inclusive, el General Miranda se encuentra preso. Cuando estaba por embarcar, fue aprehendido por don José María Casas, Comandante de La Guaira quien, hundiendo los buques que intentaban escapar, detuvo la emigración de aque-*

llos que, en virtud de los tres meses para emigrar estipulados en la capitulación, vinieron a La Guaira con el fin de embarcarse a diversos lugares. Su propiedad llamada Piñoral ha sido sacrificada, luego de incorporársele al territorio ocupado por las tropas. Monteverde llegó hasta San Mateo, se declaró a favor del enemigo, salvo la propiedad de don Antonio León, denominada Tapatapa, la cual se encuentra libre. Propiamente no estaba presente durante ese desastre, puesto que hace un año me había ido a Filadelfia a recuperarme de salud. No obstante, tan pronto como supe del estado en que se encontraba mi país, me embarqué y llegué a esta isla donde he conocido los detalles de estos hechos desastrosos, los cuales me han dejado perplejo. Me disculpa por hacerle ver que es necesario que se realicen los mayores esfuerzos por ante el Gobierno británico, de manera que éste pueda interceder por ante las cortes y salvar así la vida de personas desafortunadas que serán llevadas a patíbulo, a menos que esta noble y poderosa nación utilice su poderosa influencia y medie en su nombre.

Lealmente,

Mariano Montilla (firmado)

Para:

Don Luis López Méndez

Traducción F.O. 72/157

APÉNDICE 13

Carta de MacGregor al gobernador de Curazao Hodgson, precisándole los términos de la capitulación, al tiempo de solicitarle permiso para el bergantín Celoso, con los oficiales del ejército colombiano, continúen viaje hacia Cartagena.

Curazao: 3 de agosto de 1812

Señor,

Tengo el honor de informar a VE., que esta mañana visité a vuestro secretario militar y fui informado por él que permanecíais aún en el campo. No ocuparé la atención de VE., con una descripción de los acontecimientos que acaban de tener lugar en Caracas pero sólo observaré que la capitulación hecha por el general Miranda no se extiende ni puede extenderse a aquellas provincias de la Unión que aún no han sido conquistadas por el enemigo y habiendo visto una copia de la orden general de Sir Francis Laforey mandando que la bandera de Venezuela fuese considerada como neutral me veo inducido a exigir a VE., *información de si el bergantín de guerra Celoso se le puede permitir salir para Cartagena con aquellos oficiales del ejército colombiano que puedan haber llegado a este lugar.* Por mi propia parte es mi deseo salir por la primera oportunidad para Jamaica en camino para Inglaterra con la mira de exponer ante los Ministros de S.M., el estado actual de los asuntos de Caracas pues tengo las mayores razones para creer que ellos están favorablemente inclinados hacia ese país y por supuesto si no estuviera plenamente persuadido por ello (aludo al nuevo Ministerio) no me hubiera inducido a mantener la situación que tenía (Brigadier y Comandante General de la Caballería) en su ejército.

Me permito asegurar a V.E., del respeto y consideración con los cuales tengo el honor de ser, Señor, el más obediente y humilde servidor de V.E., (fdo) Gregor MacGregor.

A.S.E. el mayor general Hodgson, Gobernador de Curazao. W.O.1/112 Curazao. 1812. Vol., 2 folios 37 y 38 COTgovr Hodgson. Colección Urdaneta Carrillo. Archivo Academia nacional de la Historia.

APÉNDICE 14

Opinión de Manuel Palacio Fajardo, acerca de las causas y consecuencias de la capitulación

La juiciosa conducta de Miranda comenzaba a restablecer el orden en Caracas y la disciplina en el Ejército, cuando los españoles prisioneros en la fortaleza de puerto Cabello se apoderaron de la misma, gracias a la complicidad y traición de su comandante. El coronel Simón Bolívar, que tenía al mando de la plaza, considerando que era imposible asaltar y reducir el fuerte, sin que ello causase la destrucción de la ciudad, se embarcó con sus oficiales para La Guaira. Las nuevas de este hecho llegaron al ejército el 5 de julio, al celebrarse el aniversario de la independencia venezolana, produciendo gran desaliento. El enemigo encontró en Puerto Cabello gran cantidad de municiones, de las que carecía; abriendo al mismo tiempo sus comunicaciones por vía marítima con Puerto Rico y Coro, de donde obtuvo refuerzos que antes tenían que llegar por tierra y recorriendo una distancia de más de ciento cincuenta leguas

El general Miranda pudo apercibirse de que las deserciones iban en aumento; los realistas ocupaban la región que aprovisionaba Caracas; las tropas republicanas eran menos numerosas que las del adversario, y además estaban mal armadas; y finalmente, el temblor de tierra, cuyas sacudidas se renovaban a intervalos, mantenía vivos los temores supersticiosos que produjo. Los españoles de Caracas y La Guaira se mostraban tan resueltos a la rebelión, que se hizo ponerlos a buen recaudo. Y lo poco que había quedado en pie de Caracas, después de la catástrofe de 26 de marzo, habría sido del todo destruido en el caso de tomar el enemigo la ciudad por asalto. *En estas circunstancias, Miranda, con la aprobación del Poder Ejecutivo, propuso una capitulación, cuyos artículos fueron convenidos entre el general Monteverde y José Sata y Bussy, al que acompañaban algunos oficiales designados por Miranda. He aquí los artículos de esta capitulación, tal como fueron firmados y ratificados:*

1) Se aplicará a Caracas la Constitución presentada por las Cortes a la nación española.

2) No se molestará a nadie por sus anteriores opiniones.

3) Todas las propiedades y bienes particulares serán respetados.

4) Se permitirá la salida a todos los que deseen dejar el territorio de Venezuela.

Caracas cayó de nuevo en poder de los realistas. El ejército republicano se desbandó, y Miranda como muchos otros, se refugió en La Guaira con la intención de embarcarse para Cartagena. La conducta de algunos compatriotas respecto a Miranda fue de ingratitud. El comandante militar de La Guaira, Manuel María de las Casas, le hizo detener, con la esperanza de congraciarse con esta traición el favor de Monteverde. Miranda y cerca de un millar de patriotas fueron encerrados en las mazmorras de La Guaira y Puerto Cabello, y se mandaron otros a Puerto Rico. Se trasladó a Cádiz a los sudamericanos José Cortés de Madariaga, Juan Germán Roscio, Juan Pablo Ayala y Juan Paz Castillo; así como también a Francisco Isnardi, Manuel Ruiz, José Mires y Juan Barona, españoles al servicio de la República venezolana.

Extracto del libro *Bosquejo de la revolución en la América Española (1817)* de Manuel Palacio Fajardo. Publicaciones de la Secretaría de la Décima Conferencia Interamericana. Colección Historia. Nº 3. Páginas 80 y 81. Caracas 1953.

APÉNDICE 15

Carta de Leleux (ayudante de campo de Miranda), a Vansittart (canciller de la tesorería británica), ofreciéndole detalles de la capitulación, así como de la traición de que fue objeto Miranda

La situación en la que el general Miranda ha quedado en un calabozo, cargado de cadenas, privado de toda comunicación, etcétera, confío que será estimada como una excusa suficiente para dirigirme a vos Señor, sin haber tenido el honor de una previa presentación.

Yo he sido el ayudante de campo de confianza del General y puedo quizás por mi parte reclamar un cierto grado de credulidad al presentar una relación de los últimos y desgraciados sucesos que en el curso de estos últimos seis meses han tenido lugar en Venezuela y los cuales supongo que la fama en su curso habitual ha hecho ya conocer a V.E.

Tratar en la actualidad de daros, Señor, una relación completa de lo que ha ocurrido aun desde el terrible terremoto del 26 de marzo último no lo permitirían los límites de una carta. -Basta con saber que el Poder Ejecutivo de la Confederación viendo las tropas del enemigo a dos jornadas del asiento del gobierno (Valencia) confirió poderes casi dictatoriales al General, como puede verse en documentos que reposan en mi poder y que en cualquier tiempo tendré el placer de comunicaros, Señor, en vuestra calidad de amigo de mi General-. Aun sus enemigos aplaudieron esa medida, se consideraba al país en gran peligro y todos parecían, particularmente el General, dispuestos a olvidar sus resentimientos privados para pelear por la causa pública. Esos sentimientos eran tan generales que muchos extranjeros y algunos muy respetables tomaron las armas bajo sus órdenes, seguros de tener el mayor éxito; después de una primera acción entre algunas pocas tropas de ambas partes a dos leguas de Valencia, que el gobernador dejado allí por el General había abandonado, obligado por la imprudencia o más bien por la perfidia de algunos oficiales, desde luego que tres de ellos se pasaron al enemigo, el General, a pesar de que el enemigo se había retirado a su aproximación creyó conveniente por lo que observó, retirarse a Maracay a organizar las tropas, etc. En el dominio de la política sus primeros pensamientos se dirigieron hacia Inglaterra y en consecuencia su Secretario el señor Molini fue despachado a tratar con los Ministros de S.M., paso éste que entonces fue muy aprobado. Pasando por sobre un gran número de cosas que considero innecesario consignar en la presente, *sólo manifestaré que a principios de julio último, habiendo los enemigos por medio de algunos traidores cuyo número era demasiado grande entre nosotros, apoderándose de Puerto Cabello que era considerado como el baluarte de la libertad, y en la cual los patriotas podían desafiar todo el poder de España, por su fuerza, por sus almacenes y municiones, siendo el depósito general; esta gran pérdida unida a la deserción de varios oficiales y soldados indujeron al General con el consejo y apoyo del gobierno de la Unión a proponer una negociación al jefe de los enemigos don Domingo Monteverde; se enviaron en consecuencia proposiciones por cada uno de los respectivos ejércitos hasta la llegada de los comisionados británicos como mediadores. Habiendo sido esto último rechazado, una especie de Capitulación (de la cual tengo copia) tuvo lugar y fue aprobada por la mayoría de los miembros del gobierno por varios especiales motivos. Los soldados en su mayoría depusieron las armas con gran repugnancia y el General fue a La Guaira para embarcarse para Curazao, habiendo con anticipación enviándome a mí con sus libros y papeles, etcétera, para ponerlos a bordo de un navío inglés y enviarlos o irme en compañía de ellos si hallaba alguna oportunidad antes de que él llegara y entregarlos a la casa de los Señores Robertson & Belt de Curazao, en consecuencia fueron puestos a bordo del Sapphire, al mando del Capitán Haynes y para asegurar dichos efectos estimé prudente encargárselos al Señor Robertson, quien para aquel momento estaba en La Guaira, seguro de que serían respetados como efectos británicos y habiendo llegado el General el 30 en la noche habló con el Capitán Haynes en presencia del Gobernador de La Guaira y le dijo que el embargo que había sido decretado con respecto a los navíos mercantes había sido ya levantado y que todos se podían ir al siguiente día, proponiéndose él mismo tomar su pasaje a bordo del Sapphire.*

El gobernador de La Guaira cuyo nombre es Casas, hombre egoísta a quien el general había levantado de la nada y abrumado de favores en diversas ocasiones, había estado calculando en los pocos días anteriores con fría indiferencia, cuál línea de conducta le sería más ventajosa; parecía sin embargo resuelto a seguir al General si éste hubiera ordenado que le fueran entregados cuatro mil pesos en oro de los veinte y dos mil que el General había embarcado como de su propiedad particular, esto le fue negado y sólo le ofrecieron $ 800 por la razón de que teniendo el General que proveer para un gran número, él no podía sino darle poco a cada uno. Casas no respondió; pero desde aquel mismo momento resolvió quedarse y hacer las paces con Monteverde. Él conspiró, intrigó con algunos descontentos en el preciso momento en que el General se fue a acostar y a las tres, en la mañana siguiente, arrestó al General, quien sin abrigar ninguna clase de sospecha dormía tranquilamente en su cama, lo trasladó a un castillo; dio inmediatamente aviso a Monteverde de lo que había hecho; ordenó por su propia cuenta a los navíos que tenían permiso de Miranda, no salir del Puerto, hundió un navío inglés que lo intentó, detuvo a todos los extranjeros y naturales del país en tierra hasta que los enemigos entraron a la ciudad. Tuve una hora después la buena suerte de escaparme y entrar a bordo de un navío inglés en donde me mantuve escondido en un montón de paja para unas mulas hasta que después de haber vagado en varias direcciones por diez días llegué a Curazao a la casa de los Señores Robertson & Belt en donde el 13 los oficiales *de la Aduana fueron a hacer una visita y un registro de los baúles. Los abrí todos, parecieron satisfechos de que no contenían sino libros, papeles y ropas usadas y se excusaron de ocasionarme tantas molestias, etc. Pero el 17 regresaron y sus procedimientos pueden conocerse por el documento Nº ... , aquí incluido, por lo cual espero, Señor, que quedareis suficientemente instruido como para tomar aquellas medidas que os dictarán vuestra sabiduría y amistad por el General Miranda. Respecto a su persona poco o nada se trasluce, excepto que se encuentra en la situación que os he descrito al principio de esta carta, en La Guaira, sin más ropa de vestir que las que tenía puestas cuando fue arrestado el 30 del mes pasado; siendo la opinión más admitida que será remitido a España. Si se puede obtener una orden para que todos los efectos pertenecientes al general Miranda en esta isla me sean entregados, bajo recibo, me embarcaría inmediatamente para Inglaterra para bien de aquellos a quienes pueda interesar.*

Quedando en espera de una respuesta, creo no será indiscreto manifestaros, Señor, que me encuentro en una isla extranjera, habiendo perdido todo, con excepción de algunos libros y ropas de vestir que los oficiales de la Aduana creyeron conveniente acordarme de aquello que había sido confiscado junto con los efectos pertenecientes al General.

Tengo el honor de ser, Señor, con la más alta consideración, vuestro más obediente y humilde servidor,

(Fdo) A.I. Leleux.

Al honorable Nicholas Vansittart, Canciller de la

Tesorería de su Majestad.

F.O. 72/140. Spain. Domestic Various. July to September 1812.

Archivo de la Academia Nacional de la Historia

Colección Urdaneta Carrillo.

Del Public Record Office y Foreing Office.

APÉNDICE 16

Tomás Molini, secretario de Miranda, quien se encontraba en Londres desde 1812, informa a Richard Wellesley lo acaecido con la pérdida de la república. Los detalles de esta información se los suministra Luís Delpech, quien sirvió en el ejército de Miranda

Querría, querido Molini, poder satisfacer el leal y legítimo interés que Vd. Me ha manifestado en conocer con exactitud los detalles de la muy famosa catástrofe de Caracas; pero sería necesario para ser suficientemente exacto una memoria mucho mejor que la mía; poder acordarse de una infinidad de circunstancias de la conducta de gran número de individuos que no han podido inspirar nunca sino el más perfecto desprecio, y que mi carácter me ha obligado siempre a olvidar. *Así me limitaré a transmitirle los hechos que podré recordar y los que han sido comunicados a Mariano Montilla por Robertson y otros amigos.*

Fue la toma de Puerto Cabello la que ocasionó todos los males, llevó al colmo el desaliento, el desorden, la confusión, al mismo que casi decuplicó la audacia y el partido de los enemigos, que en este momento estaban sin ninguna especie de municiones y habían determinado retirarse dentro de dos días. Apenas esta importante plaza les fue entregada, con los inmensos almacenes y municiones de guerra que ella guardaba, un enjambre de navíos enemigos llegaron allí con tropas, emigrados, opositores del régimen de Venezuela: en el mismo momento los enemigos interiores que estaban dispersos en los alrededores de Caracas, fueron a reunirse a una división de Monteverde situada en dirección de Cura; más de 4000 negros conducidos por Llamosas y los curas, se levantaron en los valles del tuy; el dinero y el fanatismo hicieron desertar y abandonar el ejército a una infinidad de soldados, de manera que viéndose en la imposibilidad de hacer nada, el general aprovechó los pocos momentos que le quedaban para obtener una capitulación y no caer con los patriotas, poco numerosos y de buena fe, todavía a discreción de Monteverde.

Vd. conoce mejor que yo cuán mal rodeado estaba el general. Sin embargo, eligió a Sata y Aldao para parlamentar con Monteverde. Eran tal vez lo que había de mejor cerca de él, pero estos dos individuos de un carácter débil y sin energía, hicieron conocer demasiado el estado de extremo a que estaban reducidos y las intenciones secretas del gobierno; y aun cuando el enemigo estuviese perfectamente instruido en todo, temía aún alguna medida enérgica que pudiese salvar la causa pública, y era muy necesario que no pudiese nunca penetrar las últimas intenciones del general en jefe. Pero se lo repito, el enemigo no tuvo pena en instruirse de ello, y hubo de cerciorarse doblemente cuando por un fatal abandono el general depuso la suerte de la patria y la suya en las manos parricidas del traidor Marqués de León, a quien nombró plenipotenciario y confirió todos los poderes (sic). Vd. conoce la capitulación que concluyó este pérfido negociador y sabe también con qué falta de fe ha sido infringida. Sería muy penoso contar los crímenes, los sangrientos horrores con que se han manchado Monteverde y el partido español. Le será suficiente saber que ningún europeo, con excepción de Pablo Arambarry y de su respetable familia, ha abrazado el partido de la independencia y sostenido sus juramentos; todos han sido perjuros, crueles sanguinarios; para siempre estarán cubiertos y repugnantes de la sangre de los desgraciados criollos, que todos (con excepción de algunos traidores más horrorosos todavía que los españoles) han sido implacablemente degollados, pillados, vilipendiados, maltratados, sin distinción de edad, de calidad, de sexo.

Se han contado más de 800 individuos amontonados a la vez en los horribles calabozos de La Guaira y Puerto Cabello, muriendo de miseria, de hambre, de emanaciones mefíticas, con un pie de agua en la prisión, amarrados dos a dos con un negro, para saturarlos con los beneficios de la igualdad.

El monstruoso gobierno del feroz Monteverde es completamente militar; León posee la más alta confianza y parece ser el consejero soberano, el abogado Oropeza es el asesor; Cyres es el escritor. No parece que todavía haya alguno perecido por un juicio legal, porque Monteverde hace publicar su clemencia y lo hace de manera de acreditarla por su gacetillero Gómez. Es, sin embargo, positivo que una enorme cantidad de prisioneros ha muerto de miseria, se hacen cada noche en los calabozos extracciones considerables, se ignora la suerte de las víctimas. Muchos criollos han sido encontrados apuñaleados en las calles: los feroces europeos dicen que es necesario exterminarlos a todos y persuaden al populacho, ignorante y fanático, que la tierra temblará siempre mientras exista uno solo.

Para darle una idea de los perversos que han traicionado su patria y la confianza del general, sepa Vd, que Gual, Francisco Paul, Carlos Soublette, Le Mer, Valenzuela, Rafael Jugo y su padre, Manuel María de las Casas, Quero, (este último ayudante de campo de Monteverde) y una gran cantidad de execrables bribones, han abandonado cobardemente la causa de Venezuela y pagado con la más negra ingratitud las bondades del general. Talavera está libre y en paz. Luis Escalona, presidente del nuevo Cabildo, ha visto morir a su hermano Juan en las torturas del oprobio. En fin, mi amigo, todo ha sido ignominia, confusión, bajeza, cobardía. Este pueblo inmoral y despreciable no merece sino cadenas, humillaciones; y para ocultar tanta vergüenza sería necesario que un temblor de tierra pudiese tragárselo en el seno de sus abismos.

Vd. Sabe todo lo que se ha dicho sobre el general. Para responder a las calumnias, a los sofismas, a las injurias con que se le ha colmado, sería indudablemente necesario tener mucho tiempo que perder a fin de con la hidra multiforme de la impostura, del fanatismo y de la necedad. De resto Vd. sabe que se juzgan casi siempre las cosas por los resultados. Se ha dicho que Miranda era un traidor porque el perverso Monteverde ha infringido la capitulación y las gentes de bien han sido entregadas al cuchillo asesino de los infames españoles; pero sin discutir estas aserciones infundadas, me limito a creer que si Miranda hubiese sido traidor no se habría ciertamente traicionado a sí mismo, compartiendo la suerte de aquellos que había, se dice, vendido a Monteverde, y si no tuviera la convicción de que él ha sido incapaz de una cobardía semejante, diría yo que es imposible que un hombre que trabajó toda su vida por la independencia de América, haya podido al fin de su carrera olvidar esta gloriosa empresa, manchar sus cabellos blancos, deshonrar para siempre su memoria al descender a la tumba y por tanta ignominia y fechoría, no recibir otra recompensa que las cadenas y la muerte.

Londres: 27 de Febrero de 1813

Foreign Office. 72/151

Archivo de la Academia Nacional de la Historia, Colección Urdaneta Carrillo.

APÉNDICE 17

La entrega de Miranda explicada por Ducoudray Holstein, el cual prestó sus servicios a la república. Valiosa información de lo acontecido en el puerto de La Guaira, comentarios en la casa guipuzcoana y los acompañantes del Generalísimo

En la tarde del 30 de julio, el General Miranda llegó a La Guaira a la casa de comandante militar y Teniente Coronel Republicano Manuel María Casas, quien se esperaba en todo momento fuese relevado por una guarnición española, la cual debía apoderarse de la ciudad y puerto de La Guaira de conformidad con el tratado de La Victoria. Miranda se encontró con una gran compañía entre los que cabe destacar el Comandante inglés del Sapphire, Doctor Miguel Peña, Jefe Político de La Guaira y con el Teniente Coronel Simón Bolívar. Toda la compañía esperaba a Miranda, a quien luego de refrescarse por el cansancio del caluroso día, se le invitó a quedarse a cenar y pasar la noche en tierra. El Capitán Haynes se opuso férreamente, exhortando a Miranda a permanecer con él a bordo, en el que disfrutaría de todas las comodidades, secretario, sirvientes, ropa de dormir, etc. También, agregó que deseaba zarpar inmediatamente y que la brisa de la tierra subiría. No obstante, Bolívar, Peña y Casas le manifestaron al Capitán que el General se encontraba demasiado cansado para embarcar esa noche y que la brisa de la tierra no se haría presente hasta la diez de la mañana, así que podía embarcar a tiempo. Aunque Miranda dudó éste decidió que-

darse. El Capitán Haynes se marchó insatisfecho prometiéndole al General enviar un bote que lo llevara a bordo.

La compañía se sentó felizmente a cenar. Bolívar quien ya no le temía a la autoridad de su comandante en jefe, se dispuso a presentar disculpas por lo acaecido en Puerto Cabello. Sin embargo, Miranda no quiso hablar del pasado, prefiriendo conversar de temas diversos con Bolívar y el resto de la compañía. Posteriormente, ya mostrando vejez y cansancio solicitó permiso para retirarse a descansar, despidiéndose de los tres con mucho afecto.

Por órdenes de Casas, a Miranda se le preparó una cama en una habitación que no debía cerrarse. Mientras éste dormía el triunvirato diseñaba su plan, o más bien, la mejor forma de ejecutarlo. Estoy convencido de que el plan fue creado por el Doctor Miguel Peña, miembro del Congreso y gran enemigo de Miranda cuyos pasos eran sigilosamente vigilados. Habiendo obtenido información pertinente a su cercanía de abordaje, como hemos señalado arriba, el Doctor Peña convocó a Don J.C. desde una parada entre las dos ciudades para proponerle que se uniera al plan y ayudara con el arresto de Miranda, a quien consideraba un traidor a la patria por la firma del Tratado de la Victoria. Ese honesto hombre le manifestó a Peña que el plan era un acto abominable, por lo que trató de convencerle, aunque en vano, de que desistiera. Peña dejó la conversación de una forma molesta e irreflexiva. Posteriormente, luego del arresto de Miranda, Don J.C. fue también arrestado, se le colocó hierro para echarlo en uno de los calabozos de La Guaira. Nunca, este vaciló en concluir que ello era la venganza del doctor.

Bolívar llegó primero a la casa del Comandante Casas, al que luego de algunas horas se le uniría Peña. Éstos le informarían de su proyecto a Casas, quien se les uniría. *Empero, Miranda todavía mantenía muchas amistades como para que su arresto fuera posible por el momento.*

El Capitán Haynes les comunicó a algunos de sus amigos de los cuales yo obtuve esta información detallada, que él pensaba que Miranda sería víctima de la mala voluntad, por lo que le exhortó a subir a bordo, aunque desconfiaba hablarle de manera clara por temor a que los otros lo entendieran.

A Miranda lo arrestaron de la siguiente manera: habiéndose asegurado que se encontrare dormido, los tres líderes, luego de una breve consulta, decididos a aprehenderle esa noche y a entregarlo al Comandante español Monteverde, Casas, en carácter de Comandante Militar de La Guaira, ordenó una fuerte separación del guardia principal. Con esta separación éste ordenó que se rodeara su propia casa en absoluto silencio, de manera de evitar que alguien pasara y de matar a quien intentare escapar. No se dijo ni una sola palabra de Miranda. Cuando estuvo listo, a las dos de la mañana Peña, Casas y Bolívar junto con cuatro soldados armados entraron en la habitación del General Miranda, la cual se encontraba desprovista de seguro. Éste se encontraba profundamente dormido, por lo que tomaron su espada y las pistolas que mantenía a su lado. Luego, lo despertaron, diciéndole abruptamente que debía levantarse, vestirse rápidamente y acompañarlos. Sorprendido, Miranda les preguntó por qué lo levantaban tan temprano, sin haber amanecido. En vez de responder la pregunta, éstos lo acusaron de traidor, que debía ser colgado.

Sin poder resistirse, Miranda procedió a vestirse y fue obligado a seguirlos. Éstos lo llevaron hasta un fuerte llamado San Carlos, ubicado a cierta distancia de La Guaira, sobre una montaña pronunciada a la que llegó exhausto de la fatiga y del disgusto. Habiendo soportado toda la carga que se le colocó en el camino, durante el cual se le obligó a caminar, tan pronto como llegaron al fuerte, se ordenó que le colocaran hierro. A pesar de sus patéticas y fervientes protestas, fue encerrado en uno de los calabozos más oscuro y tratado como el más vil criminal.

Los tres jefes, por su parte, regresaron con sus guardias a La Guaira y en la misma noche le enviaron una carta expresa al general español Monteverde, notificándole sobre el arresto de Miranda. El general se sorprendió por la inteligencia del arresto. Sin embargo, en lugar de ordenar la inmediata liberación de Miranda para así preservar la inviolabilidad de su propio tratado, éste recibió la noticia con su acostumbrada indiferencia y apatía, y no realizó gestión alguna ni a favor de Miranda ni en su contra.

Al día siguiente del arresto de Miranda, una fila de soldados españoles llegó al fuerte de San Carlos con la misión de relevar a los independentistas. A su comandante le sorprendió tanto ver a Miranda atado a hierros que inmediatamente lo envió con una escolta que lo llevó de regreso a La Guaira, donde éste fue nuevamente encerrado en una prisión mefítica oscura construida en una de las paredes de ese lugar y donde permanecería atado a hierros durante varios meses. El comandante español, Don Francisco Javier Cervériz, quien había relevado al comandante patriota Casas, dio órdenes de enviar a Miranda a Puerto Rico. De allí, fue trasladado a Cádiz, donde permaneció atado a hierros en el fuerte de La Carraca durante varios años hasta su muerte.

Así fue el miserable fin del General Miranda. Sin entrar en ninguna controversia política, sin averiguar si Miranda era un traidor a su patria (hombres bien informados señalan que no lo era), la historia exigirá qué derecho tenían el Dr. Miguel Peña, Don María Casas y Simón Bolívar de arrestar a quien fuera su jefe y superior. Que lo hicieran sin orden, información o participación del general en jefe español Domingo Monteverde es un hecho incuestionable.

(Extractos del libro de H.L.Y. Ducoudray Holstein. Memoirs of Simón Bolívar, President Liberator of the Republic of Colombia. 1830, pp. 125-129.)

APÉNDICE 18

Monteverde envía comunicación al gobierno español, informándole del apresamiento de Miranda y los que colaboraron en los hechos

Si los que en medio de las turbaciones de Caracas y del activo contagio de la rebelión, se han conservado ilesos, mantenido el amor de su soberano, sufrido en sus personas y bienes, detestado la usurpación, merecen de S.M. un premio correspondiente al mérito e intensidad de sus acciones; *los que fueron contagiados, pero de algún modo obraron opuestamente a la maligna intención de los facciosos, deben ser perdonados de su extravío y aun tenerse en consideración sus acciones, según la utilidad que haya resultado de ellas al servicio de S.M.*

En esta clase, Excmo. Señor, se hallan Manuel María de las Casas, Miguel Peña y Simón Bolívar. Casas y Peña eran los que estaban encargados del gobierno de La Guaira; el primero de lo militar y el segundo de lo político, cuando los facciosos de esta Provincia trataron de escaparse por aquel puerto con su dictador Miranda, llevándose consigo los restos del erario de S.M. en los días que inmediatamente precedieron a la entrada de mi ejército de Caracas.

En el momento que pisé esta ciudad di las órdenes más perentorias para la detención de aquéllos en La Guaira; pero afortunadamente cuando llegaron, aunque dirigidos con la mayor rapidez, ya Casas con el consejo de Peña y por medio de Bolívar había puesto en prisiones a Miranda y asegurado a todos los colegas que se encontraban allí. *Operación en que Casas expuso su vida, que habría perdido si se hubiese eludido su orden, del mismo modo que habrían corrido un riesgo Peña y Bolívar.*

Casas completó su obra de un modo más satisfactorio. Anteriormente había desobedecido las órdenes del déspota dadas para poner en un pontón los europeos e isleños de aquél vecindario y echarlos a pique al menor movimiento; las dirigidas a no exigir recibos de las cantidades que se embarcasen, y las demás que fueron consecuencia; pues con respecto a las primeras, notorio es que no lo hizo; con relación a las segundas, exigió recibos de los 22.000 pesos entregados al comerciante Robertson, con cuyo paso proporcionó los reclamos que he hecho al Gobernador de Curazao; y por lo que toca a las demás, sus pasos y contestaciones en el embargo y clausuras que hizo del puerto, y con el capitán de la fragata inglesa La Zafiro, de que he dado cuenta a S.M. son los mejores comprobantes.

Yo no puedo olvidar los interesantes servicios de Casas, ni de Bolívar y Peña, y en su virtud no se han tocado sus personas, dando solamente al segundo sus pasaportes para países extranjeros, pues su influencia y conexiones podrían ser peligrosas en estas circunstancias.

Espero que V.E. ponga en la consideración del Supremo Consejo de Regencia esta medida, para su soberana aprobación, y para que si lo tiene a bien manifieste su beneficencia a los importantes servicios de Casas.

(Carta enviada por Domingo Monteverde al gobierno español el 26-08-1812. Documento copiado por el doctor José Gil Fortoul, en el Archivo General de Indias, Sevilla, estante 133, cajón 3, legajo 12, (Sección Audiencia de Caracas, legajo 458) fue publicado por primera vez en el *Tiempo*, diario de Caracas, 16 de septiembre de 1899. Igualmente se encuentra inserto en su *Historia Constitucional de Venezuela*. T.1. pp. 317 y 318.)

APÉNDICE 19

Respuesta del gobierno español a Monteverde y las medidas que se deben tomar con quienes colaboraron en la prisión de Miranda

1812. Cádiz, 18 de Diciembre.

Real Orden avisando el recibo de la Carta del general Monteverde de 26 de Agosto de 1812 y dando las gracias por su conducta a don Manuel María de las Casas y a don Miguel Peña.

/fol. 1 / Al Capitán General de Venezuela, Don Domingo Monteverde.

He dado cuenta a la Regencia del Reino de la exposición de Vuestra Señoría Nº 7 de 26 de Agosto de este año dirigida por la primera secretaria de Estado, relativa al mérito contraído por don Manuel María de las Casas y don Miguel Peña, encargados, del Gobierno militar y político de la Villa y puerto de La Guaira, en la prisión del rebelde Miranda, que asociado con los demás principales autores de los males que han afligido a Caracas se había dirigido a dicho Puerto con ánimo de verificar su fuga llevándose consigo los restos del erario nacional: Operación que por su importancia y el peligro a que aquellos se expusieron ha merecido para vuestra Señoría un concepto muy distinguido de sus buenos sentimientos, señaladamente de Casas, que además desobedeció otras órdenes tiránicas de Miranda. Su Alteza, en vista de todo ha tenido a bien resolver se conteste a Vuestra Señoría como lo ejecuto, que manifieste a Casa y a Peña lo mucho que debe esperarse de las pruebas que han dado de su reconocimiento, y que Su Alteza les atenderá en las solicitudes que hagan, por estar firmemente persuadida de que las acompañarán con otras nuevas del interés que toman en la conservación del orden, y unión nacional. De orden de Su Alteza lo participo a Vuestra Señoría para su inteligencia, noticia y satisfacción de los interesados.

Cádiz, 18 de Diciembre de 1812

Archivo General de Indias. Sevilla Audiencia de

Caracas. Legajo, 437-A

APÉNDICE 20

Carta de Bolívar al congreso de Colombia, explicando los sucesos de la capitulación a la vez que solicita ayuda y colaboración para Francisco Iturbe, quien lo presentó a Monteverde

Excelentísimo Señor:

Cuando en el año 12 la traición del Comandante de La Guaira, coronel Manuel María Casas, puso en posesión del General Monteverde aquella plaza con todos los jefes y oficiales que pretendían evacuarla, no pude evitar la infausta suerte de ser presentado a un tirano, porque mis compañeros no se atrevieron a acompañarme a castigar aquel traidor, o vender caramente nuestras vidas. Yo fui presentado a Monteverde por un hombre tan generoso como yo era desgraciado. Con este discurso me presentó D. Francisco Iturbe al vencedor: aquí está el Comandante de puerto Cabello, el Sr. D. Simón Bolívar, por quien he ofrecido mi garantía: si a él toca alguna pena, yo la sufro: mi vida está por la suya. ¿A un hombre tan magnánimo puedo yo olvidar? ¿Y sin ingratitud podrá Colombia castigarlo?

D. Francisco Iturbe ha emigrado por punto de honor, no por enemigo de la Revolución, y aun cuando fuera, él ha contribuido a librarla de sus opresores, sirviendo a la humanidad, y cumpliendo con sus propios sentimientos, no de otro modo. Colombia en prohijar hombre como Iturbe, llena su seno de hombres singulares.

Si los bienes de Don Francisco Iturbe, se han de confiscar, yo ofrezco los míos como él ofreció su vida por la mía; y si el Congreso Soberano quiere hacerle gracia, son mis bienes los que la reciben; soy yo el agraciado.

Suplico a V.E. se sirva elevar esta representación al Congreso General de Colombia, para que se digne resolver lo que tenga por conveniente.

Trujillo, Agosto 26 de 1821. Exmo. Señor

Simón Bolívar

Exmo. Sor. Presidente del Congreso General de Colombia.

POST SCRIPTUM I.
EL HISTORIADOR ES UN ARQUEÓLOGO DE LA MEMORIA[219]

Michelet, citado por Hayden White, en su texto, *Metahistoria (la imaginación histórica en la Europa del siglo XIX),* considera que "el historiador llevará a los muertos un fuego lo bastante intenso para derretir el hielo donde sus voces están congeladas de manera que los muertos puedan "hablar nuevamente" por sí mismos".

Pero además, "la tarea del historiador, es hacer hablar los silencios de la historia, esas terribles notas de órgano que nunca volverán a sonar, y que son exactamente sus tonos más trágicos

¿Cuáles fueron las fuentes estudiadas para concretar el texto Miranda y Bolívar? Los años dedicados, las anécdotas en el camino de la escritura, la dificultad de recuperar el tiempo histórico...)

Las fuentes se encuentran detalladamente en la bibliografía al final del libro, ahora bien, con respecto al tiempo que nos llevó la escritura, podemos recordar que sobre el tema comenzamos a escribir desde el año 2000 un conjunto de ensayos sueltos, que luego conformaron el texto definitivo que es hoy *Miranda y Bolívar.*

---

219 Entrevista realizada por Violeta Villar Liste, en el diario *El Impulso* (04 de mayo de 2008) en ocasión de la presentación de la segunda edición de *Miranda y Bolívar. Dos Visiones.* Caracas, bid&co. Editor.

Dos Visiones. No fue fácil integrar el libro, por cuanto los archivos, documentos y libros, no están disponibles fácilmente. Por ejemplo, lo que conseguimos en la Academia de la Historia no se encuentra en la Biblioteca Nacional y así por el estilo, pero eso es característico de la investigación. Otro aspecto importante y que llamamos la atención en la introducción del libro, es que sobre la relación Miranda y Bolívar y el tópico político-doctrinario, no se consigue nada en la bibliografía conocida. Allí tuvimos que realizar un trabajo de reconstrucción teórica con los principales textos de los próceres para emprender la comparación que se establece en el contenido del libro. Inclusive, lo más destacado en muchos textos, como lo fue la prisión de Miranda realizada por sus propios compañeros de armas (entre ellos Bolívar), sencillamente es totalmente manipulada, con el objeto de salvar la responsabilidad del Libertador en ese suceso. En el libro ofrecemos un conjunto de apéndices, hasta ahora inéditos, que aclaran lo sucedido.

-¿Por qué estas figuras que tanta bibliografía y polémica han generado a lo largo de la historia?

La idea de reconstruir la historia con base a los principales próceres de la independencia es de suyo trascendente. Pero hay más, nos propusimos aclarar que la idea de la democracia y el autoritarismo no nace, como algunos autores señalan, con el siglo XX, sino que es en los propios inicios de la independencia en donde estos conceptos comienzan a separarse, no sólo con Miranda y Bolívar, sino también con los demás próceres: Roscio, Ustáriz, Sanz, etcétera. De allí la importancia decisiva de saber lo que fuimos, por cuanto el futuro no se adivina, sino que se proyecta desde el pasado.

-"La historiografía común pretende analizar los hechos políticos por sus resultados, más aun por sus resultados exitosos. Semejante propósito adolece del vicio histórico del éxito, como si la historia se realizara sin contendores y sin contradicciones,

todo lo cual se traduce en un determinismo..." Lo afirma en su texto.

Sí, normalmente la historia no sólo la escriben los vencedores, sino que lamentablemente, los historiadores se suman a ellos de una manera acrítica. No obstante, si escribimos la historia sólo por sus resultados, sería mejor realizar sólo una cronología de hechos, con sus fechas respectivas y sin ninguna interpretación de los sucesos. Por ejemplo, no podría conocerse, como nos lo proponemos, la idea de democracia y autoritarismo con sus éxitos y fracasos, que en definitiva es el valor fundamental de los inicios republicanos.

-¿Qué acerca y separa a Bolívar y Miranda? Bolívar quedó, en la imaginación colectiva, en el altar de los dioses. Miranda, en su prisión, es lo más humano de la independencia.

Lo que separa a Bolívar de Miranda es una idea cabal de democracia, también la moral que ellos representaron en los eventos que los unió y desunió. Con relación a la primera los principales textos de Miranda son elocuentes: acerca de Francia 1795; el acta de París de 1797; las dos proclamas de 1801 y otra de 1806; y los proyectos constitucionales de 1801 y 1808, allí se encuentran las ideas básicas del precursor que se ubican dentro de la democracia liberal, pero con propuestas muy originales como la de los gobiernos federales para toda la América meridional o Colombia, como también la llamaba. En el caso del Libertador tenemos el manifiesto de Cartagena y Angostura; la carta de Jamaica; y el proyecto constitucional de Bolivia. Allí se demuestra que Bolívar nunca creyó en la democracia deliberativa, inclusive, habló del *despotismo deliberante* y en suma propuso la presidencia vitalicia, lo que ocasionó una crisis insuperable en la gran Colombia. Ello coloca en las antípodas los proyectos de Miranda y Bolívar. Sin embargo, ningún autor quiso ver estas diferencias, siempre se las omitió, empeñados en atender solamente el conflicto con los realistas, pocos se ocuparon de analizar las diferencias entre los propios patriotas. Una de las razones es que a nuestros héroes, en particular Bolívar, nunca se los sacó del panteón aunque sólo sea para conversar sobre estos asuntos. El otro aspecto alude a la concepción moral que ambos desplegaron, particularmente con lo acontecido con la prisión de Miranda. Bolívar, no obstante haber sido uno de los conspiradores contra aquél, adicionalmente lo calumnió. El precursor actuó de una manera distinta, en sus últimos días alzó su voz a favor de los prisioneros de La Guaira, pudo haber criticado la traición de sus compañeros de armas pero entendió que era suficiente el fracaso militar de los patriotas (1812-1816), como para añadir disputas morales contra sus propios compañeros. Definitivamente, en cuestiones morales tuvieron posiciones distintas.

-De Miranda, escribe: "Fue el primero que pensó, escribió y actuó en la propuesta de emancipación de la América meridional"... ¿quién es este hombre, más europeo que latino, capaz de concebir un proyecto de liberación continental?

Las propuestas de alzamientos anteriores a las de Miranda, tenían las siguientes características: eran alzamientos locales. Otras eran protestas étnicas por la exclusión social. Hubo también protestas por asuntos económicos, impositivos, como los movimientos de los comuneros andinos o el de Juan Francisco de León en Venezuela, pero no obstante la justicia de sus reclamos, añadían la consigna *Viva el Rey abajo los malos gobiernos*. Con Miranda se presenta por primera vez la emancipación continental contra el poder colonial español. A saber, él proponía la emancipación de América para toda la sociedad sin exclusión de ningún sector y contra la forma de gobierno español, o sea, contra la monarquía y a favor de una república democrática. Esto hace a Miranda, por sus propósitos y política, un líder continental distinto a los anteriores.

-Cuando dice que Miranda establece una prédica "sobre los falsos fundamentos democráticos de la revolución francesa", ¿no es acaso la tentación de una diatriba histórica sobre el aporte de

la revolución a los principios de igualdad? ¿Qué se ganó, entonces, con la revolución?

Miranda vio muy bien como la revolución francesa fue inconsecuente con sus principios de libertad e igualdad. Con relación al primero denunció enérgicamente a los jacobinos por pretender imponer los derechos colectivos sobre los individuales, insistió que la imposición de aquéllos sobre éstos sólo conduciría hacia la tiranía. Miranda fue un pionero al advertir esta forma de despotismo, que culminó en los totalitarismos modernos: fascismo y comunismo. Recordemos que estos modelos en nombre de la representación colectiva, sea el estado, el gobierno o el partido político sobre los derechos individuales, terminan en distintas formas de opresión social y despotismo. Miranda denunciaba esto en 1795. Estas propuestas las trajo a Venezuela en 1810, aparecieron en el Patriota de Venezuela. Con relación a la igualdad sugiere algo parecido, en el sentido de que debe estar enmarcada en la igualdad de oportunidades al colectivo social. Caso contrario, de proponerse una igualdad desde el poder, en donde el gobierno decida qué se produce, qué se estudia y en definitiva, a qué se dedica el colectivo social, conduce indefectiblemente a la tiranía. Por supuesto, con la revolución francesa y norteamericana, se ganó en derechos humanos, y en consecuencia, en los derechos de los ciudadanos a darse sus formas de gobierno; distinto sucedía con la monarquía y el derecho divino que estaba por encima de los propios ciudadanos.

-Otro aspecto crucial en su trabajo "es la propuesta política de lo específico americano, o como le gustaba decir, de lo colombiano. "Hasta la llegada de Miranda los procesos emancipadores tenían carácter local, es con él que adquieren fisonomía continental y además, constitucional...

La especificidad de lo americano o lo colombiano, procede de dos manifestaciones culturales: la lengua española y la religión católica. Para Miranda estos hechos facilitan los criterios políticos de los que actúan en el territorio americano. La diferencia con Europa es notable en cuanto a religión y lengua. Por ello en Miranda la confederación de provincias será una necesidad legitimada por la cultura americana. La segunda parte de la pregunta creo haberla respondido anteriormente.

-En otro aspecto de su texto, afirma, "tenemos a Miranda como el principal y primer líder de la integración regional de América Latina". ¿Cómo sustentó e hizo efectivo este liderazgo?

Este punto se enlaza con el anterior, la integración regional será una necesidad y Miranda será el primer proponente de la Colombia unida. La constituyente de 1811 dio los primeros pasos en este sentido. Sin embargo, es ineludible referirse a la manera como Miranda conformó su liderazgo en Latinoamérica. La primera referencia la enuncia el mismo en *el Acta de París* en 1797 o también llamada *la gran reunión americana*. Lo importante, más allá de su denominación, es la creación de una red de agentes en toda Latinoamérica que funcionaban conjuntamente. Debido a la incomunicación del extenso territorio, el propósito común se materializó con criterios políticos predefinidos, estableciendo coordinación para promover levantamientos populares, a través de los cabildos representados por el pueblo. Esta red es el trabajo más meritorio realizado por Miranda que anticipan los procesos políticos de integración regional. Esta integración tenía dos pasos estrechamente enlazados: la emancipación de los municipios contra la monarquía española y la conformación de una constitución federal republicana que uniría al continente políticamente. La lista de estos agentes es sumamente llamativa porque conforman los nombres que figuraron de manera destacada en la independencia. Veamos algunos: O'Higgins (Chile), Caro (Cuba), Palacios Ortiz (seudónimo de Nariño Colombia), Vargas (Colombia), Antepara (Ecuador), Manuel Gual (Venezuela), Cortés Campomanes (el Caribe y Venezuela), Febles (Trinidad), Padilla, Contucci y Saturnino Rodríguez Peña (Buenos Aires y Río), y por último, Bolívar, Bello y López Méndez (Venezuela). Una lista más exhaustiva puede verse en el tomo XV del Archivo de Miranda.

—Una de las partes más interesantes de su libro es, justamente, cuando contrapone ambas visiones e incluso, de una manera resumida, estudia los temas del liberalismo, el centralismo, el federalismo, la monarquía, la democracia, el municipio y la dictadura desde la perspectiva de ambos próceres. ¿Por qué se observa en Miranda una vocación mucho más democrática y participativa? ¿Fue acaso un adelantado de su tiempo en materia política y de autonomía de los pueblos?

Sin duda fue un adelantado a su tiempo. La experiencia en Estados Unidos y en Europa, lo hizo ver que sólo una sociedad democrática podía responder a las exigencias de las nuevas naciones. El principio participativo en los condados norteamericanos, por un lado, y la violencia de la revolución francesa, por el otro, lo hizo pensar en modelos autonómicos para América Latina. De allí la preeminencia que le dio a los municipios en sus proyectos democráticos. Su idea de federación tenía la ventaja de combinarse con modelos centrales en algunas instancias. Proponía un modelo piramidal cuya base eran los municipios, más arriba las provincias por último un poder ejecutivo electo por los dos anteriores. Con ello daba autonomía federal a los municipios pero eludía su dispersión, por eso proponía un sistema piramidal.

—Obviamente, en un momento histórico donde la figura de El Libertador es usada de manera permanente en el discurso oficial es un riesgo desmontar mitos...

Nuestro propósito no es desmontar mitos, sino dar a conocer unos elementos de la política que han sido nuestros, esto es, fueron ideados por nuestros próceres: Miranda, Roscio, Sanz. Y que curiosamente han sido ocultados por una corriente militarista y centralista, que lamentablemente ha puesto las condiciones en Venezuela. No olvidemos que de 198 años de vida republicana, 152 han sido gobiernos presididos por algún militar, esto no es una simple cifra estadística, ello habla de unos contenidos políticos en los que se privilegia el militarismo y el centralismo, por consiguiente, se desvirtúa lo que ya hemos comentado de nuestros inicios democráticos en la época de la independencia.

POST SCRIPTUM II
MIRANDA Y BOLÍVAR: REPUBLICANISMO, LIBERALISMO Y DICTADURA

> *Por eso la historia debe escribirse siempre de nuevo, ya que el presente nos define.*
>
> *Comprender el pasado significa percibirlo en aquello que quiere decirnos como válido.*
>
> **H. G. Gadamer.**

El presente trabajo constituye parte de una conferencia que dictamos en la escuela de filosofía, el segundo semestre, octubre del 2007. La invitación la formuló el profesor Gabriel Morales para su curso *Del culto a Bolívar a la teología bolivariana*. El contenido de dicha conferencia refirió en lo fundamental acerca de nuestro libro *Miranda y Bolívar. Dos Visiones*[220]. Una primera parte consta de una visión general de los contenidos del libro, y una segunda parte contiene, los encuentros y desencuentros con otros autores que han desarrollado la misma temática. Ha sido revisada y ampliada por el autor para esta publicación.

---

220 Todas las citas del libro corresponden a la presente edición. En adelante (M y B)

I. LA INVESTIGACIÓN INICIAL

La metodología de la investigación que iniciamos con (M y B), tuvo las siguientes características. Comenzamos, como es usual, con un arqueo bibliográfico comparando textos y documentos, con el objeto de encontrar camino para nuestras inquietudes iniciales. Procedimos con preguntas no realizadas por otras investigaciones, o por respuestas incompletas efectuadas por otros estudios. En nuestro caso observamos que no había publicaciones acerca de Miranda y Bolívar que hubiesen comparado sus ideas políticas. Esto nos ofreció un contexto nuevo para la investigación.

De manera resumida presentamos nuestra propuesta así. La teoría política y la historiografía que le acompañó, siempre privilegió en su análisis de la independencia venezolana, el conflicto entre los patriotas y los realistas, creyendo que de esta forma podían dar respuestas a nuestros inicios republicanos. Nosotros entendimos que ese procedimiento era limitado, ya que dejaba muchas preguntas sin respuestas, las cuales no podían ubicarse en el dominio colonial español que había terminado definitivamente en 1824. Además, este análisis referido sólo al dominio colonial, omitía los distintos proyectos políticos independentistas en la región suramericana, que comenzaron a hacerse efectivos a partir de 1810. Así llegamos a la conclusión que se debía estudiar también las distintas ideas que manifestaron inicialmente los patriotas, además de los conflictos políticos que se les presentaron.

Este último punto nos llevó a que este conflicto, en algunos casos, era más importante que la separación con la corona española, tal es el caso de las concepciones democráticas que tuvieron los próceres que iniciaron la independencia. En correspondencia con lo enunciado, pudimos descifrar dos tesis políticas antagónicas, que perduraron hasta la separación de Colombia en 1830. Más aún, se han extendido hasta nuestros días, aunque en algunos casos aparezcan con otros nombres: autoritarismo, militarismo, centralismo, caudillismo, por un lado, y federalismo, descentralización, alternabilidad, democracia, por el otro.

Así nos encontramos que en los inicios republicanos, se presentan dos tesis. Una, es la de los hacedores de la primera república, cuyas ideas aparecen en los periódicos de la época y se concretan en la constitución de 1811 y en las constituciones provinciales. Significa una tesis de inclusión social y de gradual desarrollo de la democracia. Esa inclusión, se presenta a través de la relación institución y pueblo, creando un sentido de pertenencia por intermedio de: división de poderes, el municipio, la tolerancia, libertad de pensamiento y culto, derechos humanos y otros. La otra tesis es la representada por Bolívar y que se inicia con el Manifiesto de Cartagena contra la primera república, que con distintas descalificaciones: *república aérea, clemencia criminal, facciones intestinas,* comienzan los pasos hacia una república centralizada con preponderancia militar y personalista, que subestima a las bases populares y por consiguiente se aparta de las propuestas federales, las cuales pretendían acercar sus instituciones al pueblo.

Ahora bien ¿por qué no se vio esto anteriormente? Nuestra respuesta se encuentra en la mitología política venezolana del *padre de la patria, prócer máximo del continente, fundador de la nación,* y otros calificativos que no permitieron a nuestros principales intelectuales observar críticamente los pasos políticos del Libertador.

II. CUÁL REPÚBLICA, CUÁL LIBERTAD

Los estudios de historia de las ideas políticas en Latinoamérica, pueden dividirse en dos grandes áreas[221]: la primera es la que se inicia con la apología a los héroes y grandes batallas, es la his-

---

[221] La división es independiente de si la metodología es positivista, marxista u otra, debido a que lo que significamos es el área contextual de estudio, o si se prefiere, la problemática de estudio.

toria que comienza al final de la guerra independentista y continúa hasta los inicios del siglo XX; podríamos denominarla como la historia romántica de la independencia. La segunda, la cual se ha extendido hasta nuestros días, es la que describe el conflicto entre patriotas y realistas, por supuesto, es la más rica por cuanto que la lucha por la emancipación confrontó a los independentistas y a los defensores de la corona española. Sin embargo, la línea de investigación que iniciamos se diferencia de las anteriores, en tanto le damos prevalencia al conflicto de ideas que se produjo en el bando de los patriotas. Los motivos son los siguientes:

El conflicto entre los patriotas ha sido subestimado, se lo ha visto como un hecho accidental referido a la voluntad por el poder político o también como un suceso subalterno de la propia guerra de independencia. Se creyó, equivocadamente, que los patriotas o republicanos siempre tuvieron una única idea: desembarazarse de la corona española, con lo cual se dejaba de lado, uno de sus propósitos fundamentales, la propia noción de democracia y el concepto de república con sus correspondientes instituciones iniciales, las cuales estaban prestas a sustituir al establecimiento español en América. Sin embargo, fue esto último, la sustitución de las instituciones absolutistas por otras democráticas, lo que derivó en dos tendencias antagónicas: centralistas y federalistas. Éstas adquirieron fuerza propia en el congreso de Cúcuta y la convención de Ocaña, para nombrar sólo dos eventos trascendentes. El centralismo y el federalismo tuvieron sus expresiones republicanas y liberales, pero ubicaron de una manera más puntual la relación del ciudadano con sus instituciones.

Nos interesa precisar el párrafo anterior. Los estudios políticos e históricos de las últimas décadas en Latinoamérica, han tenido la influencia de la llamada Escuela de Cambridge[222], la cual ha

---

[222] Se le llama también neorromana o neorrepublicana, entre sus principales representantes se encuentran: Pocock, J.G.A y Skinner, Q. Véase al final bibliografía mínima.

defendido la influencia neorromana en la constitución de los estados modernos. Esta influencia les había llegado a los ingleses por los pensadores clásicos romanos: Tácito, Séneca, Tito Livio. Así, la noción de libertad en Inglaterra desarrolló las bases del estado liberal, contaminando la revolución norteamericana y los eventos similares que sucedieron posteriormente. Como colofón de esta propuesta, la Escuela de Cambridge y sus seguidores le han dado prevalencia al republicanismo sobre el liberalismo en las ideas que conformaron a estos nuevos estados.

Escapa al propósito de este estudio, extenderse más allá de este breve resumen. Sólo nos resta afirmar, que esta concepción neorepublicana, en el caso de la independencia venezolana, adolece de graves fallas. Por ejemplo.

- Las ideas sobre la república de nuestros próceres, contenían las siguientes características: una teoría de la soberanía popular donde el poder político surgiría del pueblo y las propuestas del gobierno estarían sujetas a leyes que promoverían el bien común. También la república establecería una forma de estado que difería con la monarquía, donde la soberanía popular se expresaría en forma directa, o por medio de estructuras representativas. En suma, la idea básica de república, para nuestros próceres, se ajustaba a la de Rousseau en el Contrato Social (Libro II, Cap. VI), según la cual se trata de un estado que se rige por leyes, siendo éstas su principio general. A la par de Montesquieu, en El Espíritu de las leyes (Libro II, cap. 1 y 2), para quien el gobierno republicano es aquel en que el pueblo tiene el poder soberano. Como vemos, estas idea básicas, aunque no menos importantes, difieren del humanismo cívico respaldado por los representantes del pensamiento neorrepublicano.

- Adicionalmente a lo anterior, hubo un aspecto que no vislumbraron los neorrepublicanos. Y fue el aporte a la teoría política, tanto de la revolución norteamericana, como la que se inicia con la independencia de Venezuela. Hasta entonces la república sólo tenía sentido en espacios territoriales pequeños, para cuyo propósito se adecuaba la participación política de los ciudadanos. Así lo había entendido la tradición republicana clásica.

- Ahora bien, el aporte de América fue la ampliación político-geográfica de la república, porque en definitiva, la discusión contra la tiranía no era sólo conceptual: construir la libertad individual y las virtudes cívicas, sino también político-administrativa: cuántos gobiernan, cómo gobiernan y en qué espacio geográfico se distribuye la soberanía y el gobierno. Prevalecieron así, los intereses de la nación y no los particulares; las leyes y las instituciones y no, exclusivamente, las virtudes ciudadanas. En consecuencia, la libertad promovida por liberales o republicanos, no era producto de una virtud cívica superior, sino de la organización armónica del estado. En fin, se añadía la pluralidad de la libertad por intermedio de la organización descentralizada y federal.

- Pero esta propuesta federal no habría sido posible, sin los antecedentes correspondientes. En la América meridional ya había arraigado una suerte de federalismo colonial. España diseñó y ejecutó un sistema de gobierno descentralizado con virreinatos, gobernaciones, capitanías generales, provincias y corregimientos[223]. Ocurrido el año 1811, los próceres se encuentran con una capitanía general organizada en provincias, la forma de unirlas preservando su autonomía, era con el sistema federal

- Más aún, este sistema era casi un imperativo político-administrativo, si atendemos a los llamados de funcionarios borbónicos influidos por el despotismo ilustrado, tales como la representación del Intendente Ábalos (1781), la memoria secreta del Conde de Aranda (1783) y la de Godoy

---

223 Ver Infra: "Bentham o la revolución norteamericana"

(1804). Pretendían crear diversas monarquías, con autonomía del imperio español, para enfrentar el poder centralizador de la burocracia española o hacerle frente a la motivación insurreccional promovida por las trece colonias norteamericanas. Igual propósito tenía Miranda desde 1797 (Acta de París), más los proyectos constitucionales: 1790, 1801, 1808, todos los cuales propendían a formas federales de organización política para los cabildos y provincias. Lo importante a señalar, es que esos proyectos fueron promovidos por los agentes mirandinos en toda Suramérica. Así la idea federal es anterior a la independencia y no al contrario.

- Por si aún los precedentes argumentos se considerasen insuficientes, veamos lo que a nuestro juicio ha sido fundamental, para un análisis ajustado a la historia conceptual de la época.

- El Libertador desde su primer escrito en el Manifiesto de Cartagena, establece una diatriba contra el sistema federal, igualmente en la Carta de Jamaica, Discurso de Angostura, Cúcuta y en la Constitución de Bolivia. En todos esos escritos, el propósito fundamental de Bolívar fue su ataque al sistema federal de gobierno. De modo, que fue ineludible para la época y para sus contradictores, la discusión entre centralismo y federalismo. Ese debate encuentra su clímax en la Convención de Ocaña. Entre otras razones, porque aún existía para los nacientes estados, la vieja preocupación colonial de reorganización eficiente de las instituciones políticas. Además, la lucha por la independencia había recaído, principalmente, en manos militares, que a su vez, reclamaban preeminencia en la jefatura de gobierno. Jefatura, que dada su forma natural de mando, debía ser centralizada y vertical. En resumen, la reunión de Ocaña ajustó las propuestas que venían discutiéndose desde 1811: república y libertad pero en un ámbito geográfico considerablemente extenso: la gran Colombia, para lo cual era ineludible la controversia de la forma de gobierno: central o federal. Entonces, el debate centralismo-federalismo condicionó las expresiones republicanas y liberales y no al contrario. Este es un aspecto novedoso, en la teoría política que se inicia con la independencia a la cual se le ha dado poca importancia. Por supuesto, este debate de gran relevancia para la conformación de los nuevos estados, fue descalificado por los caudillos de la época, pero ello escapa al análisis de este estudio. Sólo recordemos la frase cínica de Antonio Leocadio Guzmán en 1867: *porque si los contrarios hubieran dicho federación, nosotros hubiéramos dicho centralismo.*

III. LAS IDEAS

Por lo dicho queda claro, que la idea de democracia comienza explícitamente en 1810, en un proceso continuo que culminará en 1811 con la constitución de ese año y sus respectivas constituciones provinciales. Precisamente, el creer que los patriotas tenían un solo proyecto político, el victorioso con características militaristas y personalistas, fue lo que no permitió a nuestros intelectuales revisar en detalle el conflicto de ideas que tuvo su primera manifestación entre centralistas y federalistas. Puntualizamos la frase primera manifestación, porque hubo otras de mayor contenido, a saber, el modelo de constitución que se requería, la participación civil en las instituciones públicas, los fueros al clero y a los militares, los derechos humanos, etcétera.

El análisis de las ideas entre patriotas a partir de 1810 no es arbitrario, por el contrario, debemos recordar que a partir de allí es cuando se inicia la sustitución de las instituciones coloniales por otras, llamadas republicanas, por consiguiente, es pertinente que sea desde ese momento cuando se revise el pensamiento patriota y sus referentes teóricos.

La omisión en el análisis de estas ideas, ha contribuido a la incomprensión sociopolítica de las nuevas naciones. Muchos de los nuevos conceptos y otros que tienen antecedentes coloniales, como el caudillismo, se refuerzan desde y después del proceso independentista. Desde otro ángulo, no se puede entender suficientemente la extensa actividad personalista y militarista en Latinoamérica, si no se conocen las primeras ideas que sustituyen a las nacientes instituciones democráticas por los liderazgos monocráticos. La falta de instituciones estables y democráticas fue lo que produjo la constante de anarquía y desorden que tanto preocupó a Bolívar. Para acabar con esa inestabilidad El Libertador propuso un jefe, un caudillo o un presidente vitalicio (las consecuencias eran las mismas), produciendo así un círculo vicioso: anarquía-desorden-caudillo-anarquía... hasta el infinito, sin percatarse que el factor de inestabilidad era el propio caudillo o jefe.

Visto lo cual es necesario afirmar, que la democracia no comienza en el siglo XX, semejante afirmación convalida sin beneficio de inventario, lo actuado por el personalismo del siglo XIX, no se ha entendido suficientemente que los dictadores de ese período y los posteriores, no fueron un accidente histórico, sino el producto de un proyecto político centralizador que condujo inexorablemente a las formas personalistas de gobierno. Si desde el siglo XIX y XX hubiésemos entendido cabalmente que hubo un proceso democrático abortado que debimos rescatar, como lo pretendió con limitaciones la democracia de 1830, sin duda estuviésemos hoy en un mejor momento. No lo hicimos, porque nunca tuvimos el coraje de revisar al principal ideólogo del centralismo y la dictadura: Simón Bolívar. Por eso tuvimos el desconcierto de llamar padres de la democracia a López Contreras, Medina Angarita o Rómulo Betancourt, con el debido respeto que nos puedan merecer, decimos que ninguno de ellos tienen equivalencia con Francisco de Miranda, Juan Germán Roscio o Francisco Javier Ustáriz, los cuales no tuvieron esguinces militaristas, fueron demócratas completos en teoría y acción, cuya demostración convalidamos en (M y B). El hecho de que sus propuestas hayan sido abortadas, no las invalida, como tampoco valida la propuesta militarista, el hecho de que de los 200 años de nuestra historia republicana, sólo 46 hayan sido de presidentes civiles. Todo lo contrario, una verdadera democracia civil, pasa por una revisión exhaustiva de nuestro pasado, por la sencilla razón de que el futuro no se adivina sino que se construye sobre la base de lo que fuimos y de lo que somos.

IV. LA DEMOCRACIA DEL 19 DE ABRIL Y DEL 05 DE JULIO

Nuestro libro *Miranda y Bolívar. Dos Visiones*, tiene entre otros propósitos, reafirmar el espíritu genuinamente democrático que tuvieron los eventos del 19 de abril de 1810 y el 05 de julio de 1811. En estos momentos en que entramos en los umbrales de la conmemoración de sus bicentenarios, es oportuna la siguiente reflexión.

El llamado período de la primera república, no es tan sólo el de la génesis de nuestra independencia como colonia del imperio español. Esta versión limitada es la que ha aparecido en los rituales conmemorativos de esas fechas patrias. Ello ha sido así, por dos grandes influencias a las que la intelectualidad venezolana no ha sabido sobreponerse. En primer término el predominio militarista, que ha equiparado los festejos de aquellas dos fechas con los de la batalla de Carabobo o el natalicio del Libertador. No encontrará el observador imparcial ninguna diferencia entre las ceremonias de una batalla militar y el 05 de julio. Y todo ello porque se olvida o no se ha querido ver, el carácter estrictamente democrático y civil del período de la primera república El otro aspecto al cual nuestra intelectualidad no ha sabido sobreponerse, es al peso descomunal que ha tenido la crítica de Bolívar a esa primera etapa. Nos referimos particularmente al Manifiesto de Cartagena, en cuyo contenido se descalifica moral y políticamente los inicios republicanos, recordemos las frases: "repúblicas aéreas", "clemencia criminal", "facciones intestinas", con lo que se pretendía desacreditar todo lo actuado en aquel momento. Olvidando en su análisis su fracaso en Puerto Cabello, causa fundante de la capitulación que el gobierno de la primera república y Miranda se ven obligados a ofrecer a sus contrarios.

Pero más allá de este incidente, se encuentra la confusión que inicia el Libertador, entre los motivos estrictamente militares de la pérdida de la república y las características democráticas y civiles de ese gobierno. Esta confusión la llevará el Libertador hasta sus últimos días y será el motivo de su fracaso, desde 1826 hasta 1830. Lo grave es que nuestra intelectualidad, ha avalado este discurso del Manifiesto de Cartagena y con él ha condenado a priori a la primera república, esto es, el inicio democrático de Venezuela.

Veamos a que hacemos referencia. Con el inicio del 19 de abril de 1810 hasta los finales de la primera república en 1812, se producen un conjunto de eventos políticos y administrativos, en cuyo contenido no hemos reflexionado suficientemente. Se dio comienzo al nuevo gobierno de la suprema junta de gobierno, se le adhirieron las juntas provinciales, se realizó el reglamento para las elecciones, así como la instalación del congreso constituyente de 1811, se produjo un reglamento para la separación de poderes, se declaró la independencia, se sancionó la constitución nacional y las respectivas constituciones provinciales. Un esfuerzo titánico de poco más de dos años creó las bases para una república democrática y federal. Todos aquellos instrumentos jurídicos y políticos permitieron a la joven nación: a) liberarse de la colonia para asumir la soberanía, o sea, la soberanía de los ciudadanos y sus ideas. b) reestructuración de la vida civil y eliminación de la tradición autoritaria. c) acabar con la sociedad jerarquizada y estamentista, y sustituirla por una igualitaria y democrática. d) construir un nuevo estado republicano. e) eliminación del despotismo y sus diversas modalidades: personalismo, caudillismo, autoritarismo, que han sido el gran lastre de las sociedades latinoamericanas. Nada más y nada menos. A todo ello se le llamó (se le sigue llamando) "la patria boba". Por supuesto de allí nuestro desvarío democrático. Adicionalmente, hay una producción teórico-política sin igual, desde la sociedad patriótica y sus filiales en Valencia, Puerto Cabello, Barcelona y Barinas. Todo lo anteriormente narrado no hubiera sido posible, sin lo realizado por la Gaceta de Caracas, el Semanario de Caracas, el Patriota de Venezuela y el Mercurio venezolano, en una ciudad de apenas 40.000 almas. Inclusive todas las ideas fundadoras de la democracia están allí: división de poderes, derechos humanos, tolerancia, libertad de pensamiento y de culto, de cuyo contenido tratan los escritos de Sanz, Roscio, Miranda, Isnardi, William Burke, Ustáriz y otros.

De modo que con los bicentenarios no conmemoramos sólo la llegada de la independencia sino también la presencia de la democracia. Proceso similar se producirá con el acta federal de las provincias unidas de la Nueva Granada en 1811. Precisamente hacia allá enviará el gobierno de turno a Cortés de Madariaga, con el propósito de acordar la federación de las repúblicas nacientes.

No se podrá comprender cabalmente la crisis de representación del congreso de Angostura y de Cúcuta, la cosiata, los conflictos generados por la constitución de Bolivia y la convención de Ocaña, sin conocer la influencia latente que siempre tuvo la democracia federal en los distintos dirigentes de la antigua Colombia.

V. LA CRISIS DE LA DEMOCRACIA Y EL INICIO DEL MILITARISMO

Ahora bien, ¿por qué aquellas primeras ideas se disiparon y cuáles fueron las consecuencias de su olvido para la república? La salida de la escena política de los próceres que redactaron y discutieron los inicios democráticos de la república, se produjo por dos acontecimientos prácticamente simultáneos. Con la llegada de Monteverde unos dirigentes republicanos murieron, otros fueron presos o huyeron y al regreso victorioso del Libertador en 1813, se sustituye la casi totalidad de aquel primer gobierno, entre otras razones porque eran los representantes de la *república aérea* que decía Bolívar, motivo por el cual fueron desplazados.

La caída de la primera república por el acoso feroz de Monteverde y la llegada del Libertador, obstruye las ideas democráticas de la primera generación, produciendo consecuencias decisivas para los principios deliberativos que se habían forjado desde 1808 hasta 1812. Hubo que esperar hasta 1830, para que algunos líderes acompañados por el azar sobrevivieran a la tragedia política de 1812-1813. Así aparecen reclamando el lustre del diálogo y la riqueza deliberativa: Francisco Javier Yánez, Martín Tovar Ponte, Tomás Lander y otros. Estos héroes civiles se aferraban al patrimonio democrático preterido por las circunstancias, comprendieron que el espíritu civil de 1811 fue sustituido por el diálogo de las armas... Así fue como ellos y otros más, nos advirtieron respecto al procedimiento militar en la selección de los representantes al congreso de Angostura de 1819. Sus avisos de entonces se hicieron realidad con el fracaso y separación de la Gran Colombia. Creyeron ellos, equivocadamente, que esa experiencia era suficiente para no repetir errores en los métodos democráticos de los gobiernos subsiguientes.

No obstante, nos encontramos hoy con una reversión de la historia política sólo posible en la narrativa de ficción a la que nos han acostumbrado las mejores letras de estas tierras latinoamericanas. El esfuerzo de aquellos precursores no tuvo la suficiente atención del pueblo y de sus líderes en los años posteriores, por el contrario, de los 200 años transcurridos desde la epopeya de 1810 hasta hoy, 154 han sido de gobiernos militares. Esto es, más de las tres cuartas partes de nuestra historia republicana, ha sido presidida por una figura castrense. No es un detalle menor, no es pues, una simple cifra estadística, es algo peor: el triunfo de la conciencia militar y autoritaria contra la civil y democrática, o si se prefiere del despotismo contra la libertad. La situación que se nos presenta no es simple ni sencilla, se trata de rescatar la labor pionera, civil y democrática de aquellos próceres; recordar pertinazmente que Venezuela tuvo un momento precursor en la independencia suramericana, y que la misma dejó en ideas lustrosas las bases democráticas que les tocaba a los hombres de aquella época. Pero desde ese mismo momento, dos concepciones dicotómicas perturbaron las conciencias de los principales líderes: absolutismo y liberalismo. Basta recordar como Bolívar, San Martín e Iturbide, pasaron de una doctrina a otra, según las circunstancias y los intereses, con el agravante de que siempre se privilegió una manera absolutista: llámesela monarquía, dictadura o cualquier derivación del personalismo. Los trescientos años de dominio español hacían su aparición pero con otro ropaje. Un enorme espejo se colocaba al frente de la sociedad, el cual sólo le permitía ver las formas absolutistas del pasado colonial. Las primeras instituciones liberales requeridas de discusión y debate para su perfeccionamiento, fueron aplastadas por la "eficacia militar" bajo el pretexto del desorden y la anarquía. Los criollos que obtuvieron la independencia con sus armas, propusieron gobiernos autoritarios para resolver los conflictos que las libertades adquiridas reclamaban.

VI. DEMOCRACIA O DICTADURA. LA DISCUSIÓN

Con semejante paradoja nos presentamos desde el siglo diez y nueve hasta el siglo veinte y uno. De allí la premura por el rescate de las ideas precursoras de la independencia, no se trata de una nostalgia difusa, sino la convicción de unos fundamentos políticos claros, que ya fueron anticipados. Los bicentenarios de nuestra independencia comienzan con la conmemoración de 1810, no desperdiciemos la oportunidad que aún nos reclaman sus definitivos y principales próceres. Oigamos con atención a Miranda en su comunicación a Manuel Gual. "Mi objeto siempre es y será el mismo...La felicidad e independencia de nuestra amada patria, por medios honrosos y para que todos gocen de una justa y sabia libertad. Trabajemos pues con la perseverancia y rectas intenciones en esta noble empresa...Que cuando no nos resultare más gloria que la de haber trazado el plan y echado los primeros fundamentos de tan magnífica empresa, harto pagado quedaremos; delegando a nuestros virtuosos y dignos sucesores, el complemento de esta estupenda estructura, que debe si no me engaño, sorprender a los siglos venideros."[224]

Tarea pendiente la asignada por Miranda. En ocasión a la aprobación de la constitución el 21 de diciembre de 1811, el congreso le solicita a Francisco Isnardi escribir una Alocución a los venezolanos, allí dice:

> "Ni las revoluciones del otro hemisferio, ni las convulsiones de los grandes imperios que lo dividen, ni los intereses opuestos de la política europea, han venido a detener la marcha pacífica y moderada que emprendisteis el memorable 19 de abril de 1810.
>
> El interés general de la América, puesto en acción por vuestro glorioso ejemplo...han sido los agentes que han dirigido vuestra conducta para dar al mundo el primer ejemplo de un pueblo libre, sin los horrores de la anarquía, ni los crímenes de las pasiones revolucionarias."[225]

Exultantes palabras que pintan ajustadamente el espíritu patriota de aquella época, trastocada por los demagogos que sustituyeron las ideas por la fuerza. Todavía en la ruta hacia los bicentenarios podemos reivindicar el tiempo perdido. Depende sólo de nosotros.

VII. DE VUELTA A MIRANDA Y BOLÍVAR

En correspondencia con el punto anterior, entramos de lleno al análisis comparativo de la política en Miranda y Bolívar, nos encontramos aquí con una de las circunstancias más curiosa de la historiografía venezolana. El asunto es que siempre se dio por sentado que ambos próceres disponían de un instrumental teórico-político similar. Se cansará el lector acucioso de buscar en libros y documentos y jamás encontrará un análisis resaltante que

---

224 AGM. Vol. XVI. Pgs.77, 78.
225 Textos Oficiales de la primera República. BANH. Tomo. 2. Pg. 140.

manifieste una diferencia fundamental entre los dos líderes de la independencia suramericana. Son varias las razones. Un primer aspecto ya lo señalamos, cuando destacamos la omisión de la historiografía venezolana al pretender un criterio homogéneo en las ideas de sus principales líderes; un segundo aspecto relacionado con el anterior, es la desaparición de los argumentos que cuestionen explícitamente el ideario bolivariano. Otro evento resaltante, y poco estudiado en sus consecuencias, fue la capitulación de 1812, siempre se la vio como un hecho de política administrativa y militar. Se dijo que la aprobación de aquel tratado por el precursor, fue lo que acabó con el primer intento republicano. Nunca se revisó que fue la entrega de Miranda a los españoles por sus compañeros de armas, lo que acabó con la primera república. Verbigracia. Con la entrega de Miranda cae todo el gobierno de entonces y se apresan a 1.000 patriotas, que tenían responsabilidades administrativas y liderazgo político republicano. En estos hechos tiene responsabilidad fundamental Simón Bolívar, de allí su Manifiesto de Cartagena en donde calumnia a los dirigentes de la primera república, cuando confunde los sucesos civiles y democráticos con la crisis militar ocasionada por la impericia militar que todos los capitulantes reconocieron. Con un agravante adicional, Bolívar no reconoce en el manifiesto su responsabilidad en la caída de Puerto Cabello, factor fundamental de aquella capitulación. Este episodio culmina unas diferencias de forma y de fondo entre Miranda y los líderes de la primera república por un lado, y Bolívar por el otro. Diferencia que Bolívar arreciará con su constitución de Bolivia, factor disparador de los conflictos de Colombia.

La mayoría de las reflexiones de la historiografía convencional, que narran estos episodios, tratan de justificar el papel de Bolívar, así se inventó, entre otras, la especie de la oposición a Miranda de los dirigentes de la primera república. Como es natural, cuando el precursor llega a Caracas, después de ausentarse por 40 años, se presenta una resistencia hacia su liderazgo por líderes que se consideraban con razón, competentes para dirigir el proceso independentista. Esta situación se fue revirtiendo a favor de Miranda: diputado a la constituyente de 1811, presidente de la sociedad patriótica, y Generalísimo de las fuerzas republicanas. Inclusive, la argumentación comúnmente señalada en la cual Roscio critica a Miranda, en carta enviada a Andrés Bello el 09 de junio de 1811, omite otra del 31 de julio de 1811 en la que habla favorablemente del precursor. Además, veremos a los jefes republicanos trasladarse a Maracay a respaldarlo, nos referimos a Francisco Espejo, Juan Germán Roscio, Francisco (Coto) Paúl, José Sata Y Bussy, Miguel José Sanz y otros. El punto es el siguiente: como Miranda tenía oposición, así se argumenta, es natural que haya sido entregado por sus propios compañeros, con lo cual se excusa la responsabilidad de Bolívar.

VIII. PRECURSOR DE LA CONFEDERACIÓN DE NACIONES SURAMERICANAS

Uno de los logros más resaltantes de Miranda, fue la creación de una red de agentes que colaboraron en acciones políticas para la emancipación suramericana[226]. Sabemos por él que la denominó en 1797 *la gran reunión americana*. A partir de allí, pero seguramente desde antes, comienza a tejer un conjunto de reuniones, en lo que resultó la red mirandina para la emancipación suramericana. Este es el trabajo político más importante realizado por él, pero el de más difícil aclaración, debido a sus características clandestinas. Hoy sabemos de su funcionamiento por la lectura de su archivo, en el que aparecen comunicaciones entre los agentes y Miranda. Esta circunstancia en la que se entrelazan reuniones entre agentes y sus respectivas regiones suramericanas con el precursor, debió influir en sus primeros pensamientos hacia una confederación en la América meridional. Propósito que culmina en la confederación venezolana de 1811.

---

226 AGM. Tomo XV. pg. 104.

Retomemos sólo algunos nombres involucrados con él antes de llegar a Caracas, ello nos permite reconstruir una faceta desconocida, como fue su participación a distancia del movimiento de Gual y España en 1797. Se añade a Miranda dentro de su prolija participación por la emancipación, esta acción muy significativa dentro del movimiento liberador del continente. Adicionalmente, la vinculación con Antepara, Cortes Campomanes, Bolívar y Bello, entre 1809 y 1810, dan nueva luz sobre la política mirandina que la hacen peculiar en toda la región y lo hacen precursor también del proyecto de confederación de naciones suramericanas.

En la segunda parte, capítulos V y VI de (M y B), en el que hacemos referencia a la constitución de 1811 y a la confederación que resultó de aquélla, tenemos un ejemplo claro de dos posiciones que conceptualizan de la mejor manera el criterio bolivariano de la Gran Colombia y el propósito de los constituyentistas de la unión confederada de las provincias de 1811. Igualmente revelamos, en los capítulos antes mencionados, que Miranda respaldó el criterio general de esa confederación, como lo demuestra la inclusión de los vocablos *Colombia, colombianos, congreso general de Colombia*, todos los cuales eran de su paternidad y fueron incluidos en la constitución de 1811 con el propósito de la unión colombiana.

Prosigamos con la diferencia entre los patriotas, en el proyecto de confederación. Como se sabe, la Gran Colombia resultó de las resoluciones del congreso de Angostura, no obstante fue una decisión que se propuso la unión de países bajo la tutela de las bayonetas, sea como fuere no fue una decisión democrática y creó malestar en aquellas provincias que no participaron en dicho evento. Caso contrario sucedió con la confederación de Venezuela, para cuya asistencia se proponía la representación democrática. Ejemplo emblemático fue el de Cortés de Madariaga, que por instrucciones de Miranda y de Martín Tovar se le solicita trasladarse a la Nueva Granada para adelantar los protocolos para la futura confederación entre Colombia y Venezuela, procedimiento que cumplió cabalmente.

Ahora bien, allí tenemos dos concepciones políticas que incidirán en la manera de constituirse los gobiernos futuros. La idea centralizadora y forzosa de fusión de países propuesta por Bolívar, y la otra, consultiva, electiva y democrática de unión de provincias propuesta por los líderes de la primera república. Aquí se establece el clímax de las diferencias entre Miranda y Bolívar. Resulta inconcebible que este episodio decisivo para la comprensión democrática de los inicios republicanos de Venezuela, no haya sido analizado detenidamente.

IX. CONVERGENCIAS Y DIVERGENCIAS

Cualquier libro, y en particular los que refieren a la historia de las ideas, contienen unos antecedentes, pero también convergencias y divergencias con esos mismos antecedentes. Con respecto a nuestro libro responderemos en dos instancias. Una primera está orientada a los libros propiamente mirandinos y una segunda, a algunos autores de las ideas políticas de Venezuela, que incluyen a Bolívar como tema principal.

Ya advertimos en la introducción de nuestro libro (Págs. 19-29), los problemas que se presentan con el estudio de Miranda, por lo tanto no repetiremos lo allí expresado. Haremos referencia a algunos textos importantes para su comprensión[227], en primer lugar se encuentra la biografía de Miranda de W.S.Robertson *Vida de Miranda,* no creemos equivocarnos al afirmar que constituye el mejor trabajo sobre el precursor, tanto en el contenido como en las fuentes documentales consultadas. Se encuentran también otros trabajos más recientes como los de Antonio Egea

---

227 No aludo a la Colombeia o al Archivo de Miranda (AGM), por cuanto refiero a autores que tratan de Miranda.

López[228], Carmen Bohórquez[229], y Christian Ghymers[230], todos los cuales muy valiosos, ofrecen una visión panorámica del precursor desde distintas facetas políticas y filosóficas, no obstante, debemos señalar la diferencia temática planteada por ellos y la nuestra. La orientación de nuestro estudio difiere en por lo menos, tres puntos: nos proponemos una visión política comparada entre Miranda y Bolívar; los autores mencionados no incorporan con suficiente detenimiento, el último período de Miranda en Venezuela desde 1810 a 1812, aspecto clave para tener una mejor comprensión de su pensamiento; adicionalmente y como último punto, tal vez el más sustantivo es el siguiente.

Desde nuestro trabajo de Miranda y Bolívar[231], hemos venido expresando una tesis que puede resumirse de la siguiente manera: el proceso emancipador creó dos momentos diferenciados, por un lado, la revolución política de la independencia y, por el otro, la guerra de la independencia. La primera fundó las bases para una república liberal democrática; la segunda, prácticamente la anuló.[232]

---

228 Egea-López, Antonio: *El pensamiento filosófico y político de Francisco de Miranda*, Caracas, ANH, 1983.

229 Bohórquez Morán, Carmen L: *Francisco de Miranda. Precursor de las independencias de América latina*, UCAB, 2002.

230 Ghymers, Christian: "Miranda y el federalismo en América Latina: gobernabilidad, integración regional y subsidiaridad". En: *El papel de Miranda y su generación en la emancipación latinoamericana: identidad, integración regional y gobernabilidad*. Ministerio del poder popular para la cultura. Caracas. 2006, págs. 317-345.

231 Meza Dorta, Giovanni: *Miranda y Bolívar. Dos Visiones*. Editorial Jurídica Venezolana. 2015, págs. 15-17.

232 Germán Arciniegas plantea una tesis parecida, sólo que para él la contraposición se produce entre la filosofía moderna de la ilustración y la tradicional española y como consecuencia de esta disyuntiva, se produce la guerra de la independencia. Nosotros, aunque valoramos a la modernidad en todo este evento, hacemos énfasis en la revolución política de la independencia, que en muchos casos tuvo propósitos políticos distintos a la

El haber confundido estos dos momentos, ha sido causa de grandes distorsiones en el análisis político de la independencia. La revolución política, tuvo como sustento la creación de opciones deliberativas cuyo propósito manifiesto fue la creación de una nueva institucionalidad democrática. Por el contrario, la guerra de la independencia consolidó hombres y caudillos y no formas democráticas. Venezuela suspenderá sus momentos deliberativos (con la excepción de algunas municipalidades) por más de 17 años, hasta 1830, cuando se instala el congreso constituyente de entonces.

Obviamente eludimos al congreso de Angostura, por representar sólo a dos provincias de la naciente Colombia. De modo que no es forzoso expresar, que la guerra interrumpió el proceso pacífico de la institución democrática. Cuando se analizan ambos procesos, como si el uno fuera el desarrollo natural del otro, se tiende a degradar a la política y hacerla incomprensible. A este lamentable resultado nos ha acostumbrado la historiografía actual.

En este sentido, la política de la independencia no culmina con el triunfo de patriotas sobre realistas (la guerra), sino que continúa entre federalistas y centralistas, a través de la convención de Ocaña, o los congresos de Colombia y Venezuela en 1830.

Ahora nos toca desarrollar el segundo punto: la reseña de algunos autores de las ideas políticas en Venezuela, cuyas reflexiones se ubican en el período de la independencia.

X. LAUREANO VALLENILLA LANZ Y AUGUSTO MIJARES

Con relación a Vallenilla ya realizamos algunas observaciones en (M y B) Págs. 102 a 114. Sin embargo, es necesario volver

---

guerra que prosiguió. Ver. Arciniegas, Germán: *El pensamiento vivo de Andrés Bello*. Ed. Losada, Buenos Aires, 1946. págs. 9-11.

sobre algunas de sus tesis principales. Precisemos lo siguiente. Como recordamos, Vallenilla propone que lo sucedido en Venezuela entre 1811 a 1815 fue una guerra civil entre hermanos, y que es a partir de esta última fecha cuando el ejército español, bajo las órdenes de Pablo Morillo, se incorpora de lleno a la lucha, produciendo así el enfrentamiento entre españoles y patriotas. Obviamente, lo afirmado por Vallenilla es un dato de la realidad, por cuanto para 1810, según censo de la capitanía general de Venezuela[233], el total de la población era de 800.000 habitantes, de los cuales sólo 12.000, eran españoles europeos (así se los denominaba).

El planteamiento de Vallenilla es sencillo, en los inicios de la independencia, desde 1811 a 1815, no hubo enfrentamiento entre realistas y patriotas porque en territorio venezolano la cantidad de españoles era insignificante. Lo que inexplicablemente olvida Vallenilla, es que había criollos o españoles americanos, que defendían tanto la causa del rey como la de la república. Igualmente olvida los 300 años de dominio colonial con sus instituciones políticas y culturales, recordemos que a los criollos se les calificaba como súbditos o vasallos del rey. Tres casos significativos podemos traer como muestra del cambio de ideas por personajes representativos de la época. El de José de las Llamozas alcalde de primera elección en los eventos del 19 de abril de 1810, lo vemos sólo dos años después atizando la sublevación de los esclavos contra la república. Baltasar Padrón electo para el triunvirato del poder ejecutivo republicano, se pasó a las órdenes realistas con la llegada de Monteverde y por último, Reyes Vargas, quien peleó bajo las órdenes realistas y republicanas. Todo lo cual significa, que para defender la idea realista no era necesario ser español europeo. El peso de los 300 años de dominio colonial, cubría la conciencia de diversos sectores de la población, independientemente de su origen étnico o social. No fue pues, un

---

233 Vallenilla Lanz, Laureano: *Cesarismo democrático y otros ensayos*. Biblioteca Ayacucho. Caracas. 1991. P. 34.

hecho congénito biológico lo que hizo que algunas ciudades se opusieran a la independencia. Más bien, habría que adentrarse en el significado cultural de aquel dominio colonial. Hurgar en la representación de la espada y la cruz en las mentalidades de los poblados americanos

La tesis de Vallenilla pretendía confirmar que no hubo ideas en la primera república, sino guerra civil entre hermanos, la cual había que aplacar con mano dura bajo los procedimientos ejecutados por Bolívar con su jefatura. El razonamiento tenía una premisa y una conclusión: si continúa la lucha entre hermanos, se hace indispensable el gendarme necesario. Nuestra tesis se encuentra en las antípodas de la analizada. Consideramos que con la primera república se constituyen las bases doctrinarias de la república democrática, las cuales influirán y estarán latentes en los episodios políticos más relevantes: congreso de Angostura y de Cúcuta, la Cosiata, conflicto con la constitución de Bolivia, convención de Ocaña, y la definitiva fractura de Colombia.

Otro autor que a nuestro juicio muestra un aporte valiosísimo para la comprensión del período analizado, es Augusto Mijares[234], en estos dos textos se presentan una reivindicación definitiva del período que analizamos. Se ofrecen propuestas que desbaratan, sin mencionar, la tesis comentada de Vallenilla. El mérito es mayor si advertimos el ambiente intelectual de su época, favorable a las respuestas centralistas y militaristas.

XI. LUIS CASTRO LEIVA

Con dos de sus trabajos, el de la Gran Colombia y el de la teología bolivariana[235] debemos realizar el siguiente comentario.

---

[234] Mijares, Augusto: *La interpretación pesimista de la sociología hispanoamericana y lo afirmativo venezolano*, tomos II y IV respectivamente de las Obras completas. Monte Ávila Editores. Caracas. 1998.

[235] Castro Leiva, Luis: *Obras*. Vol. I. Fundación Polar y Universidad Católica Andrés Bello. 2005.

Son muy sugerentes las reflexiones que realiza, lo cual nos obligaría a una exposición más larga que la aquí ofrecida. Entre los distintos méritos que tiene su obra, debemos mencionar su análisis de la Gran Colombia, si entendemos que en nuestro país no existe una obra sistemática sobre ese período, es decir, una obra de contexto como la de Restrepo o la de Groot. Aunque nuestro autor tampoco realiza un estudio sistemático, lo plantea desde la filosofía política, lo cual como ya advertimos, es sumamente meritorio.

Ahora bien, desbrocemos los caminos diferentes que toma la investigación realizada por él y la nuestra.

En primer término, Castro Leiva utiliza la frase "patria boba"[236], con una connotación estrictamente descriptiva, sin caer en cuenta que fue y es una expresión fundamentalmente peyorativa, que alude a la inviabilidad de la democracia inicial de la república. No se percata que cuando se habla de "patria boba", se afirma invariablemente la oposición a la constitución de 1811 y sus postulados consustanciales: división de poderes, derechos humanos, tolerancia, libertad de pensamientos, entre otros. O si se prefiere, la propuesta del Libertador desde el Manifiesto de Cartagena en adelante, es una ruptura con aquellos principios y la opción por otros, entre cuyas características aparece un régimen central y autoritario. En suma, Castro Leiva describe desde la filosofía política la postura de la primera república y la de Bolívar, pero no saca las consecuencias inevitables de su misma descripción.

Algunos ejemplos: "liberales y bolivianos comparten un campo común de argumentación legitimadora liberal y republicano-legalista. Para ambos no hay libertades públicas sin gobierno de leyes; difieren en lo relativo a la interpretación histórica de las condiciones referenciales del poder en Colombia"[237]. No ve Cas-

---

236 *Op. cit.* págs. 185, 206, 218 y 227.
237 *Op. cit.* pg. 149.

tro Leiva, la diferencia sustancial entre las dos posiciones, para nosotros esa diferencia será capital para entender el futuro de la calidad democrática que se establecerá posteriormente.

Más adelante, en el texto que comentamos hace más explícita su exposición. Propone que hay "republicanismo cívico moderado", representado por los primeros próceres, luego, con el Manifiesto de Cartagena se concreta "…una nueva vertiente del republicanismo, el auspiciado por el contrato social de Rousseau"[238], cuya base de sustentación se encuentra en "la virtud que ya no depende de la razón ni de la naturaleza de las cosas racionalmente estructuradas, dependerá cada vez más de la fuerza de la voluntad. Así el programa libertario (el de la primera república), por vía de un voluntarismo, hará que se despidan o cedan su espacio discursivo las máximas moderadas y las máximas del derecho natural del programa de libertad cívico-republicano original"[239].

Anticipamos nuestro criterio expresando: nos parece insuficiente que la diferencia entre las dos concepciones republicanas sea la propuesta voluntarista de Bolívar, motivada por la influencia del contrato social de Rousseau. Continuemos.

Sigue argumentando nuestro autor, que "la radicalización política y su prolongación en la guerra a muerte" validaron el modelo jacobino sustentado por Bolívar, en contra del anterior modelo federal[240]. Así la proposición bolivariana se presentaría de manera inevitable, en donde la "patria boba" sería sobrepasada por las circunstancias (la guerra) y la voluntad ilustrada de Bolívar se impondrá para mantener cohesionada la nación. Sin embargo, este argumento falla en el siguiente sentido. Bolívar manifiesta su propuesta centralista desde el Manifiesto de Cartagena y le da

---

238 *Op. cit.* pg. 218.
239 *Op. cit.* pg. 219.
240 *Op. cit.* pg. 225.

mayor contenido y sustento con la constitución de Bolivia a partir de 1826, fecha en la cual ya se había liberado la Gran Colombia de España, no había pues, guerra generalizada en su territorio, excepto conflictos internos al sur, en Quito y Perú. Como puede verse, bajo ningún pretexto se podría argumentar que la guerra justificó la propuesta bolivariana. Efectivamente, Bolívar desde 1812 defendió una concepción doctrinaria centralista, que socavó la propuesta liberal de la primera república y sus bases democráticas. Lo que afirmamos es que la doctrina que tejió El Libertador, con el propósito de mantener a la Gran Colombia desde un poder centralizado, no podía conducir sino a la dictadura, en adición, es mucho más que una orientación liberal ilustrada como sugiere nuestro autor[241].

En fin, ¿podría denominarse liberal al Libertador cuando desde la dictadura en Colombia reformó los estudios en la Universidad de Bogotá, eliminando las cátedras de derecho público, constitucional y político; eliminando la libertad de imprenta y las municipalidades? A nuestro juicio, sería extender demasiado el concepto de liberal[242].

XII. DICTADURA DE BOLÍVAR

Castro Leiva realiza una crítica fundamentada, al modelo jacobino asumido por Bolívar como "el ejercicio omnímodo e ilusorio de una voluntad triunfal o la muerte", también "la voluntad general como voluntad exclusiva y excluyente de los partidos"[243]. Pero cuando nuestro autor le toca analizar la dictadura de Bolí-

---

241 *Op. cit.* págs. 137, 140 y 190.

242 El profesor Castro Leiva, reconoce la influencia de Arendt, H., y su libro *Sobre la revolución*, en el análisis que realiza para comprender el modelo republicano moderado de la primera república y el liberal jacobino de Bolívar. Sin embargo, mientras la filósofa alemana reafirma el fracaso del modelo jacobino, el profesor Castro Leiva no valora negativamente el de Bolívar. *Op. cit.* págs. 225, 227.

243 *Op. cit.* págs. 365-367.

var, la matiza a tal grado que la justifica. "Al asumir la dictadura lo hace todavía bajo la legitimidad contractualista, pues el pueblo de Bogotá, inspirado por la providencia, en un Acta, le confirió su soberanía"[244].

Dudosa legitimidad contractualista, ya que las actas fueron realizadas de una manera fraudulenta[245], por cuanto aún se encontraba vigente la constitución de 1821, la cual no contemplaba ese procedimiento y menos para formalizar una dictadura.

Se utilizó y se utiliza el eufemismo de dictadura comisoria, con el propósito de legitimar la dictadura del Libertador. Se pretende establecer equivalencia entre la dictadura romana republicana con la de Bolívar. Pero yerra la argumentación, por cuanto la primera tenía un conjunto de características de las cuales carecía la segunda, a saber: a) la dictadura romana era una magistratura extraordinaria, ajustada a la república de entonces, b) el senado romano, en caso de emergencias o guerras establecía poderes absolutos (la dictadura) por un lapso de seis meses, pero sin derogar el orden político-jurídico existente. En Colombia, la constitución de Cúcuta, en su art. 128, estableció los poderes de emergencia en casos de insurrección interna o invasión extranjera en determinados lugares y tiempos necesarios; pero debían de aprobarse en el Consejo de estado y en el congreso y si éste no estaba en sesiones, el presidente debía convocarlo de inmediato. Ahora bien, la dictadura de Bolívar no cumplió estos requisitos.

XIII. LA DICTADURA, EL CONGRESO Y LA CONVENCIÓN DE OCAÑA

Ha sido el doctor Germán Carrera Damas, quien ha defendido en distintos trabajos, la supuesta dictadura comisoria del Libertador. En su más reciente publicación, razona sus argumentos.

---

244 *Op. cit.* pg. 117.
245 *Ver* (M y B). pg. 144.

"La soberanía popular estuvo secuestrada desde 1828, cuando Simón Bolívar estableció una dictadura muy cuestionable en sus orígenes, pero no en el fin: consolidar y proteger la independencia. No emanó de un cuerpo que representaba la voluntad de la soberanía popular. El congreso estaba disuelto, la convención de Ocaña no funcionó. Bolívar consultó a los jefes militares y de allí sacó el mandato del pueblo, de dudosa o cuestionable legitimidad. Sin embargo, Bolívar cumplió, a los dos años entregó el poder al congreso"[246].

Sí pero no. El Dr. Carrera la acepta pero no la acepta, "cuestionable en sus orígenes pero no en el fin".

Precisamente, ese ha sido el error al estudiar ese período, buscar salvar la memoria del Libertador a como dé lugar. Analicemos.

El Dr. Carrera Damas afirma: "El congreso estaba disuelto". Dicho así no habría alternativas, se debía proponer medidas extraordinarias e inconstitucionales. Sin embargo, las cosas no sucedieron así. El congreso no estaba disuelto, había suspendido sus actividades por solicitud del Libertador al congreso el 21 de septiembre de 1827 y ratificada por éste mediante decreto el 24 de septiembre de 1827. La suspensión se realizaba por la convocatoria a la convención de Ocaña para el 02 de marzo de 1828. Se argumentaba en el decreto a tal efecto: "Que sería irregular, complicada y embarazosa la existencia de dos cuerpos deliberantes y representativos de la nación, cuyas resoluciones pudieran estar en disonancia, y las del uno dejar sin efecto las del otro"[247].

De modo que la dictadura se consumó violentando todo el ordenamiento legal: solicitud de la dictadura a través de actas fraudulentas, inexistentes en el ordenamiento legal de entonces; no se consultó al congreso como se requería, para la aprobación de los

---

246 Carrera Damas, Germán. *El Asedio Inútil*. Ed. Libros marcados. 2009. pg. 7.
247 Blanco y Azpurua. *Documentos*...Tomo XI. Núm. 3339. pg. 595.

poderes extraordinarios enmarcados en el art. 128 de la constitución de 1821.

El argumento según el cual "la convención de Ocaña no funcionó", elude un aspecto fundamental, a saber: el sector bolivariano –minoritario en la convención- rompe el quórum, ante la eventual aprobación de una constitución federal, propuesta por la mayoría de santanderistas y algunos venezolanos. La disolución de la convención fue el pretexto para la dictadura. Sin embargo, era obvio que la suspensión de la convención no invalidaba el ordenamiento legal sustentado por la constitución de 1821. Pues bien, el Libertador promovió la crisis de la convención de Ocaña y desconoció la constitución de 1821, conformando a través de estos dos eventos la síntesis de su dictadura.

XIV. LA DICTADURA ¿UN ERROR O UNA POLÍTICA?

Algunos críticos bolivarianos reconocen estos hechos y los llaman *errores de los acontecimientos*. Ahora bien, esta frase no se ha detenido lo suficiente en un conjunto de acciones, que constituyen el procedimiento legal hacia la dictadura de Bolívar. Comenzando por la constitución de Bolivia, para cuya primera magistratura se propuso la presidencia vitalicia, que al negar la alternancia presidencial ya manifestaba expresiones dictatoriales. Después se produjeron un conjunto de decretos presidenciales, que basándose en el art. 128 de la constitución de 1821, le otorgaban a Bolívar poderes extraordinarios, más allá del propio marco constitucional. Decretos del año 1828; del 23 y 26 de febrero; del 13 de marzo y 13 de junio; más el del 27 de agosto donde se formaliza la dictadura, con un complemento contra los conspiradores el 25 de septiembre de 1828[248].

---

248 Véanse tomos XI y XII de Blanco y Azpurua.

Pues bien, no fue una situación sobrevenida la que permitió al Libertador ejecutar su dictadura, hay dos cartas que validan esta afirmación.

Mucho antes de los acontecimientos de Ocaña, exactamente el 14 de septiembre de 1826, cuando el Libertador regresaba del Perú, se percata de que el coronel Mosquera, jefe de Guayaquil, se había rebelado contra la constitución de 1821, ello le satisfizo y escribió a Briceño Méndez: "Los departamentos de Guayaquil, Azuay y Ecuador me han aclamado dictador, quizás harán otro tanto el Cauca y los demás. Esta base apoyará mis operaciones y me presentará medios para organizarlo todo"[249].

Más aún, las actas que pedían la dictadura de Bolívar, fueron recogidas en sectores de la población y enviadas a la convención de Ocaña. A tal efecto, le escribe Bolívar a Páez: Tunja, 19 de marzo de 1828. "Convendría, pues, querido general, que usted procurase influir entre esos habitantes para que unan sus súplicas a las de estas provincias, sobre todo en la provincia de Carabobo, donde lo harán ciertamente. Espero, pues, que usted dará estos pasos antes de mi llegada **para que no se crea que es obra mía**"[250].

Queda claro entonces, que no fueron hechos sobrevenidos los que obligan al Libertador a una dictadura. Puede verse con mayor propiedad, que ante el avance del federalismo liberal –cuyo punto culminante es la convención de Ocaña- el Libertador crea las condiciones para su dictadura.

Se ha pretendido comparar la dictadura de Bolívar en 1828, con la de Miranda en 1812. Mala suerte la del Precursor, la mitología bolivariana siempre encuentra una excusa, para atenuar los fallos del Libertador. La mejor es siempre aquella donde Miranda queda al desamparo. Recordemos el proceso hacia la dictadura de

---

249 Bolívar, Simón: *Obras completas*. Tomo II. Núm. 1189. pg. 471.
250 *Op. cit.,* Tomo II. Núm. 1612. págs. 795, 796. (énfasis nuestro)

Bolívar, narrado en los dos capítulos anteriores y examinemos a continuación lo sucedido con Miranda.

Desde el 01 de julio de 1811, cuando ya había comenzado la guerra, Miranda solicita formalmente en el congreso constituyente, la aprobación "de medidas enérgicas de seguridad..., la urgencia de unidad de acción en el poder ejecutivo", así como la colaboración de la mayoría de las provincias con el objeto de someter a aquéllas que se oponían a la unidad nacional"[251]. El Congreso deliberó, pero omitió la solicitud del General Miranda. Son muchas las razones que se han dado para entender esta negativa del congreso y del poder ejecutivo. Sin embargo, somos de la opinión, que la explicación debe buscarse, principalmente, en la inexperiencia de funcionarios noveles, en unos asuntos ante los cuales no estaban preparados, sobre todo con la guerra. Con la excepción, por supuesto, de Miranda, no en balde fue casi el único que solicita medidas extraordinarias. Fue entonces la inexperta nación, producto de sus dudas e irresoluciones, la que no encuentra respuestas a la crisis de la república. No es casualidad que idéntica situación se haya presentado en la primera república de Colombia. Más aún, en los inicios del año 1813, después del triunfo del Libertador sucederán errores similares, que acabarán rápidamente con la segunda república.

Prosigamos con la primera república. La situación irá cambiando de conformidad con las nuevas urgencias y peligros. Miranda comienza a tener más apoyo, pero la situación político-militar se agrava. Es sumamente ilustrativo el tomo XXIV del Archivo de Miranda, para comprender el proceso aquí enunciado, en consecuencia, nos eximimos aquí de los detalles. Prosigue el año 1811 con gran inestabilidad, hasta la aprobación el 21 de diciembre de la constitución federal. El año de 1812 Miranda exige la unidad de mando y la colaboración de las provincias, sucede para males mayores, el terremoto del 26 de marzo. Sólo en abril

---

251 Congreso Constituyente de 1811-1812. pg. 91.

del mismo año, comienza un cambio formal de la situación desesperada de la república. En la última reunión del congreso, el 04 de abril de 1812, se procede a promulgar un decreto en donde le confieren al poder ejecutivo de la confederación, las facultades del congreso para gobernar la unión, allí se lee: "...de que las circunstancias naturales y políticas en que se halla Venezuela exigen providencias cuya rapidez y energía son incompatibles con la calma y meditación propia de mejores tiempos...y que la salud de la patria es la suprema ley, se propone al poder ejecutivo para que ejerza absolutamente la plenitud de facultades que el congreso le confiere, hasta el nuevo día cinco de julio"[252].

Detengámonos un momento para el análisis del decreto: el contenido es el mismo que reclama Miranda desde el año anterior, no es casual que hayan sido sus aliados, Francisco (Coto) Paúl y José Sata y Bussy, los proponentes. El congreso se cuida en guardar las formas democráticas, señalando la situación extraordinaria para la delegación del poder al ejecutivo, pero con una condición, hasta el próximo 05 de julio, fecha en que se reevaluaría la situación para prorrogar o no la delegación. Este procedimiento será necesario para lograr el propósito que estaba en curso: que el poder ejecutivo ya con todas las atribuciones bajo su mando, se las delegara al General Miranda, el 26 de abril de 1812, con las siguientes características: *"General en jefe de las armas de toda la Confederación venezolana, con absolutas facultades para tomar cuantas providencias juguéis necesarias a salvar nuestro territorio invadido por los enemigos de la libertad colombiana...*en tal sentido, *os delega el poder de la unión sus facultades naturales, y las extraordinarias que le confirió la representación nacional por decreto de 04 de este mes"*[253]. Estas atribuciones al generalísimo, fueron aclaradas el 04 de mayo y

---

252 Yanes, F.J. *Relación documentada de los sucesos ocurridos en Venezuela desde que se declaró estado independiente hasta el año 1821.* Tomo II, pg. 131.

253 *Ibíd.*

ampliadas el 19 de mayo. No obstante, las últimas no modificaron en lo sustancial a la primera que se realizó el 26 de abril.

Lo que nos interesa retener es el procedimiento seguido para la dictadura de Miranda. Se cubrió la legalidad establecida en la propia constitución, cuando los diputados proponentes del decreto solicitan suspender, temporalmente, el artículo 71, más otros, con el propósito de facilitar las facultades extraordinarias que delegaban. El decreto tenía vigencia hasta el 05 de julio, cuando se procedería a reevaluarlo, lo que no pudo realizarse, porque entre otras razones, había caído Puerto Cabello, factor fundamental para la capitulación que sobrevino. Podríamos decir, que se trataba de una dictadura comisoria, en la que no se violentaba la legalidad. Caso distinto a la dictadura de Bolívar, para cuyo fin se utilizaron elementos heterodoxos, como las actas firmadas en las comandancias militares y oficinas públicas. Dichas actas, como sabemos "pedían la dictadura", pretexto para saltarse la aprobación del congreso, tal y como exigía la constitución de Cúcuta de 1821.

Más que lo relatado, nos interesa la opinión de Miranda. En fecha cercana a los poderes extraordinarios asignados, él los comenta en esta proclama: "La república de Venezuela se gobernará tranquilamente por sus constituciones momentáneamente suspendidas y alteradas por las circunstancias y peligros actuales, y yo estaré siempre pronto a consagrar mi vida y mi respiro por conservarlas y defenderlas"[254].

Es suficiente esta cita para comprender lo que Miranda pensaba de la dictadura: fueron *las circunstancias y peligros actuales,* las que lo obligaron a asumirla.

---

254 Miranda. *La aventura de la Libertad.* Monte Ávila Editores. Tomo I. pg. 139.

XV. BENTHAM O LA REVOLUCIÓN NORTEAMERICANA

Un aspecto por demás significativo y que ha contribuido con la crítica al inicio republicano, ha sido la supuesta influencia de la revolución norteamericana en sus propósitos doctrinarios. Esta situación pretendimos aclararla en (M y B), Cap. XII *La Confederación de 1811*. No obstante, el comentario anterior ha sido respaldado por distintos autores, incluyendo al profesor Castro Leiva, quien plantea la influencia norteamericana[255] y la de Bentham[256] en los primeros pasos de la república. Nos informa el aporte de éste tanto en la Nueva Granada como en Venezuela. *...lo importante es tener presente para nuestro propósito que el pensamiento político emancipador y grancolombiano se encontraron ligados, de un modo u otro, con el desarrollo de Bentham por lo menos desde 1810 y quizás antes*[257]. Nos permitimos realizar una corrección a la anterior afirmación. No sólo Bentham, también Mill y sobre todo Miranda influyeron en los inicios republicanos. Podemos ver comunicación de los tres en el Archivo de Miranda, tomos XXI, XXII y XXIII. Allí se encuentran distintas cartas en las que se percibe entre ellos, influencia doctrinaria en algunos temas, incluso, Mill y Miranda escriben a cuatro manos artículos en el Edimburg Review. En 1809 aparece uno en el libro de Antepara sobre la emancipación suramericana, el cual comentamos en (M y B).

Sin embargo, la influencia de Bentham y los sistemas legales con base en los principios utilitaristas, deben ubicarse en Colombia a partir de 1821. Los problemas que se plantearon la primera república colombiana (Nueva Granada y Venezuela), fueron de otra índole político-filosófica. Aquí hacen su aparición Francisco de Miranda, Antonio Nariño, Pedro Fermín de Vargas y toda la

---

255 *Op. cit.*, págs. 225, 227.
256 *Op. cit.*, págs. 355, 356.
257 *Ibíd.*

red continental tejida en los años anteriores. Brevemente, podemos comentar algunos pasajes del primero:

- Testamento de 1805, en el cual se encuentran manuscritos y planes de gobierno...*para el establecimiento de una sabia y juiciosa libertad civil en las colonias hispanoamericanas...*[258]. Estos papeles fueron difundidos por sus comisionados por toda Suramérica y luego presentados por él a su llegada a Caracas en diciembre de 1810.

- La difusión por parte de Miranda, de la carta de Viscardo a los españoles americanos, primero en francés en 1799 y luego en castellano en 1801, fue repartida entre los círculos independentistas, convirtiéndose en un factor de agitación contra el dominio colonial español. Igualmente sucedió con el periódico dirigido por Miranda *El Colombiano*. Debe añadirse el libro de Antepara que comentamos más arriba, cuyo contenido abarca la actividad político-militar de Miranda los últimos 25 años, circunstancia la cual promovió las ideas emancipadoras en Suramérica.

- Las distintas comunicaciones enviadas por Miranda, en particular las del 20 y 24 de junio de 1808, dirigidas a Caracas, Chile, Lima y Buenos Aires, proponiendo que ante la abdicación del rey de España, se constituyera un cuerpo municipal para asumir funciones de gobierno, fue una sugerencia que se realizó casi sincrónicamente en toda Suramérica, después del 19 de abril de 1810 en Caracas. Sin duda, la red mirandina en la región cumplió un papel decisivo.

- Finalmente, la decisión de la Suprema Junta y de Miranda, de enviar a Cortés de Madariaga a la Nueva Granada el 22 de enero de 1811, para sentar las bases de una confederación, entre las nuevas repúblicas, cuyo tratado se concluyó el 28 de mayo de 1811.

---

258 (M y B). pg. 20.

Todos los puntos anteriores y otros que omitimos por razones de espacio, constituyen un entramado de propuestas políticas y filosóficas, entre cuyos primeros líderes deben mencionarse a Miranda, Sanz, Tovar, por Venezuela, y a Camilo Torres, Miguel de Pombo, Lozano y Nariño por Nueva Granada. Pues bien, Bentham, a pesar de lo sugerido por algunos autores, no aparece en los presupuestos políticos enumerados.

Con la misma orientación se hace referencia a la influencia norteamericana en los inicios republicanos de Venezuela. Sin embargo, los que afirman lo anterior olvidan un hecho fundamental: la estructura política descentralizada del gobierno colonial en Suramérica, aspecto que fue tomado muy en cuenta por los proponentes de la confederación de 1811. Podemos resumirla de la siguiente manera: los cabildos y ciudades gozaron de autonomía durante siglos. Adicionalmente, las gobernaciones que en 1810 integraron el territorio venezolano, habían vivido independientes unas de otras con sujeción sólo a las audiencias de Santo Domingo y Santa Fe, hasta 1777, año de la creación de la capitanía general de Venezuela. Pues bien, estos últimos 33 años de unión, no podían evitar la influencia ancestral de más de dos siglos y medio de federación, descentralización y localismo.

Por consiguiente, se habló de federación y confederación mucho antes que de independencia, más aún, el intendente de la real hacienda era independiente en sus funciones fiscales en relación con los gobernadores y capitanes generales, asimismo, en los contratos entre el fisco y los privados intervenía sólo el intendente. De la misma forma, aún con pocos recursos, las poblaciones de Venezuela se levantaron con el apoyo de su sociedad civil y la administración de sus cabildos.

Había un deslinde riguroso de atribuciones entre el municipio, la intendencia de la real hacienda y la capitanía general, por un lado, y desde otro ángulo, sucedía lo mismo con los tribunales eclesiásticos, militares, los de hacienda y la real audiencia. Debe añadirse, cómo las diferencias geográficas de las provincias de

Venezuela producían automáticamente la descentralización, igualmente contribuía a todo ello la lejanía del monarca de América.

Así tenemos que las reformas borbónicas que emprendió la corona española con el objeto de centralizar las autonomías locales, produjo un efecto contrario en las provincias autónomas, siendo un factor coadyuvante para la independencia, por cuanto treinta y tres años de unión en la capitanía general de Venezuela, no podían evitar la influencia ancestral de más de dos siglos de federación, descentralización y localismo[259].

Con la destitución de las autoridades españolas y la autonomía de los cabildos que se erigieron en provincias confederadas, a partir del 19 de abril de 1810, se ratificó el federalismo de siglos anteriores.

Adelantamos la siguiente conclusión: la federación fue anterior a la independencia, en consecuencia no pudo haber copia de lo que ya existía. Caso distinto es la influencia de las nuevas ideas modernas, que fueron tomadas para moldear aquella federación existente, a ello nos referimos a continuación.

XVI. LA BÚSQUEDA DEL PARAÍSO TERRENAL

La crítica a la primera república se fundamenta en que no fue un proceso original y que tuvo antecedentes externos (revolución norteamericana). Estos antecedentes, se decía y se dice aún, no se correspondían con la sociología política y cultural de las provincias venezolanas. Ciertamente, hubo un proceso de modernización política, entre cuyos componentes se encuentra la idea de

---

[259] Con respecto a los orígenes de la federación, véanse L. Vallenilla Lanz: "Disgregación e Integración", en: *Cesarismo Democrático y otros ensayos*. Biblioteca Ayacucho. Caracas. Venezuela. 1991.; C. Parra Pérez: "Introducción" en: *La Constitución Federal de Venezuela de 1811 y documentos afines*. (BANH) ,1960. R. Díaz Sánchez: Boletín de la Academia Nacional de la Historia, N° 16, Caracas.

república, división de poderes y otras, que tomaron impulso con la revolución norteamericana y francesa, obviamente, los próceres venezolanos admitieron estos conceptos por cuanto eran los que se oponían al absolutismo colonial español. Sin embargo, no fue una copia, sino la inserción de estas nuevas ideas ilustradas en el contexto de las provincias federadas que habían resultado del período colonial.

En definitiva, lo que permitió a pensadores como Miranda y Roscio, diseñar una propuesta con características propias para las nacientes repúblicas de Venezuela y Nueva Granada, fue la síntesis entre las nuevas ideas ilustradas y las estructuras político-administrativas de la federación de las provincias venezolanas.

No hay pues, procesos políticos originales, inéditos, como sugieren algunos intelectuales, lo que ha sucedido son sincretismos, en donde las viejas estructuras políticas son sustituidas por otras, a través de ensayo y error. Conservando y sustituyendo instituciones políticas, con retrocesos y avances, es algo más parecido a la idea de superación dialéctica hegeliana. Téngase en cuenta que no hablamos de progreso unilineal o del espíritu absoluto del filósofo alemán, que es otra cosa.

Precisamente, el gran error en América Latina es la búsqueda permanente de una identidad original, de un proyecto *ab ovo*. Es la influencia de la religión en la modernidad, por ejemplo, la doctrina revolucionaria de vuelta a los inicios, la sociedad sin clases, las soluciones finales, que no son sino las mismas propuestas redentoristas y salvacionistas de la religión, que pretenden el reino de Dios en la tierra o el paraíso terrenal aquí entre nosotros. De allí que el análisis de la política como síntesis de diversos movimientos, haya sido de tan difícil comprensión.

ÍNDICE ALFABÉTICO

A

Ábalos, 278
Absolutismo, 286, 310
Acta de independencia, 106, 113
Acta de París, 20, 21, 79, 93, 121, 267
África, 28
Amberes, 53
América del Sur, 32, 50
América Española, 52, 246
América Latina, 36, 73, 78, 82, 89, 90, 110, 113, 210, 270, 271, 292, 310, 321, 323
Antepara, José María, 31, 32, 35, 36, 39, 40, 42, 43, 44, 61, 85, 209, 270, 290, 306, 307, 321
Aranda, Francisco, 137, 278
Archivo General de Indias, 51, 260, 262, 320
Austria, 22, 44, 154, 177, 178, 179, 180, 181, 182, 183, 186, 187, 192, 193, 194, 198, 321
Ayala, Juan Pablo, 61, 246
Azuero, Vicente, 140, 143

B

Becerra, Ricardo, 149, 183, 198, 200, 321
Bello, Andrés, 19, 31, 32, 37, 58, 70, 93, 109, 209, 270, 289, 290, 293, 295, 322
Betancourt, Rómulo, 102, 211, 281
Bohórquez, Rómulo, 292, 321
Bonaparte, José, 23
Borbón, Carlos III, 105
Boves, José Tomás, 71
Briceño Méndez, Pedro, 95, 139, 142, 191, 197, 198, 199, 202, 302
Buenos Aires, 23, 49, 58, 270, 293, 307
Burke, William, 44, 61, 62, 284

C

Cabildo, 20, 23, 25, 49, 58, 84, 85, 134
Cambridge, 276
Carabaño, 44, 161, 170, 178, 184, 197, 202

Caracas, 20, 22, 23, 26, 28, 33, 37, 42, 47, 48, 49, 51, 57, 58, 60, 61, 62, 65, 69, 70, 73, 80, 93, 95, 96, 101, 103, 105, 109, 112, 120, 124, 133, 134, 136, 138, 139, 156, 163, 164, 172, 173, 174, 185, 190, 192, 193, 195, 196, 197, 201, 204, 205, 215, 219, 235, 243, 245, 246, 251, 259, 260, 261, 262, 265, 284, 288, 290, 292, 294, 295, 307, 309, 320, 321, 322, 323, 324, 325, 326

Caribe, 36, 270

Caro, 36, 51, 209, 270

Carrera, 299, 300, 322

Carta de Jamaica, 32, 267

Casa de León, marqués 163

Casas, Manuel María de las, 154, 165, 166, 167, 170, 171, 175, 176, 177, 178, 180, 181, 182, 183, 184, 186, 187, 188, 189, 190, 191, 192, 194, 195, 197, 200, 203, 221, 225, 227, 228, 231, 232, 233, 241, 246, 249, 253, 255, 256, 257, 258, 259, 260, 261, 263, 322

Castillo y Rada, Manuel del, 44, 143, 146

Castro Leiva, Luis, 295

Caudillos, 17, 65, 66, 74, 104, 114, 211, 280, 293

Centralismo, 90, 99, 103, 106, 130, 139, 147, 150, 271, 272, 275, 276, 279, 281

Chatillón, Rafael, 170, 178, 184

Chile, 21, 36, 58, 89, 241, 270, 307, 323

Compañía Guipuzcoana, 73, 172

Comuneros, 268

Congreso Admirable, 144, 145

Congreso Anfictiónico de Panamá, 171

Congreso de Angostura, 32, 109, 126, 129, 131, 132, 284, 285, 290, 293, 295

Congreso de Cúcuta, 195, 200, 276

Congreso de la República de Venezuela, 128, 321, 322

Constitución de Bolivia, 126, 136, 139, 140, 146, 147, 149, 151, 284, 288, 295, 298, 301

Constitución de Cúcuta, 134, 299, 305

Convención de Ocaña, 137, 141, 142, 143, 276, 284, 293, 295, 300, 301, 302

Cortés de Madariaga, José, 22, 80, 109, 246, 284, 290, 307

Cortés, subteniente 44

Cosiata La 134, 135

Couthon, Georges, 56

Criollo (a), Criollos (as)77, 81, 85, 118, 252, 253, 286, 294

D

Danton, George-Jacques, 119

Declaración de Independencia, 70, 73

Democracia, 15, 17, 20, 25, 56, 57, 62, 63, 65, 71, 74, 84, 85, 87, 89, 90, 98, 102, 110, 111, 113, 117, 125, 126, 130, 149, 150, 204, 211, 266, 267, 271, 275, 276, 280, 281, 284, 296

Dictadura, 107, 126, 137, 138, 144, 145, 146, 147, 148, 149, 151, 271, 281, 286, 298, 299, 300, 301, 302, 305

Discurso de Angostura, 115, 126, 149, 279

Ducoudray-Holstein, H.L.V., 181, 182, 183, 184, 255, 258, 322

Dundas, Henry, 47, 48, 49, 50, 209

E

Egea, 291, 292, 322

El Colombiano, 40, 41, 42, 84, 120, 307, 323

El general Miranda a la convención nacional, 55

El Patriota de Venezuela, 89, 269, 284

El Semanario de Caracas, 284

Emancipación, 20, 21, 23, 31, 32, 36, 40, 41, 42, 84, 85, 191, 210, 268, 270, 276, 289, 290, 292, 306, 321

Emparan, Vicente, 51

Escalona, Juan, 69, 253

Esclavitud, 24, 80, 124, 128, 129

Esclavos, 23, 73, 110, 118, 294

España, 21, 23, 39, 41, 47, 48, 49, 50, 57, 58, 66, 73, 80, 85, 89, 106, 198, 201, 209, 236, 248, 250, 278, 290, 298, 307, 323

España, José María, 51, 69

Espejo, Francisco, 60, 62, 69, 97, 98, 161, 162, 193, 216, 241, 289

Estados Unidos, 82, 94, 96, 97, 171, 271

F

Febles, Francisco, 23, 270

Federación, 25, 88, 271, 280, 284, 308, 309, 310

Federalismo, 89, 94, 99, 110, 130, 142, 147, 150, 271, 275, 276, 278, 279, 292, 302, 309, 323

Federalista, 102

Fermín de Vargas, Pedro, 36, 39

Fernández de León, Antonio, 60, 161, 166, 215, 216

Filadelfia, 242

Foreign Office, 155, 254

Francia, 28, 39, 49, 50, 55, 56, 78, 89, 119, 120, 121, 126, 145, 206, 267

G

Generalísimo, 19, 22, 155, 161, 163, 166, 167, 178, 184, 190, 192, 215, 217, 255, 289, 321

Ghymers, Christian, 89, 90, 91, 292, 321, 323

Godoy, Manuel, 24, 278

Grafton Street, 31, 41

Gran Bretaña, 52, 238

Grecia, 93

Gual, Manuel 36, 39, 44, 47, 48, 49, 50, 51, 53, 61, 73, 89, 121, 171, 174, 178, 179, 180, 181, 182, 183, 186, 195, 199, 203, 209, 253, 270, 286, 290, 323

Gual, Pedro, 174

Gual y España, 210

Guerra, 36, 39, 49, 52, 65, 66, 72, 73, 74, 96, 97, 98, 104, 107, 113, 114, 120, 123, 125, 135, 142, 148, 150, 151, 173, 203, 235, 236, 243, 251, 276, 292, 293, 294, 295, 297, 303

H

Hamilton, Alexander, 94

Henríquez, Gloria 26, 322

Haynes, Henry, 167, 168, 169, 170, 180, 181, 182, 183, 189, 217, 219, 223, 225, 227, 228, 229, 231, 233, 234, 235, 239, 249, 255, 257

Holanda, 53, 85

I

Ilustrado (a) Ilustrados (as), 80, 278, 310

Indígena (s), 129

Inglaterra, 19, 26, 49, 50, 56, 82, 83, 126, 145, 195, 243, 248, 250, 277

Isnardi, Francisco, 16, 62, 246, 287

Iturbe, Francisco, 198, 201, 263, 264

J

Jacobino (a), Jabobinos (as), 120, 269, 297, 298

Jefferson, Thomas, 94

Juigné, Impresos, 42, 85

L

La Guaira, 19, 36, 39, 43, 47, 51, 61, 69, 154, 155, 156, 161, 162, 164, 165, 166, 167, 168, 169, 170, 172, 173, 175, 176, 177, 181, 182, 183, 184, 185, 186, 187, 188, 189, 192, 193, 194, 195, 197, 200, 201, 202, 204, 206, 216, 217, 219, 221, 223, 225, 227, 228, 229, 231, 233, 234, 235, 236, 241, 245, 246, 248, 249, 253, 255, 256, 257, 258, 259, 261, 263, 268

Landaeta, José 178, 184, 185

Landaeta Rosales, Manuel 184, 185

Lander, Tomás 16, 135, 285

Leleux, Pedro Antonio, 35, 187, 188, 192, 195, 196, 247, 250

León, Juan Francisco de 73, 268

Liberal, 129, 267, 277, 292, 296, 298, 302

Liberalismo, 150, 271, 277, 286

Libertador, (título concedido a S. Bolívar) 15, 16, 19, 21, 24, 29, 44, 60, 61, 65, 67, 95, 99, 115, 122, 123, 124, 125, 126, 127, 130, 131, 135, 136, 137, 138, 139, 140, 141, 142, 143, 144, 145, 146, 147, 148, 149, 154, 156, 157, 159, 160, 171, 173, 175, 178, 190, 194, 195, 196, 197, 198, 200, 202, 203, 204, 211, 266, 267, 271, 275, 279, 281, 282, 283, 284, 285, 296, 298, 299, 300, 301, 302, 303, 321, 322

Locke, John, 57, 78, 117, 119

Londres, 28, 31, 32, 35, 41, 50, 51, 52, 53, 58, 59, 79, 93, 131, 154, 196, 251, 254, 320, 325

López Méndez, Luis, 19, 58, 175, 196, 241, 242

M

MacGregor, Gregor 175, 244

Madariaga, (Ver Cortés de Madariaga)

Mantuanos, 72

Miranda a los representantes del pueblo francés, 55

Medina Angarita, Isaias, 281

Miranda, Francisco de 21, 32, 33, 35, 42, 43, 59, 69, 91, 120, 161, 191, 196, 197, 198, 215, 216, 219, 281, 292, 306, 321, 322, 323

Miranda, Leandro, 174, 196

Mires, José, 44, 170, 178, 184, 202, 246

Molini, Tomás. 196, 251

Monarquía, 25, 75, 105, 113, 126, 137, 145, 146, 150, 200, 268, 269, 270, 271, 277, 286

Montesquieu, Charles Louis, 57, 78, 117, 118, 119, 277

Monteverde, Domingo, 162, 221, 223, 229, 237, 238, 248, 258, 260, 261

Montilla, Mariano, 156, 175, 195, 203, 204, 241, 242, 251

Montilla, Tomás, 44, 170, 178, 184, 197, 202

Municipio, 20, 25, 150, 271, 275, 308

Muñoz, Gabriel, 153

N

Nariño, Antonio, 36, 62, 172, 174, 270, 306, 308

Narvarte, Andrés, 16, 98 135

Negro (s), 172, 252, 253

New York, 82

Nueva Granada, 80, 140, 143, 172, 284, 290, 306, 307, 308, 310, 322

O

O'Higgins, Bernardo, 270

P

Paúl, Felipe Fermín, 16

Padrón, Baltazar, 69

Palacio Fajardo, Manuel, 175, 176, 245, 246

París, 20, 45, 53, 270, 279, 323

Patriotismo, 80

Paz del Castillo, Juan, 44, 178, 184

Peninsular (es), 77, 78

Perú, 22, 36, 298, 302

Picton, Thomas, 48, 49, 50, 209

Pitt, William, 49, 50

Pombo, Miguel de, 308

Pozo y Sucre, José del 21

Precursor, (título concedido a F. de Miranda) 28, 32, 36, 37, 49, 56, 61, 78, 82, 83, 91, 95, 97, 106, 124, 159, 165, 167, 168, 170, 181, 196, 205, 206, 207, 209, 292, 302, 321

Prisión (es), 15, 48, 59, 60, 120, 153, 154, 155, 156, 158, 161, 164, 166, 173, 174, 178, 179, 181, 184, 185, 189, 190, 192, 193, 194, 197, 198, 199, 200, 203, 205, 241, 253, 258, 259, 261, 266, 267, 268

Proclama (s) de, 121, 129

Proyecto (es) constitucional (es), 21, 83, 84, 85, 87, 91, 93, 106, 109, 115, 116, 121, 126, 143, 267, 279

Public Record Office, 155, 168, 250, 320

Q

Quito, 21, 58, 134, 298

R

Reformas borbónicas, 309

Reino, 22, 52, 310

Religión (es), 77, 82, 84, 85, 86, 108, 117, 206, 269, 310

República, 15, 16, 20, 25, 28, 43, 44, 51, 59, 60, 61, 62, 63, 65, 66, 67, 68, 70, 71, 74, 75, 83, 89, 96, 97, 98, 99, 101, 102, 106, 107, 112, 113, 114, 120, 123, 124, 126, 127, 128, 130, 131, 134, 135, 136, 138, 140, 141, 144, 146, 147, 148, 150, 153, 158, 160, 167, 171, 177, 179, 190, 193, 195, 202, 203, 204, 205, 210, 211, 212, 246, 251, 255, 268, 275, 276, 277, 278, 279, 282, 283, 284, 285, 287, 288, 291, 292, 294, 295, 296, 297, 298, 299, 303, 305, 306, 309, 321, 322, 323, 324, 326

Revolucionario (s) Revolucionaria (s), 17, 20, 32, 48, 72, 73, 120, 201, 287

Revolución, 24, 48, 55, 65, 72, 73, 89, 102, 113, 120, 121, 137, 138, 168, 172, 185, 200, 212, 236, 246, 263, 268, 269, 271, 277, 278, 292, 293, 298, 306, 309, 321, 323

Revolución francesa, 120, 269

Robertson, W.S., 291

Robespierre, Maximilien, 49, 56, 119

Rodríguez Peña, Saturnino, 270

Rojas, marqués de 159, 162, 189, 190

Roscio, Juan Germán 113, 161, 193, 216, 246, 281, 289

Rousseau, Jean-Jacques, 120, 277, 297

S

Santo Domingo, 308

Sanz, Miguel José, 289

Sapphire, 36, 43, 44, 61, 168, 169, 182, 189, 217, 219, 221, 223, 225, 227, 229, 232, 233, 235, 249, 255

Sata y Bussy, José de 148, 215

Semple, Robert, 205

Sociedad Patriótica, 62, 69, 70, 171

Sorondo, Joaquín 50

Soublette, Carlos 141, 253

Stirling, Charles, 235, 239

T

Túpac Amaru, 172

Testamento de 1805, 307

Torres, Camilo, 308

Tovar Ponte, Martín 16, 69, 137, 285

Turnbull, John, 207

U

Ustáriz, Francisco Javier, 62, 113, 281

V

Vallenilla Lanz, Laureano, 293

Vansittart, Nicholas, 207, 247, 250

Vega, José Manuel, 148

Venecia, 126

Venezuela, 19, 22, 28, 31, 35, 36, 40, 44, 45, 48, 50, 51, 57, 62, 65, 66, 67, 68, 69, 71, 72, 73, 74, 81, 82, 94, 96, 98, 103, 104, 105, 106, 109, 110, 111, 112, 122, 124, 131, 133, 135, 137, 138, 140, 141, 142, 143, 146, 148, 154, 162, 172, 175, 177, 179, 184, 190, 191, 199, 201, 204, 205, 206, 211, 212, 215, 229, 243, 246, 247, 251, 253, 260, 261, 268, 269, 270, 271, 277, 283, 286, 290, 291, 292, 293, 294, 304, 305, 306, 308, 309, 310, 320, 321, 322, 323, 324, 325, 326

Viena, 50

Viscardo y Gúzman, Juan Pablo, 307

W

Wellesley, Richard 93, 251

White, Hayden, 265

Wilson, Belford H., 198

Z

Zea, Francisco Antonio, 45

Zinsa, Francisco, 51

BIBLIOGRAFÍA

Archivos, documentos y hemerografía

Archivo General de Indias. Sevilla. Colección Traslado. Sección: Audiencia de Caracas. Transcrito por el hermano Nectario María. Legajo, 437-A y 458. Copia resguardada en la Academia Nacional de la Historia, Caracas.

Boletín de la Academia Nacional de la Historia, N° 67, tomo XVII, julio-septiembre de 1934.

Colección Caracciolo parra Pérez. Escaparate VII-19. Copias, extractos o resúmenes de papeles ingleses relativos al General Miranda y la independencia de Venezuela. Archivos ingleses. Años 1780-1817. En el Archivo de la Academia Nacional de la Historia de Venezuela.

Colección Carlos Urdaneta Carrillo. Documentos de la época de la independencia, copiados del Public Record Office de Londres. 7 vols. 1800-1818. En el Archivo de la Academia nacional de la Historia de Venezuela.

Colección Sesquicentenario de la independencia (BANH) 53 tomos, Caracas, Venezuela, 1959.

Documentos para los Anales de Venezuela desde el movimiento separatista de la Unión Colombiana hasta nuestros días. 7 vols. Archivo de Miraflores. Caracas.

El Tiempo de Caracas. 15 de julio de 1898. Biblioteca Nacional de Venezuela. Caracas.

Libros

Actas de los Congresos del Ciclo Bolivariano. Publicaciones del Congreso de la República de Venezuela. 6 tomos. Caracas. 1983.

América Espera. Biblioteca Ayacucho N° 100. Caracas, Venezuela. Selección, prólogo y títulos: J.L. Salcedo Bastardo. 1982.

Arendt, Hannah. Sobre la Revolución. Alianza Editorial, 2004.

Archivo del General Miranda. 24 tomos. Editorial Lex. La Habana. 1950.

Austria, José de: Bosquejo de la Historia Militar de Venezuela. 2 tomos. Biblioteca de la Academia Nacional de la Historia. 1960.

Antepara, José María: South American Emancipación, documents, historical and explanatory, showing the desings which have been in progress, the exertons made by General Miranda, for South American Emancipation, during the last Twenty-five years. London: printed by R. Juigne, 1810. 229 p.

Becerra, Ricardo: *Ensayo histórico documentado de la vida de don Francisco de Miranda, general de los ejércitos de la primera república francesa y Generalísimo de los de Venezuela.* 2 tomos. Imprenta Colón. 1896.

Blanco, J.F; Azpurua, R: *Documentos para la historia de la vida pública del Libertador.* XV tomos. Ediciones de la Presidencia de la República de Venezuela.

Bohórquez Morán, Carmen L.: *Francisco de Miranda. Precursor de las Independencias de América Latina.* U.C.A.B. 2002.

Bohórquez, Carmen L y Ghymers, Ch: *El papel de Miranda y su generación en la emancipación de Latinoamérica: identidad, integración regional y gobernabilidad.* Ministerio del poder popular para la cultura. Caracas. 2005.

Botero Saldarriaga: *El Libertador-Presidente. El Intruso.* República de Nueva Granada. Biblioteca de Historia Nacional. Ed. Nelly. Bogotá.

Bello Andrés: *Obras Completas.* Fundación La Casa de Bello 2ª Edición. 25 vols. Caracas, Venezuela. 1984.

Bolívar, Simón: *Obras completas.* Compilación y notas de Vicente Lecuna. Ed. Lex. 3 tomos. La Habana. 1950.

Bolívar, Simón: *Discursos, proclamas y epistolario político.* Editores Nacionales, Madrid. 1975.

Carrera Damas, Germán: *El Asedio Inútil.* Libros Marcados, Caracas. 2009.

Castro Leiva, Luís: *Obras.* Vol. 1. Fundación Polar y Universidad Católica Andrés Bello. 2005.

Causas de Infidencia: BANH. Colección Sesquicentenario. 2 tomos. 1960.

Colombeia: Comisión formada por J.L. Salcedo Bastardo; Josefina Rodríguez de Alonso; Gloria Henríquez y Miren Basterra. XX tomos. 1978-2007.

Congreso Constituyente de 1811-1812. Ediciones Conmemorativas del Bicentenario del Natalicio del Libertador Simón Bolívar. Publicaciones del Congreso de la República de Venezuela. Caracas. 1983.

Defensa documentada de Manuel María de las Casas, en Blanco y Azpurua, tomo 4, pp. 15 a 57.

Ducoudray Holstein, H.L.Y.: *Memoirs of Simón Bolívar. President Liberator of the Republic of Colombia.* London. 1830.

Egea-López, Antonio: El pensamiento filosófico y político de *Francisco de Miranda.* A.N.H. Caracas. 1983.

El Colombiano de Francisco de Miranda. Prólogo de C. Parra Pérez. Tipografía Vargas. Caracas. 1952.

El General Miranda por el Marqués de Rojas. París. 1884.

Fundación Polar. *Diccionario de historia de Venezuela.* 4 tomos. Caracas, Venezuela. 1988.

Gaceta de Caracas. Ed. Biblioteca de la Academia Nacional de la Historia. 10 tomos. 1983.

García Chuecos, Héctor: *Documentos relativos a la revolución de Gual Y España.* Instituto Panamericano de Geografía e Historia. Publicación N° 2.

Garrido Rovira, Juan: *Independencia, república y estado en Venezuela, Caracas, 2000.*

Ghymers, Christian: Miranda visionaire: l`integration régionale dimension indisociable de l`emancipation latino-americaine, en Ghymers, C y Grisanti, L-X, *Francisco de miranda l`integration latino-amricaine,* Louvain-la-Nevve, Versant- Sud, 2001.

Ghymers, Christian: *Miranda y el federalismo en América Latina: gobernabilidad, integración regional y subsidiariedad.* 51 Congreso Internacional de Americanistas, Santiago, Chile, julio. 2003.

Gil Fortoul, José: *Historia Constitucional de Venezuela.* 4 tomos. México. 1978.

Grases, Pedro: *Obras.* 23 tomos, Caracas, Venezuela.

Grisanti, Ángel: Miranda juzgado por los funcionarios *españoles de su tiempo.* Editor: Jesús E. Grisanti. Venezuela. 1954.

Hegel, G.W.F.: *Lecciones sobre la historia de la filosofía.* 3 tomos. F.C.E. México. 1996.

Henríquez, Gloria: *Los papeles de Miranda.* Biblioteca de la academia Nacional de la Historia. Caracas, 1984.

Heredia, José Francisco: *Memorias del Regente Heredia.* B.A.N.H. Caracas. 1986.

La Constitución Federal de Venezuela de 1811 y documentos afines. B.A.N.H. 1960.

Lecuna, Vicente: *Catálogo de errores y calumnias en la historia de Bolívar.* 3 tomos. New York, N.Y. The Colonial Press Inc. 1956.

Luciani, de Pérez Díaz, Lucila: *Miranda, su vida y su obra.* Comandancia General de la Marina. Caracas. 1978.

Memorias del General O`Leary. 34 tomos. Imprenta de la Gaceta Oficial. Caracas. 1881.

Mendoza, L. Cristóbal: *Las relaciones entre Bolívar y Miranda. Ensayos.* Italgráfica. Caracas. 1978.

Meza Dorta, Giovanni: *Miranda y Bolívar. Dos Visiones.* Bid & co. Editor. 2da. Edición. Julio. 2007.

Mijares, Augusto: *Obras Completas.* 6 tomos, Monte Ávila Editores Latinoamericana. Caracas, Venezuela. 2000.

Miramón, A. *La llama que no muere.* Instituto Panamericano de Geografía e Historia. 1983.

Miranda La Aventura de la Libertad. 2 tomos. Monte Ávila Editores. 1991.

Muñoz, E. Gabriel: *Monteverde: cuatro años de historia patria.* 2 tomos. B.A.N.H. 1987.

Navarrete, Juan Antonio: *Arca de Letra y Teatro Universal.* Academia Nacional de la Historia. 2 tomos. 1993.

Parra Pérez, Caracciolo: *Constitución federal de Venezuela y documentos afines.* B.A.N.H, 1960.

Parra Pérez, Caracciolo: *Historia de la Primera República de Venezuela.* Biblioteca Ayacucho. Caracas, Venezuela. 1992.

Parra Pérez, Caracciolo: *Páginas de historia y de polémica.* Caracas, Lit. El Comercio, 1943.

Pérez Pimentel, Rodolfo: *Diccionario Biográfico del Ecuador.* 2 Vol. 1987.

Pi Sunyer, Carlos: *Patriotas americanos en Londres.* Monte Ávila Editores. 1978.

Pocock, J.G.A. *The Machiavellian Moment, Florentine Political Thought and the Atlantic Republican Tradition.* Princeton University Press.1975.

Polanco Alcántara, Tomás: *Simón Bolívar. Ensayo de una interpretación biográfica a través de sus documentos.* Academia Nacional de la Historia, Caracas. 1994.

Robertson, W. S.: *Vida de Miranda.* Ed. Banco Industrial de Venezuela. 1967.

Roscio, J. G.: *Obras.* 3 tomos. Publicaciones de la Secretaría de la X Conferencia Interamericana, Caracas, 1983.

Salcedo Bastardo, J. L.: *Historia fundamental de Venezuela.* U.C.V. 1979.

Semple, Robert: *Bosquejo del estado actual de Caracas incluyendo un viaje por La Victoria y Valencia hasta Puerto Cabello.* Ed. Montana. 1964.

Skinner, Q: *Los fundamentos del pensamiento político moderno.* F.C.E. 1993.

Skinner, Q: *La libertad antes del Liberalismo.* Taurus. 2004.

Sociedad Bolivariana de Venezuela. *Decretos del libertador.* 3 tomos. Imprenta Nacional. Caracas. 1961.

Testimonio de la época emancipadora. B.A.N.H. Colección Sesquicentenario de la Independencia. 1960.

Textos oficiales de la Primera República. Colección Sesquicentenario de la independencia. 2 tomos B.A.N.H. Caracas. 1960.

Urquinaona, Pedro: *Relación documentada del origen y progreso del trastorno de las provincias de Venezuela.* 1820.

Vallenilla Lanz, Laureano: *Cesarismo democrático y otros textos.* Biblioteca Ayacucho. Caracas, Venezuela. 1991.

Yánez, Francisco Javier: *Relación documentada de los principales sucesos ocurridos en Venezuela desde que se declaró estado independiente hasta el año 1821.* 2 tomos. Editorial Élite, 1943.

www.ingramcontent.com/pod-product-compliance
Lightning Source LLC
Chambersburg PA
CBHW020628220526
45464CB00001B/62